Buchbender/Sterz

Das andere Gesicht des Krieges

DAS ANDERE GESICHT DES KRIEGES

Deutsche Feldpostbriefe 1939–1945

Herausgegeben von
Ortwin Buchbender und Reinhold Sterz

Verlag C. H. Beck München

Mit 46 Abbildungen
und zahlreichen Dokumenten

CIP-Kurztitelaufnahme der Deutschen Bibliothek

Das andere Gesicht des Krieges: dt. Feldpostbriefe 1939–1945 / hrsg. von Ortwin Buchbender u. Reinhold Sterz. – 2., durchges. Aufl. 1983. – München: Beck, 1982.
ISBN 3 406 08677 2
NE: Buchbender, Ortwin [Hrsg.]

ISBN 3 406 08677 2

2., durchgesehene Auflage. 1983
Einbandentwurf von Bruno Schachtner, Dachau

Satz und Druck: C. H. Beck'sche Buchdruckerei, Nördlingen
Printed in Germany

Paul Buchbender und Paul Sterz
in Dankbarkeit gewidmet

Inhalt

Vorwort

> „Die Innenseite einer Epoche erkennt man meist nur dann, wenn man den intimen Briefwechsel, der in ihr geführt wurde, zu Rate zieht."
>
> *Theodor Heuss* am 9. Februar 1946 in der Heidelberger Rhein-Neckar-Zeitung

Briefe sind immer noch ein Stiefkind der Zeitgeschichte. Wenn man bedenkt, daß weit über 40 Milliarden Feldpostbriefe während des Zweiten Weltkrieges als wechselseitige Verbindung zwischen Front und Heimat zirkulierten, ist das ein ungewöhnliches Phänomen.

Einem glücklichen Umstand, der Sammelleidenschaft von Reinhold Sterz, ist es zu verdanken, daß seit 1973 ein Bestand von etwa 50000 Feldpostbriefen in mühevoller Kleinarbeit zusammengetragen werden konnte. Die Masse dieser Briefe enthält nur ganz persönliche Mitteilungen, die über die Zeit, in der sie verfaßt wurden, wenig aussagen. Als zeitgeschichtliches Arbeitsmaterial kamen 8000 Schreiben für diese Publikation in die engere Auswahl, 16 Prozent des Gesamtbestandes. Nach sorgfältiger Prüfung wählten die Herausgeber 327 Feldpostbriefe für den Druck. 28 weitere Briefe stammen aus dem Militärarchiv in Freiburg und aus dem Generallandesarchiv in Karlsruhe. Sie sind durch Sternchen gekennzeichnet.

Sammlungen von Kriegs- oder Feldpostbriefen hatten bisher ihr eigenes zeitbedingtes Schicksal. Sie wurden entweder wie im Dritten Reich für die propagandistische Eigendarstellung benutzt oder dienten als spezielle „Vermächtnisse" von Gefallenen an die Lebenden. Beispielhaft für diese idealisierende Tendenz ist die berühmte von Philipp Witkop betreute Sammlung „Kriegsbriefe gefallener Studenten", die für die nationalgesinnten Kreise in der Weimarer Republik zur Pflichtlektüre gehörte. Über das Verhältnis von Feldpost und Propaganda informiert die Einführung des vorliegenden Bandes.

Diese Edition will jedoch keine Propaganda irgendwelcher Art betreiben, sondern einen realistischen Einblick in die „Innenseite" des Zweiten Weltkrieges geben, soweit sich das „andere Gesicht des Krieges" in intimen Feldpostbriefen erkennen läßt. Im Mittelpunkt steht dabei der Mensch, sein persönliches Schicksal, fernab von Statistiken und Zahlen, in denen die Schrecken des Krieges anonym bleiben. Zu Wort kommen Männer und Frauen aller gesellschaftlichen Schichten mit ihren subjektiven Auffassungen über den Krieg und mit ihren Versuchen, die Hintergründe und Zusammenhänge dieser Zeit zu erkennen: „Und die Wirklichkeit, wie mag sie nur sein?" (Brief-Nr. 110)

Die Stimmung der Briefschreiber läßt sich in den einzelnen Kriegsphasen wie auf einem Barometer ablesen: bei Kriegsausbruch Betroffenheit, bis zu Beginn des Westfeldzuges nüchterne Zurückhaltung, nach dem unerwarteten Sieg im Westen fast euphorische Freude, leichte Resignation nach dem Ausbleiben des erhofften Zusammenbruchs Englands, völlige Überraschung nach dem Ausbruch des Rußlandfeldzuges, neue Zuversicht im Sommer 1942, bis der Winter die großen ernüchternden Niederlagen brachte. 1944 dann noch einmal das große Hoffen auf die Entscheidung im Westen und die Wunderwaffen, bis das ganze Ausmaß der Niederlage bewußt wurde. Gerade die Meinungsvielfalt der Briefe ermöglicht eine Spannweite, die vom begeisterten Anhänger Hitlers (Brief-Nr. 134) bis zum Gegner des Systems (Brief-Nr. 296) reicht. Denn trotz der Briefzensur, die in der Einführung erstmals in ihrer Organisation und Funktion dargestellt wird, äußert sich die Mehrzahl der Briefschreiber erstaunlich unbefangen und offen. Sie hofften offensichtlich, durch das weitmaschige Netz der Briefkontrolle schlüpfen zu können.

Die Zusammenstellung der Briefe folgt – mit Ausnahme der beiden letzten Kapitel über die Judenverfolgung – dem chronologischen Ablauf des Zweiten Weltkrieges. Die einführenden historischen Skizzen sollen dem Leser einen kurzen Überblick über den jeweiligen Zeitabschnitt verschaffen und das Verständnis der Briefe erleichtern. Eine Chronologie findet sich im Anhang.

Eindeutige Verstöße gegen Grammatik und Rechtschreibung wurden von den Herausgebern korrigiert. Da viele der Briefschreiber noch leben und sich zum Teil heute mit den damaligen Aussagen nicht mehr identifizieren, wurden generell nur die Initialen der Schreiber und nicht ihre vollen Namen aufgeführt. Unterstreichungen sind kursiv gedruckt.

Ein großer Teil des Briefmaterials der Kriegszeit befindet sich noch in Privatbesitz. Die Herausgeber sind daher für weitere Informationen, Hinweise und Hilfen, die zur Erschließung unbekannten Materials führen, sehr dankbar.

An dieser Stelle sei den zahlreichen Persönlichkeiten, die bei der schwierigen quellenmäßigen Erschließung der Kriegskorrespondenzen behilflich waren, gedankt, auch denen, die namentlich nicht genannt sein möchten:

Dr. Klaus Trumpp und Frau Marianne Loenartz, Bundesarchiv Koblenz; Dr. Manfred Kehrig, Militärarchiv Freiburg; Herrn Wilhelm Lensing, Historisches Archiv der Stadt Köln; Dr. Marie Salaba und Dr. Hans-Georg Zier, Generallandesarchiv Karlsruhe; Dr. Hans Umbreit, Dr. Wolfgang Petter und Dr. Horst Rohde, Militärgeschichtliches Forschungsamt Freiburg; besonders folgenden Damen und Herren: Gunter d'Alquen, Dietrich Ambold, Hanna Bey, Eleonore Biesgen, Gretel Borcherding, Dr. Egbert Buchbender, Peter Franz Busch, Generalmajor a.D. Walter Carganico, Lilly Collignon (†), Dr. Hans-Heinrich Düsel, Helmut Eberhardt, Hannelore Gliemann, Robert Grauer, Georg Greife, Karl-Heinz Gutekunst, Ehepaar Hänsel, Julie Hellstern, Dr. Gerd F. Heuer, Günther Heysing, Wolfgang Kayser, Klaus Kirchner, Julia Klages, Dr. Heinrich Klüglein, Robert Krötz, Jürgen Lang, Gus K. Lerch, Dr. Jürgen Lodemann, Pfarrer Heinrich Magnani (†), Oberst a.D. Hans-Leo Martin, Käte Metzger, Ellen Meyer, Hella Mirtl, Gustav Mogler, Dr. Eberhard Müller, Hanfried Müller, Peter Nasarski, Staatssekretär a.D. Dr. Werner Naumann, Kurt Peter, Erich Quadflieg, Willi Reibel, Gert Reinbrecht, Oberst a.D. Rolf Rothe, Erich Sauer, Ute Schieffer, Friedrich-Wilhelm Schneider, Wolfgang Schober, Prälat Wilhelm Schönartz, Horst Schuh, Richard Schulze-Kossens, Dr. Ehrenfried Schütte, Dr. Hans Schütze, Johannes Sievers, Ulrich Simon, Karl Stehle, Dr. Wolfgang Steinbichl, Joachim Sterz, Karl-Josef Thelen, Hans Toscano del Banner und Rolf Vogel.

I. EINFÜHRUNG

1. Feldpost und Zensur

„Jeder ist für das, was er in seinen Briefen schreibt, verantwortlich, der Soldat ganz besonders."

Mitteilungen für die Truppe[1]

Am 3. September 1939 begann die deutsche Feldpost[2] mit ihrem Dienst. In der Heeresdienstvorschrift (H.Dv.) 84 wurde die Aufgabe der Feldpost beschrieben:

„Das Feldpostwesen ist ein Versorgungsgebiet der Kriegswehrmacht und dient der Postversorgung der Kriegswehrmacht im Verkehr mit der Heimat und innerhalb der Kriegswehrmacht."

Nach großen Anfangsschwierigkeiten im Polenfeldzug und nach Störungen, die durch die Umstellung von sechsstelligen auf fünfstellige Feldpostnummern[3] entstanden waren, stabilisierte sich die Feldpost in der Folgezeit erstaunlich schnell. Sie versorgte ein gewaltiges Gebiet, das inzwischen vom Nordkap und Eismeer bis zum Kaukasus, den Pyrenäen und Nordafrika reichte. 12000 Mann standen im Dienst der deutschen Feldpost.

An der Spitze der Feldpost stand der Heeresfeldpostmeister Karl Ziegler. Er gehörte zum Stab des Generalquartiermeisters beim Oberkommando des Heeres. Generalmajor Ziegler unterstanden die Armeefeldpostmeister, die für die Dienststellen und Einheiten der Feldpost in ihrem Bereich verantwortlich waren. Der gesamte Briefverkehr lief über die Feldpostämter, die bei den Kommandobehörden und Stäben bis auf die Ebene der Divisionen eingerichtet worden waren. Bodo Gericke schätzt ihre Zahl auf 400. Ihr Personal bestand in der Regel aus je 18 Mann. Das war bei der lawinenartig anwachsenden Flut von Briefen und anderen Sendungen eine chronisch unterbesetzte Personalstärke.[4]

Insgesamt wanderten während des Zweiten Weltkrieges über *40 Milliarden* Feldpostbriefe zwischen Heimat und Front und umgekehrt. Das ist eine Schätzung, die eher zu niedrig als zu hoch ist. Im Krieg 1870/71 betrug die Anzahl der Feldpostsendungen 101 Millionen, im Ersten Weltkrieg schon 28,7 Milliarden Sendungen.[5] Die Schätzung von 40 Milliarden Feldpostbriefen stützt sich auf die Auswertung der greifbaren Unterlagen.[6] Karl Ziegler spricht sogar von einem Tagesdurchschnitt von 25 Millionen Feldpostsendungen in „verkehrsstarken Jahren wie 1942".[7] Interessant in diesem Zusammenhang ist die Tatsache, daß etwa

24 Prozent dieser Sendungen von der Fronttruppe und 76 Prozent von der Heimat stammten. Der zivile Anteil der Briefe übertraf damit den militärischen bei weitem. Die Laufzeiten der Briefe betrugen in der Regel zwischen 12 und 30 Tagen, oftmals jedoch durch die Kriegsereignisse bedingt erheblich länger.

Die Zensur mit ihren Dienststellen unterstand nicht der Feldpost bzw. dem Heeresfeldpostmeister, sondern war eine Einrichtung des OKW. Sie wird aus diesem Grunde in den verdienstvollen Arbeiten von Bodo Gericke und Bruno Schmitt nicht erwähnt worden sein. Organisation und Funktion der Feldpostzensur sind bisher noch nicht dargestellt. Sie sollen daher im Folgenden skizziert werden.[8]

Das OKW Amt Ausland/Abwehr erließ mit Schreiben vom 12. März 1940 (Nr. 2193/40g Abw III (N)) eine Dienstanweisung für die Feldpostprüfstellen (F.P.P.). Sie waren die ausführenden Zensur-Organe in den Teilstreitkräften der Wehrmacht und unterstanden beim Heer den Armeeoberkommandos (A.O.K.), bei der Kriegsmarine den Marine Stationskommandos und bei der Luftwaffe den Luftgaukommandos. Für die notwendige Zuführung der Sendungen war die Feldpost zuständig. Die Überprüfung selbst lag nicht in ihrem Verantwortungsbereich.

Die Feldpostprüfstellen prüften den gesamten Feldpostverkehr *stichprobenartig* nach genauen Vorschriften. Ihre wichtigste Aufgabe war es, nach Möglichkeit zu verhindern, daß „geheimzuhaltende Nachrichten" oder „Nachrichten zersetzenden Inhalts" durch die Feldpostsendungen verbreitet wurden. Aus diesem Grunde mußten die Stichproben auch *chemisch* überprüft werden. Es wurden dabei Chemikalien und Lösungen benutzt, die nach Gebrauch jedoch Spuren auf den geprüften Schriftstücken zurückließen. Alle mit Geheimtinte geschriebenen oder andere unsichtbare Schriftzeichen konnten durch dieses einfache Verfahren lesbar gemacht werden. Das Personal einer Feldpostprüfstelle bestand in der Regel aus dem Leiter, 4 weiteren Offizieren und 14 Unteroffizieren. Alle waren als Prüfer eingesetzt, also auch die Offiziere, die ausschließlich Offizierspost prüften. Benötigte Dolmetscher für fremdsprachliche Briefe stellte die Armee oder ggf. die Heeresgruppe.

Generalmajor a.D. Rudolf Langhäuser schreibt in seiner „Studie über die Beschaffung von Feindnachrichten", daß ein Prüfer im deutschen Heer „täglich etwa 1000 Briefe" lesen müßte.[9] Die tägliche Durchschnittsprüfzahl dagegen betrug zum Beispiel im April 1944 beim Pz.A.O.K. 1 bei Prüfern und Hilfsprüfern 168, bei Offizieren 176 Briefe; beim Pz.A.O.K. 4 im September 1944 161 und 174 Briefe.[10]

Das Personal der Feldpostprüfstellen war zu strengem Stillschweigen verpflichtet. Die Ausnutzung von Kenntnissen aus der Prüftätigkeit zu eigenem Vorteil oder zum Vor- oder Nachteil anderer wurde streng bestraft.

Die deutsche Wehrmacht kannte in der Regel keine *Geheimzensur* bei „Wasserdampf und strenger Abgeschiedenheit". Auf diese Bestimmung wurde großer Wert gelegt. So hieß es in einer Notiz für den Korpstagesbefehl des XII. A.K. vom 4. Januar 1943 unmißverständlich:

„Feldpostprüfung hat ergeben, daß einzelne Einheiten Feldpostbriefe unverschlossen abgeben lassen. Diese Anordnung verstößt gegen das Briefgeheimnis und ist aufzugeben. Ein Öffnen der Feldpost durch unterstellte Einheiten ist verboten."[11]

Nur in Ausnahmefällen erfolgte eine geheime Postüberwachung, wie zum Beispiel im tragischen Fall des Hauptmanns Jacoby (siehe S. 173 ff.), die hier der Abwehroffizier des A.O.K. 1 beantragte.

Das Prüfpersonal öffnete die Briefe durch Scherenschnitt. Sie wurden grundsätzlich mit Klebestreifen verschlossen, die den Aufdruck trugen: „Geöffnet – Feldpostprüfstelle". Feldpostkarten wurden mit einem Stempel freigegeben, der die Aufschrift „Geprüft – Feldpostprüfstelle" enthielt. Der Empfänger der überprüften Post konnte demnach sofort die Zensur, d.h. die Überprüfung der Sendung, erkennen. Es gab auch Post, die nicht überprüft werden durfte. Es waren dies:

1. Sendungen an den Führer des Deutschen Reiches oder von diesem,
2. Sendungen an die Oberbefehlshaber der drei Wehrmachtsteile,
3. Sendungen an den Chef des Oberkommandos der Wehrmacht oder von diesem,
4. Sendungen an Reichsminister oder von diesen,
5. Sendungen deutscher militärischer Dienststellen sowie deutscher Behörden.

Wie bereits erwähnt, bestand der eigentliche Zweck der Prüfung des Feldpostverkehrs in der Verhinderung und Abwehr von Spionage und „Zersetzung". Dabei mußte ganz besonders auf folgende Details geachtet werden:

1. Angaben über dienstliche Vorgänge, die der Geheimhaltung unterlagen,
2. Verbreitung von Gerüchten aller Art,
3. Versand von Lichtbildern und Abbildungen aller Art, die der Geheimhaltung unterlagen,
4. Verschickung von Feindpropaganda (Flugblätter),
5. Kritische Äußerungen über Maßnahmen der Wehrmacht und der Reichsregierung,
6. Äußerungen, die den Verdacht der Spionage, Sabotage und Zersetzung erweckten.

Auch die Bevölkerung im Reichsgebiet wurde über die Vorschriften der militärischen Briefzensur eingehend belehrt. So heißt es zum Beispiel im 5. Kapitel der Broschüre „Was tue ich im Ernstfall?"[12], das die „Geheimhaltung im Kriege" behandelte: „Äußerste Vorsicht in Briefen! Briefe von der Front in die Heimat, aber auch von der Heimat an die Front dürfen keine Mitteilungen über Zusammensetzung, Ausrüstung, Gefechtsstärke, Einsatz, Unterkunft usw. des eigenen Truppenteils oder anderer Truppenteile enthalten, ferner nichts über deutsche Kampfabsichten, Truppenverschiebungen, Einzelheiten der Stellung, Nachteiliges über Stimmung und Verpflegung der Truppe, Einziehung bestimmter Jahrgänge usw. All dies ist für den gegnerischen Nachrichtendienst von größter Bedeutung." Daß diese Bestimmung im zivilen Bereich durchaus ernst genommen wurde, zeigt deutlich Brief Nr. 226 („... schreibe es auch nicht, sonst kommt man an die Wand").

Die Briefzensur sollte bereits durch die Tatsache, daß es sie gab, jeden Soldaten zur „Verschwiegenheit und Disziplin" in seinen Schreiben anhalten. Außerdem sollte sie der militärischen Führung durch die Postsendungen ein „unverfälschtes Bild über die Stimmung der Truppe und der Heimat" liefern. Diese Prüfberichte, die über Art und Anzahl der beanstandeten Sendungen informierten, mußten zum 1. jeden Monats an das OKW Abwehr III eingereicht werden. Dieser wichtigen Bestimmung ist es zu verdanken, daß die noch greifbaren Akten der Feldpostprüfstellen durch die in ihnen zusammengestellten Briefauszüge die Einstellung von Front und Heimat in bestimmten Phasen des Krieges erkennen lassen. Ihrer grundsätzlichen Bedeutung wegen und zur exemplarischen Illustration der Arbeit dieser Feldpostprüfstellen werden im Folgenden zwei bisher unveröffentlichte Berichte abgedruckt, die interessante Zeitabschnitte des Krieges dokumentieren. Der erste Bericht stammt von der Feldpostprüfstelle beim Pz.A.O.K. 4. Er enthält die erschütternde Übersicht über die letzten Briefe aus Stalingrad[13], die mit einer Ju 52 ausgeflogen wurden.

3. Zwischenbericht
der Feldpostprüfstelle
beim Pz.-Armeeoberkommando 4
über 11237 Kesselpostsendungen Front – Heimat vom 30. 12. 42–16. 1. 43
in der Prüfzeit vom 12.–17. 1. 43

Alle Schreckenskomponenten des russ. Winters, alle Not und Kriegsleiden körperl. und seel. Art durch Hunger, Kälte bei eisigem Sturm und dauernder fdl. Einwirkung werden noch weiterhin mit eisernem Heroismus ertragen, denn: „wir lassen den Mut nicht sinken, sondern vertrauen auf die Worte, die uns der Führer gefunkt hat" (Hptm., Bf. v. 31. 12.). Treue, Glaube und Vertrauen auf den Führer haben seitens der Eingekesselten eine Probe bestanden, die härter, aber auch ruhmreicher nicht gedacht werden kann: „wir alle haben die feste Hoffung, daß der Führer uns nicht verlassen wird und sich bestimmt Rat weiß, wie er schon immer Rat gewußt hat" (OGefr., Bf. v. 2. 1.), oder „wir stehen im festen Vertrauen auf den Führer, unerschütterlich bis zum Endsieg" (Uffz. Bf. v. 1. 1.). Die Überzahl ist hoffnungsfreudig und erwartet nun baldige Sprengung des Ringes als eine Selbstverständlichkeit. „Deshalb wird eisern durchgehalten, das ist so sicher wie 2 × 2 = 4 ist" (OGefr. FPNr. 25438 D, Bf. v. *16. 1.)*. Pflichtbewußt und heldenmütig wird des Entsatzes geharrt und „halten noch immer, was uns anvertraut ist. Vier Wochen müssen wir noch unsere Stellung um jeden Preis halten (meine Vermutung), wenn uns dieses gelingt, wird unsere jetzt so schwierige Lage in einen gr. Sieg verwandelt werden. *Wir werden halten!*" (Fw. FPNr. 21 221 am 1. 1.). Alle Entbehrungen und Leiden werden mit zäher Verbissenheit ertragen und weiter gehungert: „meine lieben Eltern, wenn es geht, schickt mir Lebensmittel. So ungern ich es schreibe, aber der Hunger ist groß" (OGefr. FPNr. 00432, Bf. v. 29. 12.). Zermürbt und entkräftet wird mit immer bangerer Erwartung dem Entsatz entgegen gesehen. Aber noch immer ist keine Aussicht auf Befreiung und bei vielen steigen Zweifel auf, ob diese Aussicht überhaupt noch besteht.

So zeigen die Briefe ab 1. Januarwoche ein wesentliches Absinken der Zuversicht. Es mehren sich Äußerungen des letzten Willens und Abschiedsbriefe. „Wenn Ihr mich und auch alle anderen Kameraden sehen würdet, Ihr könntet denken, der Tod steht vor Euch" (Gefr. FPNr. 22951 D am 3. 1.). Ein anderer Gefr. FPNr. 30103 schreibt schon am Sylvester: „von den 380 Mann, die so stolz ausrückten, sind noch etwa 100 Gestelle aus Haut und Knochen vorhanden. Wir Überlebenden können kaum noch laufen vor Hunger und Schwäche". Daher schreibt ein Ass. Arzt, FPNr. 00701 A bereits am 30. 12.: „Langsam beginnen unsere braven Krieger sehr bedenklich klapprig zu werden; es ist allerhöchste Zeit, daß Entsatz kommt –" und berichtet weiter von einer Oberschenkel-Amputation mit der Schere ohne Narkose bei Taschenlampenbeleuchtung im engen Erdbunker und endet: „man stumpft für alles ab und denkt nur noch ans Essen". Eines der vielen Beispiele für den sich steigernden körperlichen Schwächezustand: „heute fiel ein Essenholer nach 50 Schritten vor Schwäche um, und als wir mit ihm im Bunker ankamen, war er schon gestorben". „Wenn das so weiter geht", schreibt ein Sold. FPNr. 17240 C am 13. 1., „dann werden wir alle verhungern. Wir sind alle so weit, daß sie mit uns machen können, was sie wollen." Ein Unt. Arzt FPNr. 04096 schreibt bereits am 3. 1. seiner Frau: „Rußland ist mit einem eisernen kalten Sarg zu vergleichen, auf dem der Deckel noch nicht verlötet ist, weil man von Zeit zu Zeit Gelegenheit hat, ihn etwas zu lüften –" und errechnet anhand der unzureichenden tägl. Verpflegungskalorien im Gegensatz zu den lebensnötigen Erhaltungskalorien die sich noch ergebenden Lebenstage. Er schließt: „kann man es den Jungens noch übelnehmen, daß langsam alles in Sturheit einherwankt? Verzweiflung ist auch ein großer Feind der Truppe, doch Feind Nr. 1 ist und bleibt immer der Hunger! –", „er tut so weh, daß wir die toten Russen nach Brot durchsuchen und oftmals bei ihnen auch Erbsenmehl finden, das wir in Wasser ohne Salz natürlich kochen – nun kannst Du Dir vorstellen, wie groß der Hunger ist" (Gefr. FPNr. 24400 an Ehefrau am 5. 1.). Allgemeiner Salzmangel! Einige haben einen Rundfunk und freuen sich, dadurch erheiternde Zerstreuung und Ablenkung zu finden. Noch am 16. 1. schreibt ein Uffz. FPNr. 34020 seinen Eltern: „man will nicht dauernd darüber schreiben, aber sollte es einmal geschafft sein, dann soll auch die Außenwelt erfahren, was hier deutsche Soldaten alles auf sich genommen und ertragen haben. Dieser Heldenmut und dieses Ausharren sind beispiellos und werden durch einen gr. Sieg entlohnt werden". Und es liegt eine tiefe Tragik darin, wenn einige sich in ihrer Freude kaum zu fassen wissen, weil sie vom Süden her den Geschützdonner der Ersatzarmeen Manstein und Kleist zu hören meinen – während es in Wirklichkeit die Kanonen der roten Henker Stalins sind. So wird auch jedes umlaufende Gerücht auf Befreiung freudig weiter gegeben und hoffnungsvoll geglaubt. Jede „Ju" wird dankbar begrüßt und gleichzeitig berichtet, daß nun auch 4 mot. Condor-Maschinen mit Munition einfliegen. In den letzten Tagen werden die Einflüge jedoch immer geringer und seltener trotz angeblich guter Landemöglichkeit. – Ein OGefr. FPNr. 02375 schreibt seiner Frau am 5. 1.: „Vor einiger Zeit ging die Parole, daß wir hier als besondere Anerkennung des Führers ein 5 kg Paket bekommen sollen. Und das scheint sich zu bewahrheiten, denn die ersten Pakete sind angekommen." „Sonst ist die *Post* das größte Schmerzenskind und diese Hoffnung haben wir nun schon ganz aufgegeben – müssen halt warten, bis die Kämpfe am Don beendet sind, – Geduld ist alles, was anderes läßt sich weder tun noch sagen." (OGefr. 37764 seiner Frau am 11. 1.). Das Fehlen und Ausbleiben der Post nimmt einen breiten Raum der Briefe ein.

Die Briefe vom 16. 1. sind sehr gedrückt und bei den meisten allmählich hoffnungslos, zumal die Sowjets mit großer Erbitterung und großem Aufwand an Art., Mun., sowie Bombern angreifen. Überdies ist bei eisigem Nordost die Temperatur auf – 35°C gesunken. Infolge feindlicher Einbrüche mußten halbwegs ausgebaute Stellungen aufgegeben werden und die Truppe liegt frei auf offener Steppe, da die Kräfte zum Eingraben versagen. In zunehmendem Maße haben viele gerade i.d. letzten Tagen (13.–16. 1.) durch Einwirkung von Hunger und Kälte ihren beispiellosen Einsatz von Treue und Heldenmut mit dem Tode besiegelt. Ein Uffz. FPNr. 17428 schreibt seiner Frau am 6. 1.: „ich muß Dir ganz ehrlich sagen, mir wäre das Liebste ein schnelles und rasches Ende, als ein langsames, sicheres Dahinsiechen, um einen anderen Ausdruck zu vermeiden. –" Schon am 1. 1. schreibt ein OGefr. FPNr. 32579 C seiner Frau: „bei uns sieht es sehr traurig aus, und unsere Stimmung ist auf den Nullpunkt gesunken." Es gibt auch den einen oder anderen – aber nicht mehr –, der in der Verzweiflung seine Unzufriedenheit äußert, wie z.B. ein ostmärk. OGefr. FPN. 39820 seiner Mutter gegenüber am 11. 1.: „Kein Mensch kann sich dieses Leben vorstellen. So etwas haben wir uns nicht verdient, und darum haben wir zum Reich müssen kommen. –" Ebenso schreibt ein Gefr. FPNr. 06897 seiner Frau am 1. 1.: „unsere Lage wird immer schwieriger. Wir sind einfach fertig. Wenn nicht bald etwas geschieht, gehen wir alle drauf. Wir verlieren bereits den Mut. Denn man hatte uns Hilfe von außen versprochen, aber das Schicksal will es anders. –" – Krankheiten steigen zusehends. Kranke und Verwundete müssen, sofern sie nach kurzer Behandlung einigermaßen dienstfähig sind, wieder zu ihren Einheiten zurück. Dauernde Klage über Ungezieferplage: Läuse, Flöhe und vor allem auch Mäuse. Auch Spritmangel beginnt sich auszuwirken, da viele Einheiten aus diesem Grunde am 16. keine Verpflegung mehr abholen konnten. Es wurde gleichzeitig berichtet, daß von den vielen abgeworfenen Verpflegungsbomben nur wenige gefunden wurden. Daher sinken Mut und Hoffnung weiter ab und viele – viell. auch die meisten – schließen mit ihrem Leben endgültig ab: „wir alle müssen stündlich mit unserem Ende rechnen."

Aber gerade im Höhepunkt der Gefahr scheint jeder der Aufgabe und Verantwortung sich bewußt zu sein und schreibt ein Oblt. FPNr. 28320 an einen Lt. Dr. X in Berlin am 16. 1.: „die Infanterie ist natürlich wieder mal am schlechtesten dran, da es keine ausgebauten Stellungen gab, aber sie ist mustergültig wie immer". In ergreifenden Worten jedoch wird die ruhmvolle deutsche Soldatentreue von einem Major FPNr. 17275 A an seine Frau am 16. 1. bezeugt: „der unerbitterliche Kampf geht weiter, der Herrgott hilft dem Tapferen! Wie es die Vorsehung auch bestimmen mag, wir bitten nur um eines, um Kraft zum Durchhalten! Man soll einmal von uns sagen, die deutsche Armee hat bei Stalingrad gekämpft wie noch niemals zuvor Soldaten in der Weld kämpften. Diesen Geist unseren Kindern weiterzugeben, ist Sache der Mütter. –"

Die Post Heimat – Front umfaßt die Zeit vom 26. 11. 42 bis 3. 1. 43. Sie ist teils zuversichtlich, hoffnungsfroh und pflichtbewußt gegenüber allen Anforderungen des 4. Kriegsjahres bei zweifelloser Erkenntnis des allg. Zeiternstes; teils aber sehr gedrückt, stellenweise sogar ganz verzweifelt, ohne dabei in Böswilligkeit zu verfallen. – So schreibt jemand aus Halle a. S. an einen Lt.: „wenn man überzeugter Anhänger des Führers ist, dann wird jede Pflicht eine Selbstverständlichkeit". Ein Brief aus Siegmar-Schönau (Sa.) v. 26. 11.: „wir alle tun unsere Pflicht, ich selbst muß heute Arbeiten verrichten, die mir nicht zukommen, aber eben gemacht werden müssen" oder aus Karlsruhe vom 16. 12.: „Die Heimat will stark und Eurer würdig sein." – Stalingrad und Kaukasus tragen aber bereits seit Jahreswende zur erhöhten Sorge der Heimat bei, weil der Ernst der Lage allenthalben durchgesickert ist: „von Dir, das weiß ich genau, würde ich auch niemals die Wahrheit erfahren und stünde es noch so schlecht um Dich. Aber man hat doch Ohren und mir geht die Gänsehaut, wenn ich den Leuten zuhöre, wenn sie vom Kriege erzählen, gerade von Stalingrad". Aus Bautzen/Sa. v. 31. 12.: „Sorgen hat man, wenn man so hört, wie viele bei Stalingrad eingeschlossen sind. Es sickert so langsam alles durch. Und habe seit letzter Zeit so schmerzliche Bedenken, weil ich seit 13. Nov. keine Nachrichten mehr von Dir habe." Aus Bernburg vom 26. 11. an Zahlmeister: „gestern und heute erzählt man, daß bei Euch Durchbrüche stattfinden?!" Aus Wien v. 11. 12.: „es ist zum Verzweifeln, ich weiß nicht mehr, was ich denken soll, was geschehen kann, meine Nerven sind zum Zerreißen. Zur wahnsinnigen Verzweiflung trägt auch das Schweigen i. d. Radioberichten über gewisse Kampfgebiete bei". Aus Bremen v. 29. 12.: „Gerade jetzt sind wir 4 Wochen ohne Post von Dir. Wir alle zusammen sind ganz unglücklich und sprechen den ganzen Tag von Dir – wäre dieser entsetzliche Krieg nur endlich aus." Von München am 3. 1.: „Mir ist sehr bang um Dich, denn von der Kaukasusfront hört man garnichts Gutes, vor allem aber von Stalingrad. Der Feind soll wieder bis Rostow durchgestoßen sein." Ebenso aus München v. 3. 1.: „Will denn dieses Blutvergießen gar kein Ende nehmen? Es ist zum Verzweifeln! Kann man überhaupt noch Hoffnung haben? Bei Euch in Stalingrad nimmt es kein Ende, und in der Heimat belegt man die Städte mit schwersten Bomben." Aus Brandenburg v. 3. 1.: „hier ist überall schlechte Stimmung, und alle sind freudlos. Wäre nur mal das Elend herum, was wären wir für glückliche Menschen."

Es sei noch bemerkt, daß in Anbetracht der Lage in Stalingrad und des Umstandes, daß viele der Briefe die letzten und manche ausgesprochene Abschiedsbriefe sind, die Kontrolle des FPP./Pz.AOK. 4 sehr großzügig gehandhabt wird. Stellen zersetzender oder die Heimat stark beunruhigenden Inhalts werden daher lediglich mit Tinte, Blei und Tintenstift oder Gummi (je nach Schreibart) unleserlich gemacht und zwar derart unauffällig, daß die Streichung vom Briefschreiber selbst herrühren könnte. Von der gewohnten Truppenbetreuung durch die FPP. mußte beim Kessel leider abgesehen werden und zwar einmal wegen zu später Zeitfolge der Nachrichten-Übermittlung, wie auch deshalb, weil die Vielseitigkeit der Entbehrungen höheren Orts in jeder Hinsicht genügend bekannt sind. –

Graf Zettwitz
(im Original handschriftlich)
Rittmeister und Leiter der
Dienststelle d.F.P. 36819
F.P.P.

Den nächsten Prüfbericht verfaßte die Feldpostprüfstelle beim Pz. A.O.K. 3, der über den Monat August 1944 berichtet.[14] Das Pz.A.O.K. unterstand zu diesem Zeitpunkt der Heeresgruppe Mitte, die von der Roten Armee durch ihre Großoffensive vom 22. Juni 1944 zerschlagen worden war. Diese schwerste Niederlage der Wehrmacht im Zweiten Weltkrieg wird in dem Bericht lediglich durch den Hinweis angedeutet, daß die „Stabilisierung der Front im Armeeabschnitt" gelungen sei. Wie stark sich dieser katastrophale Zusammenbruch auf die Stimmung der Truppe auswirkte, zeigt sich deutlich in der Beurteilung der sogenannten „schlechten Soldaten", deren negative Stimmungsanteile 25 Prozent des gesamten Briefaufkommens betrugen. Die Zahl ist sehr hoch und für den Bericht einer Feldpostprüfstelle ungewöhnlich. Sie wird erst vor dem Hintergrund der schweren Niederlage der Heeresgruppe Mitte mit ihren hohen Verlusten an Menschen und Material verständlich.

Feldpostprüfstelle
beim Pz.AOK. 3 — O.U., den 2. September 1944.

Betr.: Terminbericht über die Prüftätigkeit.

An
Oberkommando der Wehrmacht
WFSt/Ic Wehrmacht
Abt. III/Truppenabwehr
Berlin W 35
Tirpitzufer 80
über Panzer-AOK. 3 Ic/AO.

Monatsbericht August 1944.

I. Statistik	**Im Berichtsmonat:**	**Im Vormonat:**
a) Anzahl der geprüften Sendungen:	44948	17332
b) Anzahl der schweren Verstöße:	50 = 0,111% d. gepr. Sendungen	13 = 0,075% d. gepr. Sendungen
Davon an Ic/AO zur Entscheidung und Weiterverfolgung vorgelegt:	50	13
Von den schweren Verstößen entfallen auf:		
1. Geheimhaltung	–	–
2. Zersetzung	12 = 24%	7 = 53,8%
3. Disziplin	23 = 46%	5 = 38,5%
4. Spionage und Sabotage	15 = 30%	1 = 7,7%
c) Anzahl der leichten Verstöße:	1479 = 3,3% d. gepr. Sendungen	838 = 4,38% d. gepr. Sendungen

Von den leichten Verstößen haben
abgenommen: Militärische und Ortsangaben, Verschiedenes.
Von den leichten Verstößen haben
zugenommen: – – – –

II. Erläuterung zur Statistik.

Die Anzahl der geprüften Sendungen konnte im Berichtsmonat wieder gesteigert werden, da durch die Stabilisierung der Front im Armeeabschnitt der Dienststelle ein fortlaufendes Arbeiten möglich war.
Die chemischen Prüfungen waren ohne Befund.

III. Prüfbericht

1. Stimmung und Haltung der Truppe.

a. Briefverkehr Front – Heimat und Front – Front.

Soweit die Briefe des Monats August nicht nur sehr häufig familiäre und private Dinge enthalten, befassen sich die Schreiber noch mit der glücklichen Errettung des Führers, mit der Zurücknahme der Fronten in Frankreich und Rumänien, und mit der totalen Mobilisierung der Kräfte im Reich. Die hohe Anzahl der freudig bewegten Stimmen zur Rettung des Führers, die als ein wahres Glück für das deutsche Volk hervorgehoben wird, ist nicht nur ein Beweis für die Liebe und Treue der Soldaten zum Führer, sondern es wird in den Briefen anschließend daran auch die feste Entschlossenheit der Soldaten zum Ausdruck gebracht, in seinem Sinne zu kämpfen und zu siegen. Die guten Soldaten überhaupt lassen sich in ihrer soldatischen Haltung, in ihrem Kampfeswillen und in ihrer Siegeszuversicht auch nicht durch die Krisenlage an den Fronten in Frankreich und Rumänien beeinflussen. Sie wissen, daß der Sieg nur durch tapferen Kampf errungen werden kann, und sprechen den festen Willen dazu aus, auf jeden Fall zu verhindern, daß der Russe die Grenzen des Reiches überschreitet und unbeschreibliches Unglück über das Land und die geliebten Menschen bringt. Aus diesem Grunde werden auch die Maßnahmen im Reiche für den totalen Kriegseinsatz allgemein nur begrüßt, ebenso wie die Ernennung des Reichsführers SS Himmler zum Befehlshaber des Ersatzheeres und Chef der Heeresrüstung. Die Soldaten bemerken vielfach, daß sich eine gewisse Auswirkung an der Front durch Eintreffen von Mannschaftsersatz und vorzüglichen Waffen bereits zeige, und sprechen ausdrücklich aus, daß sich dadurch die Stimmung bei der kämpfenden Truppe allgemein gehoben habe und das Vertrauen zur Führung und zum Sieg gestiegen sei. Sie schreiben u.a.: „Wenn wir noch mehr gute und besonders neue und schwere Waffen genug bekommen, so hauen wir den Russen wieder dahin, woher er beim Anfang seiner Sommeroffensive gekommen ist." Der Verrat der Verschwörerclique wird allgemein als das größte Verbrechen am deutschen Volke abgelehnt. Dazu kann aus allen vorgelegenen Briefen festgestellt werden, daß in keinem Falle das Offizierskorps im allgemeinen mit dem Verrat in irgendeinen Zusammenhang gebracht wird. Die Briefe lassen erkennen, daß das Vertrauen der Mannschaften zu ihren eigenen Offizieren und zur Truppenführung überhaupt ungebrochen ist. Viele Soldaten sprechen von der Tapferkeit ihrer Offiziere und Kommandeure. Gute Kameradschaft zwischen Offizier und Mann ist im allgemeinen festzustellen, Ausnahmen sind vorhanden. Bemerkung über Vorhandensein oder Wirkung von „nationalsozialistischer Truppenführung" liegen nicht vor. Das dürfte als Beweis dafür anzusehen sein, daß das nationalsozialistische Gedankengut in einem solchem Maße Allgemeingut des deutschen Soldaten geworden ist, und so selbstverständlich, daß er gar nicht auf den Gedanken kommt, darüber ein Wort zu verlieren. Die Briefe aller guten Soldaten lassen erkennen, daß die militärischen Pflichten des Soldaten und seine gute militärische Haltung untrennbar verbunden sind mit der Treue zum Führer und damit mit echter nationalsozialistischer Haltung überhaupt. Ein Kapitel für sich bilden diejenigen Soldaten, die ich aus der reichen Lektüre der Briefe als „schlechten Soldaten" bezeichnen möchte. Diese Soldaten sind schlechte oder schwache Charaktere, sie schimpfen über alles – zum größten Teil unbegründet –, über die Lage im allgemeinen, über ihre eigenen Vorgesetzten und die höhere Truppenführung, über die Verpflegung, über kleine Vorkommnisse innerhalb der Truppe, über schlechte Kameradschaft, über schlechte Betreuung, Postzuführung u.s.w. Im selben Atemzuge aber berichten sie über höchst eigennützige Dinge, sprechen nicht, wie der „gute Soldat", von guter eigener Kampfstimmung und der der Kameraden, und von dem Willen sich aufzuopfern für das große Ziel und den Sieg, sondern vielmehr davon, wie sie sich am besten von der Arbeit und vom Kampf drücken können. Es sind dieselben, die feindliche Flugblätter nach Hause schicken. Dies sind auch dieselben, die den Glauben an den Sieg verloren haben, die schreiben „hoffentlich ist bald Schluß, gleich wie, *uns* ist alles egal" oder „wir *alle* haben die Nase voll und wollen nichts als das Ende". Das ist gelogen! Denn „uns" und „alle" trifft durchaus nicht zu, die anderen Briefe, in Fülle, der guten Soldaten beweisen das Gegenteil! Solche Äußerungen in den Briefen in die Heimat sind aber geeignet, die Heimat im höchsten Grade zu beunruhigen. Außerdem geben solche Soldaten ihren Kameraden ein schlechtes Beispiel und üben einen schlechten Einfluß auf sie aus. Wurden in bezug auf die Stimmung im Monat Juli

80% positive und 20% negative Äußerungen registriert, und in bezug auf die Haltung 94% positive und 6% negative, so stiegen im August die negativen Äußerungen bezüglich Stimmung auf 25% und bezüglich Haltung auf 9,3%. Ich halte es deshalb an der Zeit, in meinem Bericht auf diese Erscheinungen besonders hinzuweisen und habe aus diesem Grunde auch die Anzahl der beigefügten kurzen Auszüge erhöht, um den hohen Kommandostellen die Möglichkeit zu geben, die Stimme der Soldaten selbst zu vernehmen. Was die einzelnen Divisionen betrifft, so ist ein Unterschied zu einander in Stimmung und Haltung nicht festzustellen, das Ergebnis ist gleichartig. Im allgemeinen ist sowohl die Stimmung der Truppe als auch die Haltung gut, zum Teil vorbildlich.

Die Feindpropaganda durch Lautsprecher und Flugblätter wird größtenteils abgelehnt und bleibt wirkungslos. In 20% der Äußerungen hierzu ist eine Beeinflussung festzustellen, hierbei sind die Fälle, in denen die Soldaten feindliche Flugblätter in die Heimat schicken, eingeschlossen.

Das Kriegsende wird von den meisten Soldaten herbeigesehnt, nicht zuletzt auch, um dem Volke in der Heimat die weiteren Schrecknisse des feindlichen Luftterrors zu ersparen. Die Vergeltung durch V 1 wird begrüßt und ununterbrochen der Hoffnung Ausdruck gegeben, es möchten recht bald die angekündigten neuen Waffen, auch an der eigenen Front, erscheinen, um mit ihnen die Entscheidung und damit den Sieg herbeiführen zu können. In bezug auf Verpflegung und materielle Betreuung herrscht allgemein Zufriedenheit, dagegen wird sehr über die Ablieferung der Radioapparate geklagt und darüber, daß die Zeitungen nicht mehr ins Feld geschickt werden. – Anerkennend wird hervorgehoben der freiwillige Einsatz der ostpreußischen Bevölkerung, die gute Auffangstellungen gebaut hat.

b. Briefverkehr Heimat – Front.

Die Haltung der Heimat ist größtenteils vorbildlich. Die Maßnahmen für den totalen Kriegseinsatz werden allgemein begrüßt. Viele Frauen schreiben, sie wollen noch gerne mehr und länger arbeiten, um der Front die Waffen und andere Bedürfnisse zu liefern. Der Luftterror wird mit vorbildlichem Mut, z. T. sogar mit Humor getragen, was den sehnlichen allgemeinen Wunsch nicht ausschließt, daß der schreckliche Krieg mit seinen Verlusten an Menschenleben und Hab und Gut recht bald zu einem siegreichen Ende geführt werde. Einige Stimmen sind sehr mutlos, großenteils ist aber das Vertrauen zur Fronttruppe und zum Führer grenzenlos. Alles hofft natürlich auf die angekündigten neuen Waffen.

Verschiedene Klagen, daß sich trotz des totalen Einsatzes immer noch einzelne davon zu drücken verstehen, darunter Parteimitglieder und deren Angehörige.

2. Stand der Disziplin.

Bei rund 45 000 Prüfungen wurden 23 schwere Verstöße festgestellt, davon 5 beunruhigende Nachrichten, 4 Versendungen feindlicher Flugblätter in die Heimat, 5 angebliche Mißstände in der Truppe, 9 Verstöße verschiedener Art. – Ortsangaben und militärische Angaben leichter Art wurden häufig gemacht.

3. Geheimhaltung.

Schwere Verstöße wurden nicht festgestellt.

4. Zersetzung.

12 Verstöße, davon 1 Verdacht auf negative Einstellung zur Rettung des Führers, 8 Verstöße gegen die Disziplin in zersetzender Form, 3 Schilderungen über Zustände in der Truppe in zersetzender Form.

5. Spionage und Sabotage.

15 Verstöße (Sabotage), davon 1 unzulässiges Requirieren, 14 unrechtmäßige Aneignung von Gegenständen, bezw. Verdacht hierauf.

Goetz
Rittmeister und Dienststellenleiter

Trotz der ständigen Aufforderung der Ic-Abwehroffiziere, den wichtigen Stellenwert der Feldpostprüfstellen jedem einzelnen Soldaten zu verdeutlichen, lehnte die Truppe diese Kontrollinstanz häufig als „Schnüffelkommission“[15] ab. Die Briefe der Edition zeigen deutlich, wie sich die Zensur auf die Mentalität einiger Briefschreiber (vgl. Nr. 90, 226, 277) auswirkte. Trotzdem läßt sich nach einer sorgfältigen Überprüfung von etwa 50000 Feldpostbriefen der Sammlung Sterz feststellen, daß die Masse der Soldaten ihre Meinung und Ansicht erstaunlich offen und unbefangen äußerte. Das mag ungewöhnlich sein, wird aber verständlich, wenn man berücksichtigt, daß die Soldaten offensichtlich hofften, durch das weitmaschige Netz der Feldpostprüfstellen zu schlüpfen, die bei der gewaltigen Flut der Sendungen (zeitweilig 516 Millionen im Monat und mehr[16]) bei ihren Stichproben nur einen kleinen Teil der Post erfassen konnte.

Die Briefschreiber der Nummern 296, 312, 315, 320, 321, 328 und 239 hatten jedoch Pech. Sie gerieten in das Netz der Zensur, die die Briefe mit dem Vermerk *„Zur Weiterverfolgung vorgelegt“* dem Ic-Abwehroffizier aushändigten, dem sie unterstanden. Es kann bei dem Inhalt der Briefe von der Voraussetzung ausgegangen werden, daß in jedem Fall Kriegsgerichtsverfahren folgten. Wenn man die rigirosen Urteile der Militärjustiz dieser Zeit berücksichtigt,[17] wird der Briefschreiber Nr. 296 aller Wahrscheinlichkeit nach mit dem Tod bestraft worden sein.

Mehr Glück hatten die Briefschreiber Nr. 30 und Nr. 288 („Darum wäre es für ganz Europa besser, wenn die Herren Hitler, Göring und Goebbels gingen.“), ferner der nach dem 20. Juli 1944 „kühne“ Schreiber Nr. 292 („Leider haben die Herren Pech gehabt, dann wäre schon heute Waffenstillstand, und wir wären von diesem Dreck erlöst gewesen.“) sowie Nr. 295 („Laut schreien möchte man: Hört auf mit eurem Schwindel, ihr Familienmörder!“). Sie schlüpften durch die Feldpostzensur und entgingen dadurch dem Kriegsgerichtsverfahren mit tödlichem Ausgang.

Die „Mitteilungen für die Truppe" beziehen sich nur ein einziges Mal auf ein Kriegsgerichtsurteil gegen einen Soldaten, den die Feldpostzensur ermittelte. Im Beitrag „Das Schicksal eines erlogenen Briefes" wird von einem Soldaten berichtet, der einen „gerade zu tollen Brief" nach Hause geschrieben habe. Seiner Schilderung nach war „alles um ihn herum Bruch. Zucht und Ordnung, die Unteroffiziere, die Offiziere, alles taugte nichts." Der Brief war teuer. Sein Preis vor dem Kriegsgericht bestand in einer „hohen Gefängnisstrafe".[18]

Einem Geheimdokument ist zu entnehmen, daß 9523 Wehrmachtsangehörige bis Ende November 1944 standrechtlich erschossen wurden.[19] Wie hoch der Anteil von Briefschreibern unter diesen Opfern war, ist unbekannt und wird sich wohl kaum ermitteln lassen.[20]

Ein Obergefreiter Holtmann schrieb am 8. September 1944 an seine Frau: „Nun habe ich in Deinem letzten Brief gelesen, daß sie wieder einen Brief von mir aufgemacht haben. Es ist eigentlich zum Öffnen der Briefe immer noch Zeit, es wäre vielleicht doch besser, daß man diese Leute auch zur Front schickte. Ich schreibe schon nicht zuviel, am Ende wird die Wahrheit doch siegen."[21]

Obergefreiter Holtmann sollte recht behalten.

2. Feldpost und Binnenpropaganda

„Der größte Aufmarsch im Kriege geschieht durch die Heersäulen von Briefen."

Mitteilungen für die Truppe[1]

Eine wichtige Bestimmung der Feldpostzensur bestand in der Vorschrift, „kritische Äußerungen über Maßnahmen der Wehrmacht und der Reichsregierung" zu unterbinden. Das Oberkommando der Wehrmacht und hier speziell die Abteilung und spätere Amtsgruppe für Wehrmachtpropaganda erkannte schon zu Beginn des Krieges die gewaltige Bedeutung des Briefverkehrs zwischen Front und Heimat und bemühte sich mit wachsender Intensität, auf die umfangreiche Korrespondenz der Soldaten Einfluß zu gewinnen. Sie wußte, daß „Maulkorberlasse" der Feldpostzensur allein nicht ausreichten, um einen durchschlagenden Erfolg bei den Soldaten zu erreichen. Verbote allein genügten nicht: es mußte auch die *Einstellung* der Briefschreiber verändert werden. Das war jedoch nur in einem längeren Beeinflussungsprozeß möglich.

Im April 1940 erschien die erste Nummer der „Mitteilungen für die Truppe". Die Abteilung für Wehrmachtpropaganda war der Herausgeber, verantwortlicher Redakteur der überaus aktive Major und spätere Oberstleutnant Dr. Ellenbeck. Diese „Mitteilungen", die in regelmäßiger

Folge sogar noch bis kurz vor Kriegsende erschienen, waren das offizielle Sprachrohr der Wehrmacht. Das OKW versuchte, mit eigenen Mitteilungen den Einfluß der Partei auszuschalten und eine von „Phrasen freie, der Wirklichkeit der Lage entsprechende Kriegsberichterstattung“[2] zu sichern. Das ist, aus der kritischen Distanz der Gegenwart beurteilt, nur in bescheidenen Ansätzen gelungen. Die „Mitteilungen“ unterschieden sich ihrem Tenor nach kaum von der offiziellen politischen Propaganda.

Ab Januar 1942 erschienen zusätzlich die „Mitteilungen für das Offizierskorps“, die ebenfalls von Ellenbeck redigiert wurden. Sie trugen den Charakter von vertraulichen Informationen, wie die Truppenkommandeure ihr Offizierskorps erziehen und auf die Einstellung ihrer Einheiten Einfluß nehmen könnten.

Die „Mitteilungen für die Truppe“ gingen in zwei Exemplaren an jede Einheit bis auf die Ebene der Kompanien und stellten ein ganz besonders wichtiges Medium für die militärisch gesteuerte Propaganda innerhalb der Truppe dar.

Eines ihrer wichtigsten Schwerpunktthemen, das den ganzen Krieg über mit gleich bleibender Intensität behandelt wurde, war die Feldpost. Die „geistige und seelische Führung“ der Truppe war eine Aufgabe, die „ständig und immer wieder“[3] bewältigt werden mußte.

Gerade die Briefe der Soldaten spiegelten in besonderer Weise ihre innere Einstellung wider. Der Schlüssel für eine erfolgreiche Indoktrinierung dieser Zielgruppe bestand darin, auf den *Inhalt* der Briefe Einfluß zu nehmen. Dazu mußte zunächst die überragende Bedeutung der Briefe selbst den Soldaten verdeutlicht werden. Briefe, so hieß es, wären eine „Waffe“. Ihr Wert und Inhalt stellten eine zentrale Bedeutung für die „Haltung und Nervenkraft“ des deutschen Volkes dar. Immer wieder benutzte Ellenbeck die suggestiv wirkende Waffen-Metapher: „Der Feldpostbrief ist eine Waffe“[4], „Auch die Feldpostbriefe sind Waffen“[5], „Kameraden! Wie nie zuvor sind Eure Feldpostbriefe heute Waffen! Sorgt dafür, daß sie gute und wirksame Waffen sind“[6], „Feldpostbriefe sind Waffen, halten wir auch diese Waffen scharf!“[7]

Aber Briefe waren für die Militärpropaganda noch weit mehr als das. Sie entsprachen „einer Art von seelischem Vitamin“[8] für die Heimat, sie wirkten „wie ein Vitamin“[9], rissen „müde gewordene Herzen wieder hoch“[10], waren „Heersäulen, die Tag und Nacht von der Front in die Heimat“[11] marschierten und damit „ein Herzstück der geistigen Kriegführung“ wurden. Sie glichen „wichtigen Nervensträngen, die in dem großen Volkskörper des deutschen Volkes von außen nach innen“[12] liefen. Der Strom dieser Briefe hing wie der „Blutkreislauf eines Körpers auf das innigste miteinander zusammen.“[13]

Nach der propagandistischen Apotheose der Feldpostbriefe und der damit verbundenen Aufwertung der Briefschreiber selbst versuchte die

Militärpropaganda, auf den Inhalt der Briefe unmittelbar Einfluß zu gewinnen. Sie entwickelte zu diesem Zweck einen „Tugendkatalog" für die Briefschreiber: Feldpostbriefe sollten zunächst einmal „inhaltsreich"[14] sein, „männlich, fest und klar"[15]. Soldatenbriefe müßten immer „positiv" sein; Briefe zu verfassen, sei eine „Kunst", die erlernt werden könnte, um „schlechte und inhaltslose Briefe" zu vermeiden. Um diese Kunst zu erlernen, bedürfte es entsprechender Führung und Anleitung, die die „Mitteilungen" bereitwillig anboten, und die in Formulierungshilfen bestanden, die in Wirklichkeit massive politische Sprachregelungen beinhalteten.

In dem Artikel „Unsere Feldpostbriefe haben jetzt eine wichtige Aufgabe"[16], der eine Sprachregelung in vier Punkten enthielt, wurde der Kriegsausbruch wie folgt erklärt: „Diesen Krieg hat England gewollt. In München vor dem Kriege, nach dem Polenfeldzug und nach dem Sieg in Frankreich hat der Führer England einen anständigen Frieden angeboten. Er hat erklärt, er wolle das Weltreich nicht zerstören. Er verlangte lediglich, daß England den maßlosen Anspruch aufgab, über die Güter der Welt allein zu verfügen. England lehnte den Frieden ab. So nötigt uns England, die Entscheidung mit Waffengewalt zu erzwingen."

Beispiele für politische Sprachregelungen, deren Thesen die Soldaten in ihren Briefen verbreiten sollten, ließen sich beliebig vermehren.

Die offiziellen Verlautbarungen der Truppe zum Thema „Feldpostbriefe" folgten den Propagandanormen des OKW. In einem Befehl des Oberbefehlshabers der 3. Panzerarmee vom 6. August 1943 hieß es: „Die Heimat leidet an charakterlicher Blutarmut. Der Soldat muß dabei in seinen Briefen und im Urlaub Blutspender für den Glauben und Willen seiner Angehörigen sein."[17]

Die Hinweise für die NS-Führung Nr. 3/45 vom 11. Februar 1945 des Oberkommandos der Herresgruppe B enthalten sogar noch zu diesem Zeitpunkt die wohlvertrauten Thesen der vorhergehenden Jahre: „Es ist notwendig, daß jeder Frontsoldat in seinen Briefen an die Heimat Kraft, Vertrauen und Zuversicht ausstrahlt. Die Soldaten sind in geeigneter Form darauf hinzuweisen. Verbissene Kampfentschlossenheit und starke Herzen werden die kritische Lage meistern."[18]

Die offizielle Propaganda bediente sich auch außerhalb der Wehrmacht der Feldpostbriefe, um die Zivilbevölkerung im Sinne des Systems anzusprechen. Bereits vor dem Krieg erschien die Briefsammlung „Der deutsche Soldat. Briefe aus dem Weltkrieg" (hrsg. von Rudolf Hoffmann, München 1937). GFM von Blomberg schrieb das Geleitwort. Die Briefschreiber, meist gefallene Frontsoldaten des Ersten Weltkrieges, hätten sich zu Lebzeiten wohl kaum vorgestellt, daß ihre Briefe einmal einen politischen Zweck erfüllen würden. Sie enthielten nach Auffassung des GFM von Blomberg den „eindringlichsten Appell, dem jungen nationalsozialistischen Reich freudig und unermüdlich bis zum Einsatz des Lebens zu dienen". Furore machte jedoch eine andere Briefsammlung, die die Anerkennung des Propagandaministeriums fand: die „Feldpostbriefe aus dem Osten. Deutsche Soldaten sehen die Sowjetunion" (hrsg. von Wolfgang Diewerge, Berlin 1941).[19] Die Tendenz dieser 63seitigen Publikation: „Es ist in der Sowjetunion alles noch viel furchtbarer und entsetzlicher, als es jemals von nationalsozialistischer Seite ausgeführt und behauptet wird."[20] Für Diewerge standen diese Briefe „nebeneinander wie eine Kompanie der Front, die nicht zur Parade, sondern zum Kampf"[21] angetreten war. Sie standen zusätzlich noch im Sondereinsatz der nationalsozialistischen Binnenpropaganda, um bei der Bevölkerung die „Demaskierung des Bolschewismus" besonders glaubwürdig verfolgen zu können. Die berüchtigte Diewerge-Broschüre hinterließ einen nachhaltigen Eindruck und leistete einen wesentlichen Beitrag zur Dämonisierungs- und Angstpropaganda, die durch ihre Übertreibungen in den letzten Kriegsmonaten häufig zu einer Massenpanik im Osten führte.

Wie verhielt sich das Objekt dieses propagandistischen Dauerbeschusses, der soldatische Briefschreiber selbst? Dafür ist eine Tagebucheintragung von Goebbels vom 22. Januar 1942 aufschlußreich. Er stellt fest, daß die Felspostbriefe der Soldaten „geradezu verheerend" wirken: „Was unsere Soldaten von der Front in die Heimat schreiben, ist überhaupt nicht mehr zu beschreiben. (...) Hier wirkt sich eine menschliche Schwäche aus, gegen die man machtlos ist."[22]

Aus der sicheren Distanz des Propagandaministeriums in Berlin war das leicht gesagt. An der Ostfront tobte zu dieser Zeit der Abwehrkampf der Wehrmacht, die ohne Winterausrüstung im Einsatz gegen die Offensive der Roten Armee stand (vgl. Briefe Nr. 149–160). Diese Feststellung von Goebbels sollte jedoch für die kommenden Kriegsjahre eine erstaunlich zutreffende Trendprognose für viele Briefschreiber werden, allerdings mit einer wesentlichen Korrektur. Nicht die „Schwäche" der Schreiber war in erster Linie der Grund für den Inhalt der Briefe, sondern die Wucht der Tatsachen, die auf die Soldaten einwirkten.

Allerdings muß auch betont werden: Trotz der schweren Rückschläge an den Fronten spielte für die Verlängerung des deutschen Wiederstandes die Identifizierung mit Hitler immer noch eine wichtige Rolle. Amerikanische Untersuchungen der Kriegszeit, die sich mit dem Problem der deutschen Kampfmoral an der Front sehr detailliert befaßten, belegen dieses Verhalten mit überzeugendem statistischen Material.[23]

Auf den Inhalt der Briefe jedoch, d.h. auf das Innenleben der deutschen Soldaten, wirkte sich trotz einer noch so intensiven Propaganda bei der Truppe ein Psychologismus aus, der seine eigene Dynamik entwickeln sollte. Es war schließlich doch das „Sein", das das „Bewußtsein" vieler Briefschreiber bestimmte.

3. Feldpost und Feindpropaganda

„So ist der Feldpostbrief eine Waffe, die man nicht unterschätzen darf."

Mitteilungen für die Truppe[1]

Nach dem Ausbruch des Krieges erkannten die Propagandaorgane der Feindmächte sehr bald die überragende Bedeutung der Feldpostbriefe für die Stimmung und Moral ihrer Schreiber. Es kann von der Annahme ausgegangen werden, daß die ständigen Indoktrinationsversuche der deutschen militärischen Führung, auf den Inhalt der Briefe Einfluß zu gewinnen, der Feindseite bekannt waren.[2] Besonders die englische und sowjetische Rundfunk- und Flugblattpropaganda benutzte in immer stärkerem Maße die Feldpostkorrespondenz für ihre Zwecke. In den Akten finden sich zahlreiche Belege für eine spezielle „Feldpost-Propaganda" der Feindseite.[3] Sie lief nach folgenden Stereotypen ab: In der Regel befand sich der militärische Briefschreiber in Gefangenschaft und damit in Sicherheit. Er berichtete über die überstandenen Gefahren von verlustreichen Gefechten und vor allem ausführlich über die gute Behandlung als Kriegsgefangener. Im allgemeinen war dieser Schreiber der „einfache Soldat", der die gleichen Ängste, Sorgen, Nöte, Hoffnungen und Erwartungen hatte wie seine ehemaligen Kameraden auf der anderen Seite der Front, wodurch bei den Lesern die Glaubwürdigkeit der Briefe zunehmen sollte.

In der zweiten Hälfte des Krieges, die für die Wehrmacht nur noch verlustreiche Niederlagen brachte, nahm der ungünstige Tenor der Briefe zwangsläufig zu, so daß es für die feindliche Propaganda relativ einfach war, aus den umfangreichen Beständen erbeuteter deutscher Feldpost geeignete Briefpassagen auszuwählen.

Die Rote Armee warf in den Sommermonaten 1941 ein Flugblatt ab, das den Text eines gefälschten Feldpostbriefes enthielt.[4] Eine „Frau Krause" aus Berlin schrieb an ihren Sohn am 23. Juni 1941: „... muß wirklich Krieg gegen Rußland sein? Das glaubst Du ja selber nicht. Wie Nachbars Franz als Monteur nach Rußland gefahren ist und dann erzählt hat, daß in Rußland keine Kapitalisten und Millionäre sind, und daß dort nur die Arbeiter und Bauern alles zu sagen haben, da warst Du ja selber begeistert. Du glaubst selber nicht an das ganze Gerede von wegen Herrenvolk, und daß Deutschland die ganze Welt befreien muß. Sollen doch alle Völker so leben, wie es ihnen gefällt."

Die Briefzensur war der feindlichen Propaganda natürlich bekannt und wurde entsprechend heftig angegriffen. Die Russen betonen daher ausdrücklich auf dem Flugblatt, daß der Brief von „Mutter Krause" nicht über die Feldpost gelaufen, sondern von einem Urlauber an die Front mitgebracht worden war. Sohn Krause sei inzwischen „Kriegsgefangener in Sowjetrußland" und damit in Sicherheit.

Geschickter in der Tendenz als die frühen sowjetischen Flugblätter, die viel Weltanschauung in Sachen Marxismus enthielten, war ein englisches Flugblatt, das die Royal Air Force in der Nacht vom 28./29. Januar 1942 über dem Reichsgebiet abwarf.[5] Auf der Rückseite des Blattes war ein Ausschnitt eines handgeschriebenen Feldpostbriefes abgedruckt, den angeblich am 7. September 1941 eine Frau an ihren Mann an die Ostfront geschrieben hatte: „Wie geht es Dir? Bei Euch muß es schon recht kalt sein. Hast Du genug warme Sachen zum Anziehen? Leider kann ich Dir keine Strickweste schicken, die Post nimmt nämlich keine Pakete an, die mehr als 100 Gramm wiegen."

Als das Flugblatt auf deutschen Boden schwebte, tobte an der Ostfront der Abwehrkampf einer Wehrmacht, die keine Winterausrüstung besaß und eine erschreckend hohe Anzahl von Erfrierungstoten einbüßen mußte. Das war der Ansatzpunkt für die englische Propaganda. Sie benutzte eine äußerst kritische Frontsituation als Beweis für die These, daß „der Führer", der angeblich alles „von vornherein einkalkuliert", in Wirklichkeit völlig versagt habe. Die Wirklichkeit selbst entwickelte sich zum besten Gehilfen der Feindpropaganda.

Ein anschauliches Beispiel für diese Entwicklung ist ein Bericht des Feldpostamtes 61 der 11. Panzerdivision.[6] Französische Partisanen ließen im Gegensatz zu anderen Transporten grundsätzlich Sendungen der deutschen Feldpost passieren. Ein gefangener Maquis begründete diese ungewöhnliche Toleranz mit dem überraschenden Argument: „Ich habe meine Leute immer gesagt, Post aus Deutschland lassen durch, weil mit Post aus Deutschland kommen alles Elend und Jammer aus Heimat an die Front ..."

Neben echten Briefauszügen fälschte die gegenerische Propaganda im erheblichen Umfang auch Briefe deutscher Soldaten oder deren Angehöriger. Im folgenden sei eine Fälschung vorgestellt, die als erfolgreichste Brieffälschung des Zweiten Weltkrieges in die Geschichte der Propaganda eingegangen ist.

Es handelt sich um den sogenannten „Mölders-Brief"[7], den ein Spezialstab des englischen Propagandisten Sefton Delmer entwarf und anschließend in einigen hundert Exemplaren über dem Reichsgebiet von der Royal Air Force abwerfen ließ.[8] Der „Mölders-Brief" tauchte ganz plötzlich ab Januar 1942 überall in Deutschland auf. Oberst Werner Mölders, der erfolgreiche deutsche Jagdflieger und erste Brillantenträger der Wehrmacht, sollte diesen Brief angeblich kurz vor seinem Unfalltod geschrieben haben. Mölders wurde versehentlich von der eigenen Flak am 22. November 1941 in Breslau-Gandau abgeschossen. Empfänger dieses Schreibens war der Stettiner Propst Johst. Der Brief erweckte ein gewaltiges Aufsehen, weil er ein klares Bekenntnis des von der NS-Propaganda so gefeierten Jagdfliegers zur katholischen Kirche enthielt.

Die Verbreitung und Wirkung des Briefes waren sensationell. Vor allem die kirchlich gebundenen Bevölkerungsgruppen beider Konfessionen schrieben den Brief nicht nur ab, sondern vervielfältigten und verbreiteten ihn. Er wurde von Geistlichen an die Front verschickt und von der Kanzel verlesen.

Propagandaminister Goebbels tobte. Er vermutete hinter diesem für ihn unerträglich defaitistischen Schreiben eine katholische Fälschung. Am 3. März 1942 findet sich in seinem Tagebuch folgende Eintragung: „Der gefälschte Mölders-Brief an einen Propst in Stettin geistert in der ganzen katholischen und vor allem auch in der protestantischen Öffentlichkeit herum. Es ist wahrhaft beleidigend, mit welchen Mitteln hier die Kirchen zu arbeiten versuchen ..."[9]

Fieberhaft fahndete die Gestapo nach dem vermeintlichen Verfasser dieses „Machwerkes". Sie setzte als Belohnung für seine Ergreifung 100000 Reichsmark aus. Weitere Vervielfältigungen und Verbreitungen wurden in der Folgezeit rigoros mit Verhaftung und Einweisung in ein Konzentrationslager bestraft.

Worin lag die Wirksamkeit dieser Brieffälschung? In erster Linie in der Meinung weiter Kreise der Bevölkerung, der Brief sei ein Zeugnis katholischer Opposition. Viele glaubten nicht an den „Unfalltod" von Mölders, sondern vermuteten, daß er „irgendeiner Aktion" zum Opfer gefallen sei. Diese Legende wurde sehr geschickt von der englischen Propaganda vertieft. Gerade der übertriebene Eifer, mit dem die Gestapo nach dem Verfasser des Briefes fandete, verstärkte den Verdacht der Bevölkerung. Die nervösen Gegenmaßnahmen gegen die Verbreitung des Briefes wirkten wie eine nachträgliche Legitimierung der Gerüchte um den Absturz des Oberst Mölders.

Als Gegenstück zum spektakulären „Mölders-Brief" ein weiterer Fall[10] aus dem Repertoire der feindlichen „Feldpost-Propaganda": Im September 1941 warfen die Russen ein Flugblatt über den deutschen Linien ab, das später im offiziellen Verzeichnis des OKW über feindliche Flugblattpropaganda als sowjetisches Flugblatt Nr. 321 registriert wurde. Das Flugblatt berichtete von der Leidensgeschichte des Gefreiten Ernst-Albert Wulff aus Hamburg, der sich vergeblich um eine Unterhaltszahlung für seine verwitwete Mutter bei dem Landrat des Kreises Waren/Müritz in Mecklenburg bemühte. Die Russen, die unter den Papieren des gefallenen Wulff den Briefwechsel mit dem Landrat fanden, druckten den Vorgang in ihrem Flugblatt ab, das die Überschrift „Hitlers Dank ..." trug. Das Flugblatt prangerte die Unmenschlichkeit des NS-Regimes an, eines Regimes, dessen Beamte sich um Alte und Kranke nicht kümmerten: „Ist das der Dank des Vaterlandes? Ernst-Albert Wulff ist tot. Aber Du, deutscher Soldat, Du lebst noch. Denk Du nach: Ist das der Dank Hitlers, wie Du ihn Dir vorgestellt hast? Willst Du dafür Dein junges Leben opfern?"

Zunächst vermuteten die deutschen Abwehrstellen eine plumpe Fälschung. Als sich jedoch herausstellte, daß der im Flugblatt geschilderte Vorgang den Tatsachen entsprach, wurde umgehend die Abteilung Wehrmachtpropaganda im OKW informiert. Diese veranlaßte, daß der Fall Wulff dem Landrat des Kreises Waren/Müritz erneut zur Prüfung vorgelegt wurde. „Auf Grund der inzwischen ergangenen Ergänzungsbestimmungen" wurde der Familienunterhalt doch noch bewilligt.

Für die Geschichte der psychologischen Kampfführung ist der Fall des Gefreiten Wulff einmalig. Bisher ist kein weiterer Vorgang bekannt geworden, der davon berichtet, daß ein Feindflugblatt eine Reichsbehörde zwang, den bereits abgelehnten Antrag eines Sohnes posthum doch noch zu bewilligen.

Obwohl die deutsche militärische Führung in ihren offiziellen Verlautbarungen immer wieder mit Nachdruck auf die „Ziele und Methoden der feindlichen Propaganda"[11] hinwies, war sie davon überzeugt, daß deren Wirkung auf den deutschen Soldaten relativ gering sei. Sie geriet jedoch – und mit ihr viele andere zivile Dienststellen – in erhebliche Unruhe, als sie nach der Kapitulation von Stalingrad mit einem völlig neuen Phänomen konfrontiert wurde.

Goebbels notierte am 7. November 1943 in sein Tagebuch: „Große Sorge bereitet mir das Problem der Briefe unserer Gefangenen in der Sowjetunion. Diese Briefe zählen jetzt nach Tausenden und Zehntausenden."[12]

Was war geschehen? Bereits am 17. Dezember 1942 erwähnte der Propagandaminister in seinem Tagebuch die Tatsache, daß sich zum ersten Mal deutsche Gefangene aus russischer Kriegsgefangenschaft bei ihren Angehörigen durch Postkarten gemeldet hatten, die „ohne jede Propaganda" seien. Doch Goebbels witterte gerade deshalb Unheil: „Trotzdem verfolgen die Bolschewisten offenbar einen Propagandazweck. Sie sind zwar nicht der Genfer Konvention angeschlossen, aber sie wollen sich wohl jetzt als gesittete und zivilisierte Nation aufspielen und haben sicherlich die Absicht, durch zunächst unverfängliche Karten eine Verbindung dieser Gefangenen mit der Heimat herzustellen und dann die offene Propaganda nachfolgen zu lassen."[13]

Zum besseren Verständnis sei angemerkt, daß sich das Internationale Rote Kreuz fortgesetzt bei den russischen und deutschen Behörden um die Genehmigung bemühte, Gefangenenlager zu besichtigen, Gefangenenlisten auszutauschen oder den Gefangenen materielle Hilfe zukommen zu lassen. Doch beide Länder wiesen diese Initiativen zurück. Der

Abb. 1: Feldpostamt 512 im Bereich der 4. Armee: Herbst 1943 an der Ostfront

Abb. 2: Zensurstreifen der Feldpostprüfstellen PzAOK 4 (Fp.Nr. 36819)

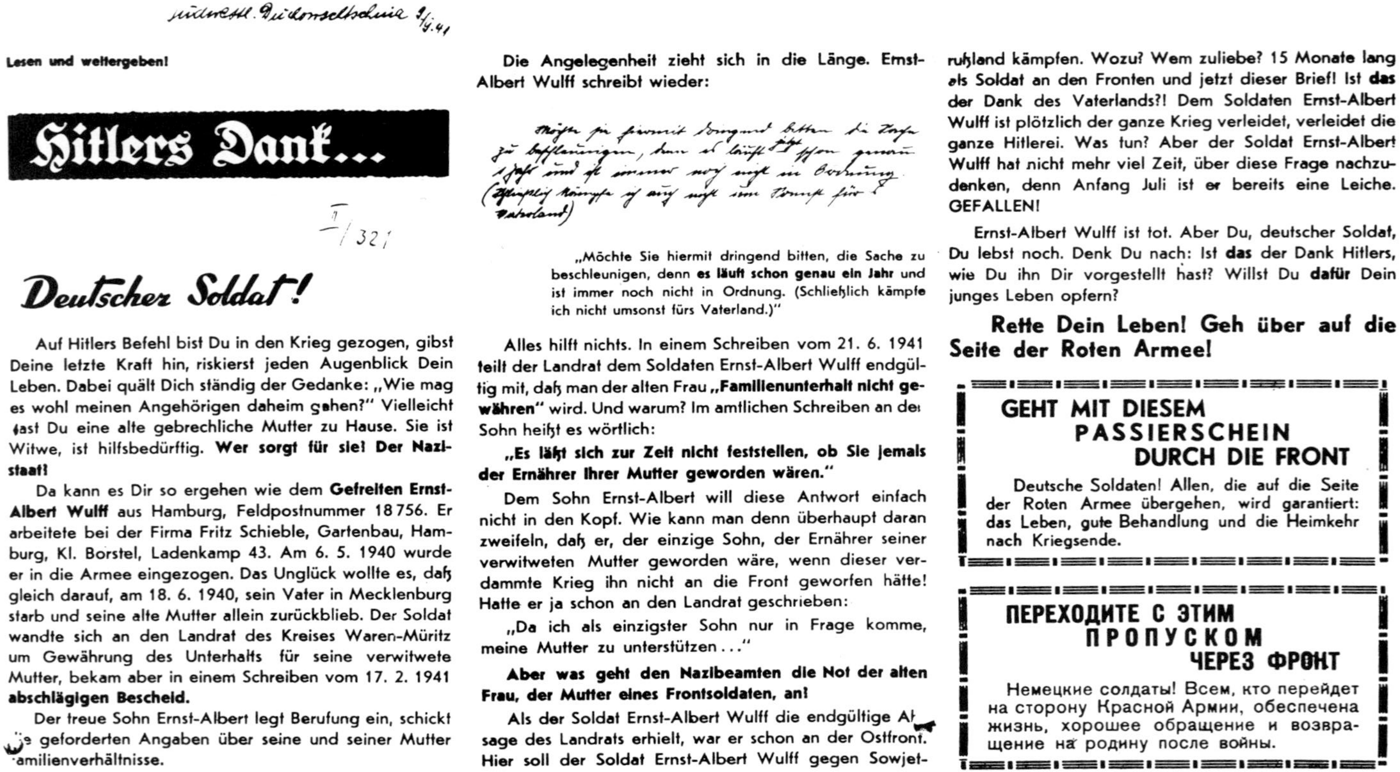

Lesen und weitergeben!

Hitlers Dank...

Deutscher Soldat!

Auf Hitlers Befehl bist Du in den Krieg gezogen, gibst Deine letzte Kraft hin, riskierst jeden Augenblick Dein Leben. Dabei quält Dich ständig der Gedanke: „Wie mag es wohl meinen Angehörigen daheim gehen?" Vielleicht hast Du eine alte gebrechliche Mutter zu Hause. Sie ist Witwe, ist hilfsbedürftig. **Wer sorgt für sie! Der Nazistaat!**

Da kann es Dir so ergehen wie dem **Gefreiten Ernst-Albert Wulff** aus Hamburg, Feldpostnummer 18 756. Er arbeitete bei der Firma Fritz Schieble, Gartenbau, Hamburg, Kl. Borstel, Ladenkamp 43. Am 6. 5. 1940 wurde er in die Armee eingezogen. Das Unglück wollte es, daß gleich darauf, am 18. 6. 1940, sein Vater in Mecklenburg starb und seine alte Mutter allein zurückblieb. Der Soldat wandte sich an den Landrat des Kreises Waren-Müritz um Gewährung des Unterhalts für seine verwitwete Mutter, bekam aber in einem Schreiben vom 17. 2. 1941 **abschlägigen Bescheid.**

Der treue Sohn Ernst-Albert legt Berufung ein, schickt die geforderten Angaben über seine und seiner Mutter Familienverhältnisse.

Die Angelegenheit zieht sich in die Länge. Ernst-Albert Wulff schreibt wieder:

„Möchte Sie hiermit dringend bitten, die Sache zu beschleunigen, denn **es läuft schon genau ein Jahr** und ist immer noch nicht in Ordnung. (Schließlich kämpfe ich nicht umsonst fürs Vaterland.)"

Alles hilft nichts. In einem Schreiben vom 21. 6. 1941 **teilt** der Landrat dem Soldaten Ernst-Albert Wulff endgültig mit, daß man der alten Frau **„Familienunterhalt nicht gewähren"** wird. Und warum? Im amtlichen Schreiben an den Sohn heißt es wörtlich:

„Es läßt sich zur Zeit nicht feststellen, ob Sie jemals der Ernährer Ihrer Mutter geworden wären."

Dem Sohn Ernst-Albert will diese Antwort einfach nicht in den Kopf. Wie kann man denn überhaupt daran zweifeln, daß er, der einzige Sohn, der Ernährer seiner verwitweten Mutter geworden wäre, wenn dieser verdammte Krieg ihn nicht an die Front geworfen hätte! Hatte er ja schon an den Landrat geschrieben:

„Da ich als einzigster Sohn nur in Frage komme, meine Mutter zu unterstützen ..."

Aber was geht den Nazibeamten die Not der alten Frau, der Mutter eines Frontsoldaten, an!

Als der Soldat Ernst-Albert Wulff die endgültige Absage des Landrats erhielt, war er schon an der Ostfront. Hier soll der Soldat Ernst-Albert Wulff gegen Sowjetrußland kämpfen. Wozu? Wem zuliebe? 15 Monate lang als Soldat an den Fronten und jetzt dieser Brief! Ist **das** der Dank des Vaterlands?! Dem Soldaten Ernst-Albert Wulff ist plötzlich der ganze Krieg verleidet, verleidet die ganze Hitlerei. Was tun? Aber der Soldat Ernst-Albert Wulff hat nicht mehr viel Zeit, über diese Frage nachzudenken, denn Anfang Juli ist er bereits eine Leiche. GEFALLEN!

Ernst-Albert Wulff ist tot. Aber Du, deutscher Soldat, Du lebst noch. Denk Du nach: Ist **das** der Dank Hitlers, wie Du ihn Dir vorgestellt hast? Willst Du **dafür** Dein junges Leben opfern?

Rette Dein Leben! Geh über auf die Seite der Roten Armee!

GEHT MIT DIESEM PASSIERSCHEIN DURCH DIE FRONT

Deutsche Soldaten! Allen, die auf die Seite der Roten Armee übergehen, wird garantiert: das Leben, gute Behandlung und die Heimkehr nach Kriegsende.

ПЕРЕХОДИТЕ С ЭТИМ ПРОПУСКОМ ЧЕРЕЗ ФРОНТ

Немецкие солдаты! Всем, кто перейдет на сторону Красной Армии, обеспечена жизнь, хорошее обращение и возвращение на родину после войны.

Abb. 3: Sowjetisches Flugblatt „Hitlers Dank ...": über der Ostfront im September 1941 abgeworfen

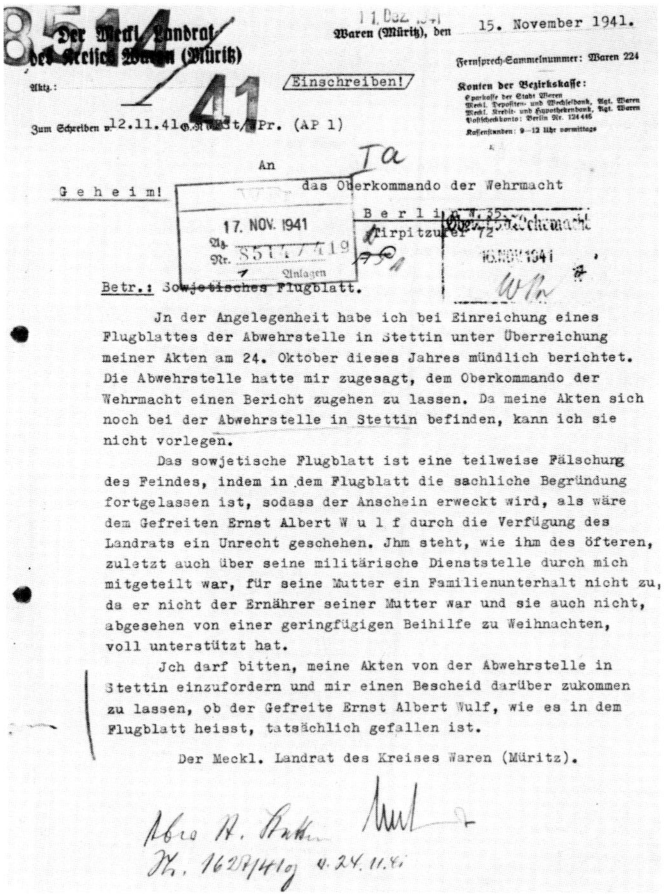

Der Meckl. Landrat des Kreises Waren (Müritz)

Waren (Müritz), den 15. November 1941.

Fernsprech-Sammelnummer: Waren 224

Konten der Bezirkskasse:
Sparkasse der Stadt Waren
Meckl. Depositen- und Wechselbank, Agt. Waren
Meckl. Kredit- und Hypothekenbank, Agt. Waren
Postscheckkonto: Berlin Nr. 124446
Kassenstunden: 9–12 Uhr vormittags

Aktz.:

Einschreiben!

Zum Schreiben v. 12.11.41 O.K.W. WFSt/WPr. (AP 1)

An

G e h e i m !

das Oberkommando der Wehrmacht

B e r l i n W 35

Tirpitzufer 72

17. NOV. 1941

16. NOV. 1941

Betr.: Sowjetisches Flugblatt.

Jn der Angelegenheit habe ich bei Einreichung eines Flugblattes der Abwehrstelle in Stettin unter Überreichung meiner Akten am 24. Oktober dieses Jahres mündlich berichtet. Die Abwehrstelle hatte mir zugesagt, dem Oberkommando der Wehrmacht einen Bericht zugehen zu lassen. Da meine Akten sich noch bei der Abwehrstelle in Stettin befinden, kann ich sie nicht vorlegen.

Das sowjetische Flugblatt ist eine teilweise Fälschung des Feindes, indem in dem Flugblatt die sachliche Begründung fortgelassen ist, sodass der Anschein erweckt wird, als wäre dem Gefreiten Ernst Albert W u l f durch die Verfügung des Landrats ein Unrecht geschehen. Jhm steht, wie ihm des öfteren, zuletzt auch über seine militärische Dienststelle durch mich mitgeteilt war, für seine Mutter ein Familienunterhalt nicht zu, da er nicht der Ernährer seiner Mutter war und sie auch nicht, abgesehen von einer geringfügigen Beihilfe zu Weihnachten, voll unterstützt hat.

Jch darf bitten, meine Akten von der Abwehrstelle in Stettin einzufordern und mir einen Bescheid darüber zukommen zu lassen, ob der Gefreite Ernst Albert Wulf, wie es in dem Flugblatt heisst, tatsächlich gefallen ist.

Der Meckl. Landrat des Kreises Waren (Müritz).

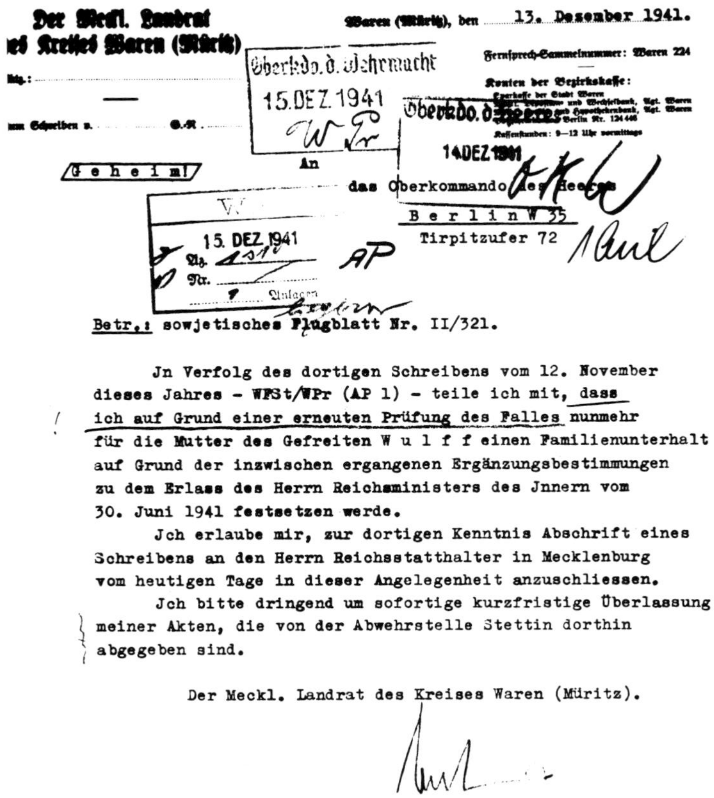

Der Meckl. Landrat des Kreises Waren (Müritz)

Waren (Müritz), den 13. Dezember 1941.

Fernsprech-Sammelnummer: Waren 224

Konten der Bezirkskasse:
Sparkasse der Stadt Waren
Meckl. Depositen- und Wechselbank, Agt. Waren
Meckl. Kredit- und Hypothekenbank, Agt. Waren
Postscheckkonto: Berlin Nr. 124446
Kassenstunden: 9–12 Uhr vormittags

Aktz.:

Zum Schreiben v. O.R.

Oberkdo. d. Wehrmacht 15. DEZ. 1941

14. DEZ. 1941

An

G e h e i m !

das Oberkommando des Heeres

B e r l i n W 35

Tirpitzufer 72

15. DEZ. 1941

Betr.: sowjetisches Flugblatt Nr. II/321.

Jn Verfolg des dortigen Schreibens vom 12. November dieses Jahres – WFSt/WPr (AP 1) – teile ich mit, dass ich auf Grund einer erneuten Prüfung des Falles nunmehr für die Mutter des Gefreiten W u l f f einen Familienunterhalt auf Grund der inzwischen ergangenen Ergänzungsbestimmungen zu dem Erlass des Herrn Reichsministers des Jnnern vom 30. Juni 1941 festsetzen werde.

Jch erlaube mir, zur dortigen Kenntnis Abschrift eines Schreibens an den Herrn Reichsstatthalter in Mecklenburg vom heutigen Tage in dieser Angelegenheit anzuschliessen.

Jch bitte dringend um sofortige kurzfristige Überlassung meiner Akten, die von der Abwehrstelle Stettin dorthin abgegeben sind.

Der Meckl. Landrat des Kreises Waren (Müritz).

Abb. 4/5: Schreiben des Landrates von Waren/Müritz zum „Fall Wulff“

Nicht befördert; die Sowjetunion läßt erfahrungsgemäß keinerlei Nachforschungen nach Vermißten durch Dienststellen oder private Mittelspersonen des neutralen Auslandes zu. Es wird anheimgestellt, falls noch nicht geschehen, die Anfrage an die Wehrmachtsauskunftsstelle für Kriegsverluste und Kriegsgefangene, Berlin W 30, Hohenstaufenstraße 47/48, zu richten, damit Nachforschungen eingeleitet werden können, sobald hierzu ein Weg offen ist.

Form. 54. 40.000. IV 43. - Q/0337. 289

Abb. 6: Durch deutsche Zensur zurückgesandter Brief mit beigefügter Begründung

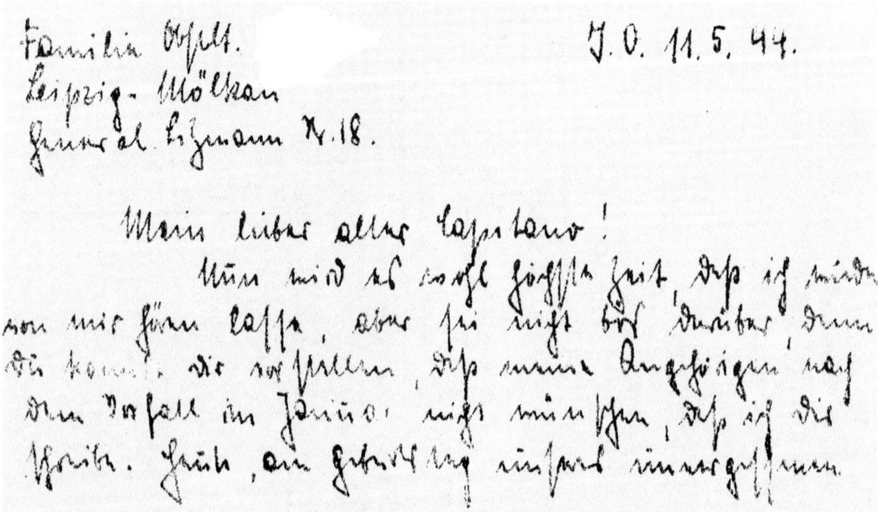

Abb. 7: Vorderseite des aus Lager 97 (Elabuga) stammenden Briefes vom 11. 5. 1944

Gesandte Walter Hewel, Vertreter des Auswärtigen Amtes im Führerhauptquartier, nannte die Gründe, die zur Ablehnung durch Hitler geführt hatten: Hitler wünsche nicht, daß bei der Truppe an der Ostfront die falsche Meinung entstehe, sie würde im Falle der Gefangenschaft von den Russen vertragsgemäß behandelt. Auch könnte die russische Regierung aus dem Vergleich der Namen russischer Kriegsgefangener feststellen, daß nicht alle in deutsche Hände gefallenen russischen Soldaten am Leben seien.[14]

Vor diesem Hintergrund stellte die Tatsache, daß deutsche Gefangene in sowjetischer Kriegsgefangenschaft ein Lebenszeichen von sich gaben, schon eine hochexplosive Propaganda dar. Es gehörte nämlich zum ständigen Pflichtrepertoire der deutschen Binnenpropaganda, den deutschen Soldaten einzuhämmern, daß sowjetische Kriegsgefangenschaft qualvolles Siechtum und Tod bedeute. Die Postkarten und Briefe der Gefangenen widerlegten nun offensichtlich diese Greuelpropaganda: In den sowjetischen Lagern gab es durchaus Überlebenschancen, unter welchen Umständen auch immer.

Inzwischen interessierte sich auch der Chef der Sicherheitspolizei und des SD für diese ungewöhnliche Korrespondenz aus dem Osten. Er berichtete am 16. Oktober 1943 an das Auswärtige Amt[15], seit Anfang 1943 seien vor allem über die Türkei und Schweden insgesamt 6479 Karten, 609 Briefe und „lose beschriebene Zettel" in das Reichsgebiet geschickt worden, von denen sogar ein Teil durch „ein Versehen der Auslandsbriefprüfstelle" ihre Empfänger erreicht hätte.

In der Regel konnten die deutschen Zensurstellen diese Briefe abfangen. Einen großen Teil warfen jedoch sowjetische Flugzeuge über der Front oder im Hinterland ab, so in der Nacht vom 12. August 1943 in Litauen 236 Postkarten, die alle aus dem Lager 97 bei Elabuga stammten. Sie steckten in grauen und rosa Umschlägen mit dem Aufdruck „Gruß aus russischer Kriegsgefangenschaft". Diese Sendung ging allerdings in das Netz der deutschen Überwachungsorgane.[16] Es kam aber vor, daß diese „Luftpostbriefe" von deutschen Soldaten, die sie zufällig fanden, an die Empfänger weitergeleitet wurden. Der Inhalt dieser Sendungen beschränkte sich im allgemeinen auf den Hinweis, daß es den Gefangenen in den sowjetischen Lagern „gut ginge", sie dort „menschlich behandelt" würden und im übrigen die baldige Rückkehr in die Heimat erhofften.

Unter den Angehörigen der vermißten deutschen Soldaten im Osten brach sehr bald nach dem Eingang der ersten Briefe eine erhebliche Unruhe aus, die die offiziellen Dienststellen genau registrierten. Die Briefe, vor allem der Brief des in russische Gefangenschaft geratenen Generalobersten Heitz an seine Frau[17], erregten erhebliches Aufsehen und schienen zu beweisen, daß eine Verbindung zu den Gefangenen, die offiziell als

„vermißt“ gemeldet waren, möglich sei. Es kursierten Gerüchte, eine Verbindung zu den Gefangenen könne über den Türkischen Roten Halbmond hergestellt werden. Auch der Vatikan sei in der Lage zu helfen. Er besitze umfangreiche Listen von gefallenen oder in Gefangenschaft geratenen deutschen Soldaten.

Zahlreiche Angehörige von Vermißten glaubten diesen Gerüchten und reisten zum Türkischen Konsulat nach Wien, um dort gegen zum Teil erhebliche Spenden ihre Nachforschungsanträge einzureichen. Die schriftlichen Anfragen an den Vatikan häuften sich. Die deutschen Zensurstellen schickten sie mit dem Hinweis zurück, daß „die Sowjetunion erfahrungsgemäß keinerlei Nachforschungen nach Vermißten“ zulasse.

Bisher konnte von dieser Gefangenenpost in den Akten kein Originalbrief gefunden werden. Durch einen glücklichen Zufall erhielten die Herausgeber den Brief eines deutschen Kriegsgefangenen aus dem Lager 97 Elabuga. Der Brief stammt von einem Offizier des Stabes der 113. Infanterie-Division, die in Stalingrad in Gefangenschaft geriet. Hauptmann R. und andere Gefangene wurden darauf hingewiesen, sie könnten einen Brief nach Hause schreiben. Man werde dafür sorgen, daß die Briefe trotz der deutschen Überwachungsmaßnahmen ihre Empfänger erreichten. R. schrieb daraufhin an seinen Vater in verschlüsselter Form, so daß auf Anhieb nicht erkennbar war, daß der Brief aus einem sowjetischen Kriegsgefangenenlager stammte:

„i. O.[18], 11. 5. 44

Lieber Capitano![19]

Nun wird es wohl höchste Zeit, daß ich wieder von mir hören lasse. Aber sei nicht bös darüber, denn Du kannst Dir vorstellen, daß meine Angehörigen nach dem Vorfall im Januar nicht wünschen, daß ich Dir schreibe.[20] Heute am Geburtstag unseres unvergessenen Fax habe ich nun doch zur Feder gegriffen und hoffe, daß Dich diese Zeilen erreichen. Zunächst unbescheidener Weise zu mir. Es geht mir gut, obgleich ich nun schon so lange nicht auf Urlaub war. Es ist auch noch nicht abzusehen, wann ich mal kommen kann, denn ich werde demnächst zur Schule versetzt. Es hat also auch keinen Zweck, mir unter der bisherigen Feldpostnummer[21] zu schreiben.“

Die Russen hielten ihr Versprechen. Der Brief kam im Mai 1944 in Leipzig in der General-Litzmann-Str. 18 an. Der Vater von R. verstand den verschlüsselten Text und war hocherfreut, ein Lebenszeichen seines totgeglaubten Sohnes zu erhalten, dem er nach der Rückkehr aus sowjetischer Gefangenschaft dieses ungewöhnliche Schreiben wieder aushändigte.[22]

Man kann ohne Übertreibung feststellen, daß die Kriegsgefangenenbriefe aus der Sowjetunion einen weit größeren Eindruck bei den Betroffenen hinterließen als die sowjetische Frontpropaganda auf den deutschen Soldaten während des gesamten Krieges.

II. FELDPOSTBRIEFE 1939–1945

1. Der Polenfeldzug

„Die Sache wird schnell erledigt sein“

Am Abend des 31. August 1939 überfiel ein deutsches Kommando in polnischen Uniformen den Reichssender Gleiwitz. Dieser „Überfall“ war ein willkommener Anlaß für die deutsche Propaganda, der Weltöffentlichkeit eine unerträgliche Eskalation polnischer Grenzverletzung vorzuspiegeln.

Am Freitag, den 1. September 1939, überschritten um 04.45 Uhr an drei Stellen auf breiter Front die deutschen Verbände mit 37 Infanterie- und 15 Panzer- und motorisierten Divisionen die polnische Grenze. Eine Kriegserklärung an Polen war nicht erfolgt. Im Aufruf Hitlers an die Wehrmacht vom 1. September hieß es: „Eine Reihe von für eine Großmacht unerträglichen Grenzverletzungen beweist, daß die Polen nicht mehr gewillt sind, die deutsche Reichsgrenze zu achten. Um diesem wahnwitzigen Treiben ein Ende zu bereiten, bleibt mir kein anderes Mittel, als von jetzt ab Gewalt gegen Gewalt zu setzen.“

Die deutsche Materialüberlegenheit war beachtlich. Den Sturzkampfbombern, Panzern und der schweren Artillerie hatten die Polen nichts Gleichwertiges entgegenzusetzen. Mit Panzervorstößen in die Tiefe des feindlichen Raumes zertrümmerte die Wehrmacht die polnischen Großverbände. Konzentrierte Angriffe der Luftwaffe mit etwa 1500 Maschinen zerstörten die Flugplätze der kleinen polnischen Luftwaffe. Bereits nach zwei Tagen waren die meisten polnischen Maschinen vernichtet. Polnische Nachschub- und Transportsysteme wurden systematisch aus der Luft zerschlagen.

Die Operationen der deutschen Wehrmacht verliefen planmäßig. Als aber am 3. September nach einem Ultimatum die Kriegserklärung der Westmächte erfolgte, zeigte sich der erste schwerwiegende Irrtum Hitlers. Vorbereitungen für einen langen Krieg waren von deutscher Seite nicht getroffen. Die deutsche Überlegenheit war wesentlich abhängig von der Schnelligkeit der Operationen und der Kürze des Krieges. Nun drohte sich der Krieg mit Polen zum 2. Weltkrieg auszuweiten.

Hitler legte deshalb großen Wert auf eine sowjetische Offensive im ostpolnischen Bereich. Er hoffte, daß die Westmächte gezwungen wären, auch der Sowjetunion als zweitem Aggressor den Krieg zu erklären oder aber einen Kompromißfrieden mit dem Deutschen Reich schließen zu müssen. Diese Hoffnung erfüllte sich nicht. Als die Rote Armee am 17. September 1939 in Ostpolen einfiel, war zwar das Schicksal Polens endgültig besiegelt, eine Reaktion der Westmächte erfolgte jedoch nicht.

Der deutsche Großangriff auf Warschau begann am 25. September. Die Luftwaffe unterstützte mit 1200 Maschinen die erbitterten Kämpfe. Bereits am 28. September war der ungleiche Kampf beendet. 120000 Mann der Festungsbesatzung marschierten in die Gefangenschaft.

Die deutschen Verluste während des Blitzkrieges gegen Polen waren relativ gering: 11000 Gefallene. Die Polen verloren 70000 Mann und weitere 50000 Tote im Ostteil ihres Landes gegen Verbände der Roten Armee. Die polnische Regierung floh nach Rumänien und wurde interniert. 100000 Polen gelang die Flucht nach Frankreich, wo sich eine polnische Exilregierung bildete. Sie stellte sofort neue Streitkräfte auf, in denen 84000 Exilpolen dienten.

Die Folgen der Niederlage waren für Polen katastrophal. Nach der vierten polnischen Teilung, die das Deutsche Reich und die Sowjetunion am 28. September 1939 in Moskau unterzeichneten, verlor das Land seine staatliche Existenz. Ein Fünftel des ehemaligen polnischen Staatsgebietes wurde mit etwa fünf Millionen Polen dem Deutschen Reich angegliedert. Weitere zwei Fünftel bildeten das neu eingerichtetet „Generalgouvernement für die besetzten polnischen Gebiete", das in der Folgezeit zum Objekt einer rigorosen Ausbeutungs- und Volkstumspolitik wurde. Der letzte Teil Polens fiel an die Sowjetunion und wurde bleibender Bestandteil ihres Staatsgebietes. Die neue deutsch-sowjetische Demarkationslinie folgte dem Flußverlauf von Narew, Weichsel und San.

(1) Schütze W. P., 3. Kp./Inf.Ers.Rgt. 7, Div.Nr. 157 — 7. August 1939, Montag

„... Wer von den Einberufenen beim Ostmarkeinmarsch 14 Tage dabei war, darf morgen wieder nach Hause fahren! Es hat doch einen Vorteil, wenn man mal an der Front war!?! Im übrigen hat man uns schon aufmerksam gemacht, daß die vier Wochen absolut nicht zum Schlafen da sind! Außerdem liegt einer bei uns auf dem Zimmer, dessen einer Verwandter bei der Botschaft in London tätig ist und uns erzählte, daß die englische Botschaft fast zur Hälfte bereits geräumt sei. Wenn dem so ist, dann sind die Aussichten mehr als schlecht ..."

(2) Frau C., Görlitz — 24. August 1939, Donnerstag

„... Diese Woche muß ich jeden Abend zum Luftschutz als Feuerwehrmann (neuer Posten). Ich bin darüber nicht gerade sehr erbaut, aber es ist ganz interessant. Am liebsten möchte die ganze Ausbildung jetzt eins zwei drei gehen, denn wir sind ja hier sehr gefährdet. Trotzdem wir den Pakt mit Rußland haben, befürchte ich doch, daß wir ganz ohne

Blutvergießen nicht wegkommen. Von Primkenau werden immer noch viele eingezogen, früh kommt der Befehl, in einigen Stunden müssen sie schon da sein. Kohle haben wir schon wochenlang nicht mehr, das ganze Geschäftsleben ist eben z.Zt. nur noch Krampf ..."

(3) Gefreiter H. B.,
1. Bttr./Art.Rgt. 41, 5. Inf.Div. 25. August 1939, Freitag

„... In letzter Minute muß ich Dir abschreiben, denn sämtlicher Urlaub usw. ist gesperrt. Es tut mir sehr leid, aber es ist nicht zu ändern. Aus den Zeitungen wirst Du ja wissen, wie es steht. Es ist möglich, daß wir jetzt plötzlich weg müssen. Wir haben unsere eigenen Sachen schon alle verpacken müssen und mit Heimatadressen versehen abgegeben. Morgen früh soll es losgehen. Morgen früh wird es in Deutschland anders aussehen, und gebe Gott, daß es so kommt, wie wir es alle hoffen. Denn nach meiner Ansicht steht es außer Zweifel was kommt ..."

(4) Landwirt H. T.,
Gut Kastenbeck bei Hameln 27. August 1939, Sonntag

„... Die Zeiten sehen schlimm aus, aber trotzdem kann man noch immer hoffen, daß alles gut abläuft. Gestern vormittag wurden von unserem Hof vier Leute weggeholt, ebenso zwei Pferde und Wagen. Hier ist Sammelplatz für Reservisten usw. Einquartierung! Einen Stellungsbefehl habe ich noch nicht erhalten, kann aber jede Stunde oder jeden Tag eintreffen. Diese Ungewißheit ist nicht schön. Unser Verwalter muß heute weg ..."

(5) Leutnant M. S., Fliegerhorst Wiesbaden 28. August 1939, Montag

„... Wir kommen nur noch in ganz seltenen Fällen aus dem Horst heraus, und jeder private Briefverkehr ist unterbunden. Wir hoffen alle, daß es doch noch recht bald zu einer Entscheidung kommt, denn ich kann mir denken, daß auch für Euch dieser Zustand nicht gerade ideal ist. Laßt Euch nicht allzu sehr in Unruhe versetzen ..."

(6) Soldat H. R., Vet.Kp. 9, 9. Inf.Div. 30. August 1939, Mittwoch

„... Am Montag abend kurz nach 8 Uhr war unser Abmarsch nach Butzbach. Die Einladung der Pferde sowie Wagen, Autos, Feldküche und noch vieles andere dauerte bis morgen ½ 4 Uhr. Dann ging es ungefähr um ½ 5 Uhr ununterbrochen über Frankfurt nach Kaiserslautern, wo wir um 10 Uhr ankamen. Dort wurde alles ausgeladen und mit unseren Pferden und Wagen weiterbefördert bis nach Weilerbach/Saarpfalz, ungefähr 60 Kilometer von der Westgrenze. Hier haben wir dann am Abend unser Quartier bezogen. Wir haben endlich wieder einmal seit Samstag eine Nacht geschlafen. Wo wir liegen, ist zweite Zone, zehn

Kilometer von der ersten Zone. Hier ist alles ruhig. Die Leute gehen ihrer Arbeit nach. Sie glauben an keinen Krieg. Ob wir hier bleiben werden, weiß noch niemand. Hoffentlich bleibt es so ruhig, dann werden wir bald wieder ein frohes Wiedersehen feiern dürfen. Soviel wie ich von den Vorgesetzten gehört habe, wird es immerhin auch ohne Krieg drei bis vier Wochen dauern ..."

(7) Soldat H. W.,
2. Kp./Nachr.Abt. 268, 268. Inf.Div. 1. September 1939, Freitag

„... Heute waren wir gerade unterwegs auf einer Probekolonnenfahrt mit Fahrzeugen, als ein in einem Wagen eingebautes Radio den Bericht bzw. den Vorbericht zur Reichstagssitzung brachte. An einem Waldrand wurde sofort angehalten und in höchster Spannung diesen Ausführungen gelauscht. Nach Beendigung derselben fuhren wir mit großem Tempo in die Kaserne zurück und warteten den ganzen Tag auf den Abmarschbefehl, der auch heute wieder ausblieb ..."

(8) Soldat W., 2. Kp./Pi.Btl. 41 2. September 1939, Samstag

„... Gestern hat unsere Kompanie Dirschau genommen und die starke polnische Besatzung in die Flucht geschlagen. Unsere Flieger haben großartig gearbeitet. Mir geht es gut, nur wenig Schlaf kriegt man. Die Sache wird schnell erledigt sein, mach Dir nur nicht zu viel Sorgen. Grüß mir Butzele. Er soll stolz sein, daß sein Papa dabei ist. Hier ist unheimlich viel Kriegsmaterial erbeutet worden ..."

(9) Herr H. K., Berlin-Wilmersdorf 3. September 1939, Sonntag

„... Seit einer Woche kann ich wegen Benzinmangels nicht mehr mit dem Auto fahren. Der Wagen ist auch vorgestern eingezogen worden. Bei uns, insbesondere in den Reisebüros, ist es natürlich sehr still. Wie lange wir das aushalten, ist fraglich. Hie und da merkt man an Äußerungen, daß Urlaub ohne Bezahlung nur zu erwünscht ist. Vor einigen Tagen wurde eine Liste aufgestellt, wer von der Firma reklamiert werden soll. Darunter war auch ich ..."

(10) Frau M. S., Maisach 4. September 1939, Montag

„... Gestern hatten wir ja einen besonders schwarzen Tag, die Hoffnung wird immer kleiner. Doch heißt es Kopf hoch, wenn es auch für uns alle nicht leicht sein wird. Mir kommt alles vor wie ein schwerer Traum. Ich wollte, ich könnte erwachen, und es wäre alles wie früher ..."

(11) Soldat H. R., Vet.Kp. 9, 9. Inf.Div.

„... Es ist bei uns hier im Westen noch gut. Es ist alles ruhig. Nur einige Städte ganz nahe an der Grenze sind geräumt worden, nur vorsichtshalber. Hoffen wir, wenn es bei uns ruhig bleibt, wieder nach Hause kommen zu dürfen. Es ist bei uns keine Kriegsstimmung, sondern Freude. Der Führer weiß schon, was er will. Wir haben hier volle Zuversicht, es gibt bald wieder Frieden. Als ich noch hier am Tische saß, hörte ich die Nachricht, daß England den Krieg sozusagen an Deutschland erklärt habe. Es ist natürlich noch abzuwarten, was Frankreich macht. Unser Herrgott möge doch den lieben Frieden erhalten, den wir alle so nötig brauchen ..."

(12) Hauptmann F. M.,
le.Inf.Kol./Inf.Rgt. 170, 73. Inf.Div. 7. September 1939, Donnerstag

„... Um 5 Uhr kommen wir nach Tuchel, ich fahre voraus und mache Quartiere. Ein freies Haus bietet gerade Platz für Männer und Pferde. Und da wird mir auch das Glück zuteil, den Führer zu sehen. Eine Autokolonne fährt an mir vorüber, im dritten Wagen sitzt der Führer, verstaubt, fast weiß seine Uniform, und in der Ferne sagt mir das Zurufen, daß die Truppen ihn ebenfalls erkannt haben ..."

(13) Soldat H. R., 1. Kp./Pz.Abw.Abt. 46, 44. Inf.Div.

„... Haben Samstag Teschen genommen, und Mittwoch, den 6. September, hatten wir schon die große Stadt Krakau in unseren Händen. Es geht alles ganz planmäßig ohne nennenswerte Verluste. Wir sind alle wohlauf und zufrieden, weil wir wissen, daß es nicht mehr lange dauern wird, dann ist wieder alles vorbei ..."

(14) Unteroffizier K. A., A. O. K. 3 8. September 1939, Freitag

„... Unser Weg führte über Mlawa, Przemysl, Makow nach Rozan. Das letzte Dorf war reichlich zusammengeschossen. Auf der Nachhausefahrt nahmen wir zwei polnische Gefangene mit. Der eine, der etwas gebrochen Deutsch sprach, erzählte, daß er erst seit drei Tagen Soldat wäre. Zu essen hätten sie nur trockenes Brot und Kaffee bekommen. Als sie nach ihrer Gefangennahme von uns warmes Essen, ihre Butter- und Wurstration bekamen, waren sie platt. Ihre Uniform, die man bestimmt nicht als solche ansprechen kann, war so schäbig, daß man sich schämen müßte, so als Soldat herumzulaufen. Wenn man so die ganze soldatische Haltung in Betracht zieht, so ist es nicht zu verwundern, wenn die Polen bei unserem Anrücken nach einigem Widerstand türmen ..."

(15) Gefreiter W. K.,
2. Kp./Inf.Div.Nachr.Abt. 2, 2. Inf.Div. (mot.) 10. September 1939, Sonntag

„... Augenblicklich liegen wir weit oben in Ostpreußen und haben einen Ruhetag. Wir sind im Korridor durchgebrochen und über die

Weichsel gesetzt. Der Krieg ist hart und wird von den Polen mit der größten Gemeinheit geführt. Wir sind selbst von Franktireurs angeschossen worden und sind endlich zu der Überzeugung gekommen, daß unsere Gutmütigkeit zu groß ist. Unser Trupp war stets vorn bei der ersten Linie. Die Verwüstungen, die die Polen auf deutschen Gütern im Korridor angerichtet haben, sind viehisch. Die Truppe selbst kämpft nur stellenweise gut. Ihre Ausrüstung ist miserabel. Die verhältnismäßig geringen Verluste von uns sind lediglich unserer erstklassigen Ausrüstung, besseren Ausbildung und überlegeneren Führung, abgesehen von der Vorzüglichkeit des deutschen Soldaten allgemein, zu verdanken. Die Rückmarschstraße des Feindes bot ein erschütterndes Bild. Unsere Artillerie und MG's hatte ganze Arbeit geleistet. Unser Panzer hat allein in einer Nacht 300 Gefangene gemacht. Bei uns wurden die Gefangenen verpflegt und nicht gemartert.

Bald werden wir wohl wieder eingesetzt werden. Der reguläre Kampf mit der polnischen Armee ist ja bald vorbei, aber der Krieg gegen die Banden, der nicht weniger blutig und vor allen Dingen abscheulich ist, weil es hier oft Frauen und Kinder trifft, kann noch etwas dauern ..."

(16) Herr H. K., Berlin-Wilmersdorf — 17. September 1939, Sonntag

„... Welche großartigen, wohl kaum dagewesenen Leistungen hat die deutsche Wehrmacht aufzuweisen! Wir kommen uns recht klein dagegen vor mit unseren kleinlichen Sorgen. Wahrscheinlich, nein sicher hörst Du mit ebensolcher Begeisterung die in souveräner, klarer, soldatischer Sprache abgefaßten Heeresberichte trotz aller Müdigkeit nach der anstrengenden Arbeit des langen Tages ..."

(17) Wachtmeister H. S.,
10. Bttr./Art.Rgt. 206, 206. Inf.Div. — 20. September 1939, Mittwoch

„... Die letzten Tage waren sehr anstrengend. Jetzt liegen wir in einer gewissen Bereitschaft und warten auf die Russen. Die Infanterie sammelt die versprengten Polskies. Von heute an soll die Eisenbahnverbindung nach Ostpreußen aufgenommen werden. Nach allem sieht es so aus, daß der Krieg hier bald zu Ende sein wird. Aber uns wird man wohl noch zur Besatzung zurücklassen. Heute vor fünf Wochen wurden wir Soldaten, und wir Alten hätten nichts dagegen, wenn unsere Übung wirklich nur sechs Wochen dauern würde ..."

(18) Soldat J. S., Kdo. 10. Inf.Div. — 2. Oktober 1939, Montag

„... Wir sind gestern in Warschau, der traurigsten Stadt Europas, eingezogen. Die 1 ½ Millionenstadt ist ein Trümmerhaufen. Die Bevölkerung furchtbar ausgehungert und ohne Obdach. Das Elend in seiner grauenhaften Schrecklichkeit nirgends größer als in diesem schwer heimgesuchten Trümmerhaufen. Unsere Bomber und Artillerie haben zu gründlich gearbeitet. Neben der Hungersnot besteht große Seuchengefahr. Zehntausende Zivilbevölkerung liegen noch unter den Trümmern. Kein Wasser, kein Licht. Wir teilen oft unsere kärgliche Verpflegung, weil das Elend der Kinder und Frauen einem ans Herz greift. Die ganze Stadt ist ohne Lebensmittel. Kein Haus ist mehr mit Fensterscheiben. Was nicht ausgebombt ist, ist schwer beschädigt. Das ist das Grauen, das Schreckliche der Stadt ..."

(19) Soldat J. L.,
Brücken-Kol./Pi.Btl. 79, 4. Pz.Div. 3. Oktober 1939, Dienstag

„... Wir liegen hier bei Deblin und haben eine Brücke über die Weichsel geschlagen. Sie ist 297 Meter breit. Dazu sind neun Brückenkolonnen benötigt worden. Am 1. September früh um ½ 5 Uhr sind wir bei Kresepize über die Grenze und sind dort einen Tag geblieben. Von dort aus sind wir am 3. September nach Ostrony, wo es sehr gefährlich war. Ostrony ist niedergebrannt bis auf die wunderschöne Kirche. Von hier aus ging es immer laufend weiter, und am 8. September sind wir drei Kilometer vor Warschau gewesen. Dort sind wir gelegen bis zum 13. September, dann sind wir wieder zurückberufen worden an die Bzura, wo wir eine Brücke haben schlagen müssen. Die Bzuraschlacht war bis jetzt die schlimmste Schlacht bei diesem Feldzug ..."

(20) Gefreiter J. S., 1. Kp./Pi.Btl. 38, 2. Pz.Div. 7. Oktober 1939, Samstag

„... Etwas Niederträchtigeres wie den polnischen Soldaten hat es noch in keinem Krieg gegeben. Gefangene haben die überhaupt ganz wenige gemacht. Wer ihnen in die Hände fiel, wurde auf eine ganz grausame Art niedergemacht, und die Polacken wurden von uns so brüderlich behandelt. Ich war in der Gegend von Krakau, Kolwuszowa, Zamoszow, Bawa Ruska, Mosti Wilky. Hier trafen wir mit den Russen zusammen und gingen von da aus am 25. September zurück. Der 25. war für uns der letzte Kriegstag, und am 27. traten wir den Rückmarsch an. Die Polakken hatten das Sprichwort: Hindenburg du großer Streiter, dein kleiner Gefreiter kam nimmer weiter. Der kleine Gefreite hat ihnen doch gezeigt, daß er weiter kann ..."

(21) Unteroffizier E. D.,
6. Bttr./Art.Rgt. 103, 4. Pz.Div. 8. Oktober 1939, Sonntag

„... Diesmal ist unsere Auslandsreise etwas anders ausgefallen als wie bei Österreich und Tschechei. Wir können froh sein, daß es noch so ausgefallen ist. Wir kämpften mit in vorderster Linie und waren so manchesmal in einer Lage gesteckt, wo wir selbst dachten, nicht mehr heil heraus zu kommen ..."

(22) Gefreiter E. H., Stab/Res.Flak-Abt. 492 — 9. Oktober 1939, Montag

„... Vielleicht kommen die führenden Männer der Welt doch noch zur Einsicht. Es ist doch sinnlos, alles zu vernichten, und nachher steht alles vor einem Nichts ...“

(23) Soldat K. K., 8. Kp./Inf.Rgt. 95, 17. Inf.Div. — 13. Oktober 1939, Freitag

„... Mit dem Frieden in Europa wird es wohl nichts werden. Was meinst Du zur politischen Lage, ist überhaupt eine Verständigung noch möglich? Wir wollen hoffen, daß unser Schöpfer die Sache doch noch zum Guten lenkt. Das Unheil jedenfalls, das durch diesen Krieg entstehen würde, würde groß sein, denn das hat man in Polen gesehen, was die modernen Waffen anzurichten vermögen (Flugzeuge!) ...“

2. Der Sitzkrieg im Westen

„Schießt nicht, wir schießen auch nicht!“

Nach der Kriegserklärung der Westalliierten an das Deutsche Reich erwarteten die Polen eine französisch-englische Großoffensive im Westen. Der Warschauer Rundfunk verbreitete am 5. September zur Hebung der polnischen Kampfmoral die Meldung, die Franzosen seien drei Kilometer tief in den Westwall eingebrochen. Die Begeisterung in Warschau war groß, doch an der Westfront blieb es ruhig.

Da Hitler wußte, wie schwach die deutschen Verbände im Westen waren, tat er alles, um die Franzosen nicht unnötig zu provozieren. In der „Weisung Nr. 1 für die Kriegführung“ vom 31. 8. 1939 befahl er: „Die deutsche Westgrenze ist zu Lande an keiner Stelle ohne meine ausdrückliche Genehmigung zu überschreiten.“ In seinem Aufruf vom 3. September an die „Soldaten der Westfront“ versuchte er, diese mit folgendem Argument zu beruhigen: „Das deutsche Volk und Eure Kameraden im Osten erwarten von Euch, daß Ihr unerschütterlich wie eine Mauer aus Stahl und Eisen die Grenze des Reiches gegen jeden Angriff hütet in einer Festungsanlage, die hundertmal stärker ist als die nie besiegte Westfront des Großen Krieges.“

Das war weitgehend Propaganda, die vor allem vom Gegner geglaubt werden sollte. Der 630 Kilometer lange Westwall war trotz seiner 14000 Bunkeranlagen und Kampfstände nur teilweise fertiggestellt und besaß nur einen geringen militärischen Wert.

Wie wichtig es für die deutsche Führung war, Frankreich nicht einmal propagandistisch anzugreifen, zeigt eine „Vertrauliche Information für die Presse“ vom 5. September: „Frankreich darf nach wie vor in der

Presse nicht angegriffen werden. So ist nicht auf den merkwürdigen Umstand einzugehen, daß an der deutsch-französischen Front bisher kein Schuß gefallen ist.“

Hätten die Franzosen und Engländer zu diesem Zeitpunkt eine Offensive eröffnet, wäre Hitler in eine äußerst schwierige Lage geraten. An der Westfront standen nur 33 deutsche Divisionen, von denen lediglich 8 voll einsatzfähig waren, 110 französischen Divisionen gegenüber. Trotz dieser Tatsache hielt die friedliche Idylle zwischen Maginot-Linie und Westwall an. Von Zeit zu Zeit dröhnten die Durchsagen deutscher Lautsprecher, die die Propaganda-Kompanien der Wehrmacht in Stellung gebracht hatten, zu den französischen Linien. In den Lautsprecheraufrufen wurde betont, die Wehrmacht wolle nicht angreifen, da es für einen Angriff auf Franzosen keinen vernünftigen Grund gäbe. Frankreich kämpfe ausschließlich für die Interessen Englands, das wie so oft in der Geschichte von einem Krieg in Europa profitiere. Zusätzlich warf die Luftwaffe Millionen von Flugblättern auf die französischen Stellungen, die die gleiche Propaganda enthielten. Die psychologische Kampfführung der Wehrmacht leistete einen nicht unwesentlichen Beitrag für die Erschütterung der französischen Kampfmoral.

Aufschlußreich für die Lage an der Westfront war auch der Tenor der Wehrmachtberichte. Es hieß in ihnen häufig: „An der Front keine besonderen Kampfhandlungen“ – „Keine besonderen Ereignisse“ – „An der Westfront ruhiger Tag“. Bald kursierten in Frankreich und England zwei Begriffe, die die Frontsituation im Westen schlagwortartig verdeutlichten. Die Franzosen sprachen vom „drôle de guerre“, die Engländer vom „phoney war“.

Doch dieser Zustand sollte nicht von Dauer sein. Nach der überraschend schnellen Zerschlagung Polens erklärte Hitler in der „Weisung Nr. 6 für die Kriegführung“ vom 9. Oktober 1939, daß er nunmehr beabsichtige, „aktiv und offensiv zu handeln“, falls die Westalliierten einen Friedensschluß weiterhin ablehnten. Die für die geplante Großoffensive im Westen benötigten Divisionen wurden zügig in ihre Einsatzräume verlegt. Hitler verschob jedoch den Angriffstermin, der zunächst für den Monat November vorgesehen war, immer wieder, insgesamt 29 Mal. Ungünstige Wetterlage, unbefriedigende operative Planungen und Bedenken seiner Generale zwangen ihn zu diesen Verschiebungen. Durch die Defenisvstrategie der Westalliierten ging jedoch die Initiative des Handelns im vollem Umfang auf die deutsche Wehrmacht über.

(24) Gefreiter H. B.,
1. Bttr./Art.Rgt. 41, 5. Inf. Div. 4. September 1939, Montag

„... Nun haben wir doch Krieg bekommen, leider sind wir *hier* und fühlen uns überflüssig, während die Kameraden an der Ostfront das zeigen können, was sie gelernt haben, und was das deutsche Volk von ihnen erwartet. Ich wäre gerne dabei, aber so kann man halt auch nichts ändern. Vielleicht hören auch wir hier etwas vom wirklichen Kriege. Die Begeisterung und Stimmung der Truppe ist hervorragend, keiner ist da, der jetzt in so einer Zeit zu Hause sein möchte. Wer heute als junger Mensch zu Hause ist, der muß sich ja direkt schämen ..."

(25) Leutnant M. S., Flgh.Kdtr. (E) Ödheim 7. September 1939, Donnerstag

„... Wir versuchen so gut es geht, die Zeit totzuschlagen. Auf die Dauer wird es aber immer unerträglicher. Ewig die erfolgreichen Berichte vom Osten, und wir müssen immer noch zusehen. Entweder Krieg oder Frieden, aber so ein Zwischending ist fürchterlich. Bei schönem Wetter müssen wir uns jede Nacht um die Ohren schlagen und können doch nichts erreichen ..."

(26) Herr W. N., Görlitz 15. September 1939, Freitag

„... Wegen der Tommies brauchen wir uns wohl auch nicht zu viel Sorgen machen. Der Führer wird sich wohl nicht erst vor vier Wochen überlegt haben, wie er die Engländer am besten klein kriegt. Denn daß der Engländer unser Hauptfeind ist und nicht der Franzose, das ist doch dem Führer schon länger klar als uns ..."

(27) Soldat H. P.,
1. Kp./Inf.Rgt. 70, 36. Inf. Div. 17. September 1939, Sonntag

„... Gestern abend erfuhren wir von der Vereinbarung Sowjetrußland – Japan. Das ist ja wieder ein schwerer Schlag für England! Bei uns ist ja der Franzmann und der Engländer noch immer nicht an die Bunker herangekommen. Wo er die Grenze überschritten hatte, ist er wieder zurückgeworfen. Unsere Artillerie und Flieger sorgen dafür, daß sie schnell und so leicht nicht wieder auf deutschen Boden kommen ..."

(28) Flieger H. E., 3. Kp./Flg.Erg.Rgt. 12 28. September 1939, Donnerstag

„... Wir sehen jetzt natürlich den Verhandlungen mit Rußland – Deutschland entgegen und die endgültige Grenzziehung Deutschland – Rußland. Aber damit dürfte sich unsere Stärke und Position gegen England wesentlich verstärken. Nur ist das Ende der England-Blockade nicht ganz vorstellbar. Aber ich glaube fest, daß von unserer Seite wohl mit den schärfsten Mitteln gerechnet wird, uns bei sich nur bietender Gelegenheit einzusetzen. Natürlich sind es für uns große Schwierigkeiten – entweder durch den Luft- oder U-Boot-Krieg England empfindlich zu treffen. Inzwischen hat die deutsche Fliegerei in Polen allerbeste Gelegenheit gehabt, „Erfahrungen" zu sammeln, die nun einmal zur Auseinandersetzung jeder Waffe notwendig sind. An Angriffslust, Einsatz und

Mut wird es uns bestimmt nicht fehlen, das beweisen die vielen Taten und Angriffe der deutschen Bomber und „Stukas“ (Sturzkampfbomber), ebenfalls die neuen Taten unserer jungen U-Boot-Waffe ...“

(29) Soldat K. B.,
2. Kp./Inf.Ers.Btl. 390, Div. Nr. 165 — 2. Oktober 1939, Montag

„... Ich habe mich an die Front gemeldet, weil dies besser für mich ist. Es ist ein blödes Gefühl, in der Etappe herumzusitzen, während andere draußen im Dreck liegen müssen. Daheim sterben die Leute, und vorne eventuell auch. Vom Sterben wollen wir mal noch nicht reden, denn dazu ist es etwas zu früh. Und wenn schon, dann ist nichts zu ändern. Ob man sich nun freiwillig meldet oder nicht, bleibt gleich, denn ich bin ja nicht der einzige, es gehen noch mehrere mit. Diese Woche geht es noch fort, wahrscheinlich am Samstag oder Sonntag. Wohin wissen wir nicht, es ist ja auch egal, die Hauptsache, wir kommen fort. Freuen wir uns schon darauf. Ich glaube, daß wir sowieso nicht nach acht Wochen wieder entlassen wären, und deshalb ist es egal, wo man seinen Dienst tut ...

Laß den Kopf deshalb nicht hängen, denn es gibt noch andere junge Mädchen, die vielleicht in derselben Lage sich befinden. Weinen hat ja doch keinen Sinn. Hart sein heißt die Parole ...“

(30) Soldat H. R., Vet.Kp. 9, 9. Inf. Div. — 12. Oktober 1939, Donnerstag

„... Es sieht so aus, wie wenn die ganze Sache noch lange dauern würde. Man weiß nicht mehr, was Wahrheit und was Lüge ist. Wer den Frieden ehrlich will, der muß ihn siegen, und wir Deutschen brauchen ihn am meisten. Wer soll denn diese Unkosten, die es bis jetzt schon gegeben hat, alle bestreiten? Nur der dumme Bauer, dem nimmt man das Pferd, den Mann, und sagt ihm dann, als wenn er es nicht wüßte, wie es zu Hause zugeht: Du Landwirt bekommst keinen Urlaub, zu Hause ist für Hilfe gesorgt dank dieser guten und vertraulichen Organisation. Alles Lüge, und hier sitzt man und weiß die Tage nicht herum zu bringen. Die Hälfte von uns könnte dauernd abwesend zu Hause sein. Aber es ist jedem unerklärlich, so eine arme Führung. Wenn wir in den ersten vier Wochen nicht heim dürfen, laßt Ihr ruhig zu Hause liegen, was Ihr nicht packen könnt, dann werden die gescheiten Herrschaften sehen, was sie nächstes Jahr ernten werden ...“

(31) Gefreiter E. G.,
12. Bttr./Art.Rgt. 209, 209. Inf.Div. — 14. Oktober 1939, Samstag

„... Hoffentlich geht die Sache nicht noch im Westen los. Chamberlain hat ja in seiner gestrigen Rede im Unterhaus eine ablehnende Antwort auf die Rede des Führers im Reichstag gegeben. Nun stehen wir alle wieder auf einem anderen Posten ...“

(32) Obergefreiter W. M.,
Grenzwacht-Pi. Sperr-Kp. 132 — 28. Oktober 1939, Samstag

„... Hier bei uns im Warndt ist es z. Zt. sehr ruhig, denn die Franzosen haben sich zurückgezogen bis zur Maginotlinie. Sie hinterließen uns die Nachricht auf Schildern aufgetragen: ‚Deutsche Kameraden schießt nicht mehr, denn wir schießen auch auf euch nicht mehr!‘ Wieder andere kamen uns bei Forbach zu Gesicht: ‚Deutsche Artilleristen schießt fünf Kilometer weiter, damit die Engländer auch was abbekommen!‘ Daraus kann man ersehen, daß die französischen Soldaten auch keinen Krieg wollen ...“

(33) Frau E., Kleeberg — 5. November 1939, Sonntag

„... Wie wird sich die politische und wirtschaftliche und kriegerische Lage entwickeln? Man kann diese Atmosphäre der Spannung und Unsicherheit, in der man sich seit Ende August befindet, kaum mehr länger ertragen. Und doch sagt man sich immer wieder: lieber weitere Monate dieser quälenden Unentschiedenheit als neuerdings die Geißel eines Weltkrieges von unabsehbaren Ausmaßen. Die Flüchtlinge aus dem Westen wandern zu Tausenden wieder zurück – ist das ein Zeichen der sich anbahnenden Entspannung oder des völligen Mangels an Einsicht auf seiten der Evakuierten? ...“

(34) Unteroffizier J. S., Stab II/Inf.Rgt. 226, 79. Inf.Div.

„... Da möchte ich Ihnen ein Erlebnis schildern, bitte Sie aber, nichts weiterzuerzählen. Ein Angehöriger unseres Bataillons hat im geräumten Gebiet aus den Häusern Silberbesteck und sonstige Wertsachen entwendet. Das Sprichwort ‚Die Sonne bringt es an den Tag‘ hat auch ihn getroffen. Als er ein Paket heimschickte, fiel es dem Postboten auf, und dieser ließ das Paket öffnen und hat Anzeige erstattet. Der Soldat kam vors Kriegsgericht und wurde zum Tode durch Erschießen verurteilt. Ich selbst wurde auch zum Erschießen kommandiert. Am 20. Oktober, früh um 7 Uhr wurde das Urteil vollstreckt. Wir waren in Stärke vier Offiziere und zehn Mann angetreten. Der Verurteilte wurde in einem Auto in Begleitung von einem katholischen Pfarrer an die Stelle gebracht. Das Todesurteil wurde verlesen. Der Verurteilte, ein 22jähriger, verabschiedete sich vom Pfarrer. An uns richtete er die Worte: ‚Kameraden, tut eure Pflicht!‘ Dies waren auch seine letzten Worte ...“

(35) Leutnant M. S., 3. Stffl./J. G. 52 — 21. Januar 1940, Sonntag

„... Wir selbst sind nach wie vor am Warten. ‚Im Westen keine besonderen Ereignisse‘ dürfte Euch ja genug Aufschluß geben über unsere Tätigkeit. In dieser lausigen Kälte macht das ‚Kriegführen‘ auch wenig Freude ...“

(36) Obergefreiter F. Z.,
Nachsch. Kp. d. Lw. 3/XVII 30. Januar 1940, Dienstag

„... Soeben hatte ich die Führerrede gehört, auch Du wirst zu Hause am Radio gesessen sein. Wir sind alle von der Rede begeistert, besonders die Jungen freuen sich auf's Losschlagen ..."

(37) Soldat W. P.,
12. Kp./Inf.Rgt. 339, 167. Inf.Div. 7. März 1940, Donnerstag

„... Seit einigen Tagen wurden innerhalb unserer Gemarkung (Hettingen/Krs. Sigmaringen) Flugblätter abgeworfen mit einer geradezu lächerlichen Propaganda. Schade für den Flieger (als Mensch natürlich), der wegen einer solchen Bagatelle sein Leben auf's Spiel setzt ..."

(38) Soldat L. L.,
6. Kp./Inf.Rgt. 179, 57. Inf.Div. 13. März 1940, Mittwoch

„... Soeben hören wir im Rundfunk den Friedensvertrag, aber nicht von uns, sondern von Finnland mit Rußland. Von mir aus kann alle Tage im Rundfunk ein Friedensvertrag verkündet werden ..."

(39) Gefreiter H. K., 4. Bttr./Art.Rgt. 58

„... Man versucht, so gut das möglich ist, sich nicht über die inhaltslose Zeit, die mit einer ordentlichen Ausbildung gut zu füllen wäre, zu ärgern. Es ist immer wieder dasselbe: Planlosigkeit und Vorspielung von Tun, wo nicht geschafft wird. So nimmt man allmählich den Standpunkt ein, der dieses Leben erträglich macht: den der völligen Wurstigkeit und des Drücke-dich-wo-du-kannst ..."

(40) Leutnant M. S., 3. Stffl./J. G. 52 20. März 1940, Mittwoch

„... Die heutige Meldung über den Rücktritt Daladiers kann ja wohl entscheidenden Einfluß auf den Krieg haben. Hoffentlich kriegen wir wenigstens noch ein ganz klein wenig zu tun? Es wäre ja traurig bestellt, ohne wesentliche Kampfhandlungen wieder heimwärts ziehen zu müssen. Wahrscheinlich werdet Ihr wieder sagen, welch ein Unsinn. Doch hoffe ich, daß auch Ihr ein wenig Verständnis für unsere Lage haben werdet ..."

(41) Gefreiter E. P.,
Stab III/Inf.Rgt. 277, 83. Inf.Div. 26. März 1940, Dienstag

„... Die Stimmung bei unserer Einheit ist prima. Wir wollen hoffen, daß bald irgendwie eine Entscheidung fällt, die uns den gewaltigsten Sieg bringen wird, den die deutsche und die Geschichte der Welt je gesehen hat, und daß der Führer am Ende dem Engländer einen Frieden diktiert, so brutal, wie die Herren an der Themse selbst immer diktiert haben, wann und wo sie konnten. Diesmal aber werden sie nicht diktieren können, denn jetzt sind wir an der Reihe ..."

(42) Soldat K. B.,
2. Kp./Inf.Rgt. 390, 215. Inf.Div. 15. April 1940, Montag

„... Wir wissen, für welches Ideal wir kämpfen, während der Poilou für Englands Geldsack seinen Schädel hinhält. Wir wünschen ihm Hals- und Beinbruch und womöglich zwei Köpfe, damit, wenn er einen verloren hat, gleich Ersatz da ist ...

Soeben erhalten wir Meldung, daß ein feindlicher Stoßtrupp unsere Stellung angegriffen hat, aber der Angriff teuer bezahlt werden mußte, denn fünf Mann starben durch unser MG-Feuer den Heldentod. Von uns ist nur einer leicht verletzt.

Das ist unser Krieg, klein, aber fein, hier geht es um persönliche Eigenschaften. Hier sprechen nicht unsere schweren Waffen, sondern hier geht es Mann gegen Mann, wer der stärkere ist, bleibt Sieger. Kleines, stilles Heldentum. Vor kurzem haben wir ein Gedicht von einem Franzmann an seine Mutter gefunden, welcher gefallen ist. Wir haben es übersetzt und mußten fast alle weinen, denn so ergreifend war es. Schade, daß wir es nicht behalten konnten ..."

3. Die Besetzung Dänemarks und Norwegens

„Für die Engländer ist das diesmal ein schwerer Schlag"

Am 9. April 1940 um 5 Uhr morgens liefen drei deutsche Truppentransporter in den Hafen von Kopenhagen ein. Deutsche Infanterie stürmte das Königliche Schloß. Zur gleichen Zeit rollten motorisierte Verbände der Wehrmacht durch Dänemark, das unter den „Schutz des Reiches" gestellt wurde. Gegenwehr von Seiten der Dänen gab es nicht. Das Unternehmen „Weserübung" hatte begonnen.

Bereits am 1. März 1940 erließ Hitler die Weisung für den „Fall Weserübung": „Die Entwicklung der Lage in Skandinavien erfordert es, alle Vorbereitungen dafür zu treffen, um mit Teilstreitkräften der Wehrmacht Dänemark und Norwegen zu besetzen. Hierdurch soll englischen Übergriffen nach Skandinavien und der Ostsee vorgebeugt, unsere Erzbasis in Schweden gesichert und für Kriegsmarine und Luftwaffe die Ausgangsstellung gegen England erweitert werden."

Von ausschlaggebender Bedeutung war die Tatsache, daß das Deutsche Reich dringend die hochwertigen schwedischen Eisenerze für seine industrielle Produktion benötigte. Am 1. April betonte Hitler in einer Ansprache vor Kommandeuren die Notwendigkeit, englischen Landungsversuchen in Skandinavien zuvorzukommen. Vier Tage später registrierte die deutsche Seekriegsleitung englische Landungsvorbereitungen für Norwegen. Nun begann ein Wettlauf um die Zeit.

Die Wehrmacht setzte für ihre Operationen gegen Norwegen 6 Divisionen und gegen Dänemark 2 Divisionen ein. Die Marine übernahm den Seetransport dieser Truppen nach Narvik, Drontheim, Bergen, Egersund, Kristiansand, Arendal und Oslo. Die Luftwaffe setzte mit dem verstärkten X. Fliegerkorps Fallschirmjäger- und Luftlandeeinheiten zur Unterstützung der Truppenlandungen ein.

Im Gegensatz zu Dänemark leisteten die Norweger zum Teil erbitterten Widerstand. Der schwere Kreuzer ‚Blücher' wurde bereits am ersten Angriffstage durch norwegische Küstenartillerie und Torpedotreffer im Oslofjord versenkt. Entscheidend für den wechselvollen Ablauf der Kämpfe war jedoch der Umstand, daß die deutschen Truppen bereits am zweiten Kampftage alle wichtigen Häfen und Flugplätze in Süd- und Mittelnorwegen besetzen konnten, ein Erfolg der ersten kombinierten Aktion aller drei Wehrmachtsteile. Für die Kriegsmarine war jedoch die Tatsache eine schwere Enttäuschung, daß ihre U-Boot-Waffe wegen der zahlreichen Torpedoversager (Magnet- und Aufschlagzündung der Torpedos funktionierten nicht zuverlässig) bei ihren Angriffen auf englische Schiffe weitgehend erfolglos blieb.

Hitler kam mit der Invasion den alliierten Aktionen nur um wenige Stunden zuvor. Obwohl sich vor allem die deutsche Kampfgruppe in Narvik zeitweilig in einer äußerst kritischen Lage befand, die durch die Anlandung westalliierter Truppen entstanden war, mußten sich schließlich die Alliierten wegen der schwierigen Lage in Frankreich aus Norwegen zurückziehen. Norwegen mit dem wichtigen Erzhafen Narvik befand sich fest in deutscher Hand.

Die Verluste auf beiden Seiten waren im Verhältnis zur Schwere der Kämpfe gering: die Engländer verloren insgesamt 4369 Mann, davon 2500 auf Seetransporten, die Franzosen 530, unter denen sich Soldaten einer exilpolnischen Gebirgsbrigade befanden. Die norwegische Armee verlor 1335 Mann. Die deutsche Wehrmacht meldete 1317 Tote und 2375 auf Seetransport vermißte Soldaten. Die Luftwaffe büßte 242 Maschinen ein, während die Verluste an Kriegsschiffen auf beiden Seiten etwa gleich waren. Die Kriegsmarine verlor 1 Schweren und 2 Leichte Kreuzer, 10 Zerstörer, 1 Torpedoboot, 4 U-Boote und 18 andere Schiffe. Die alliierten Schiffsverluste betrugen 1 Flugzeugträger, 2 Leichte Kreuzer, 9 Zerstörer, 6 U-Boote und zahlreiche Hilfsfahrzeuge.

(43) Frau B. K., Aichach 10. April 1940, Mittwoch

„... Die politischen Ereignisse überstürzen sich nun, wie wird es wohl weitergehen? Wenn nur die verdammten Engländer und Franzosen der Teufel holen würde! Unsere Flieger bombardieren sie schon in Grund und Boden. Hoffentlich gibt es bei Euch nicht eine Veränderung wegen der letzten Ereignisse! Oder mußten schon Truppen fort? ...“

(44) Oberjäger (O. A.) P. G., 3. Kp./Inf. Ers. Btl. 2, Div.Nr. 151

„... Die Nachricht über das Skandinavien-Unternehmen sprach uns allen wieder etwas Kampfesmut zu. Sollte es tatsächlich blutlos zu Ende gehen? Gab's denn so etwas schon mal in der Weltgeschichte, einen blutlosen Krieg? ‚John Bull‘ wird sich jedenfalls noch sehr wundern, daß ihm Hören und Sehen vergeht. Der gestrige Tag wurde aus diesem Grunde mit ein wenig Frohsinn durchlebt ...“

(45) Herr A. L., Mühlheim/Ruhr

„... Was sagst Du zu den letzten Ereignissen? Die Entwicklung führte zwangsläufig dahin. Für England ist das eine große verlorene Schlacht. Wenn das so weitergeht, kann Winston Churchill den Krieg nicht gewinnen. Uns soll's schon recht sein ...“

(46) Herr E. B., Berlin-Steglitz 12. April 1940, Freitag

„... Die Ereignisse der letzten Tage haben wieder einmal nicht erwartete Überraschungen gebracht. Es ist wirklich phantastisch, in welcher Geschwindigkeit die Besetzung von Dänemark und Norwegen durchgeführt wurde. Für die Engländer ist das diesmal ein schwerer Schlag, dessen Folge sie von Woche zu Woche mehr verspüren werden. Was wird die nächste Zeit alles bringen? Sicher noch manche neue Überraschung, an die wir nicht denken ...“

(47) Soldat E. R., 3. Bttr./Mar.Flak-Abt. 271 13. April 1940, Samstag

„... Gerade am 75. Geburtsgedenktag des Feldherrn Ludendorff landeten deutsche Truppen in Dänemark und Norwegen und vereitelten so in blitzschnellem, soldatischen Handeln den Plan der Westmächte, Großdeutschland vom Norden her anzugreifen. Was brachten uns die letzten Tage an Großem und Heldentum der deutschen Soldaten aller Wehrmachtteile. Das Ringen um die Entscheidung hat nun begonnen. Fast ungeduldig haben wir manchmal auf diesen Tag gewartet. Der Sieg ist unser!! ...

Ein Soldat schrieb Ihnen auf ein empfangenes Feldpost-Päckchen, die Frauen sollten nun *mehr beten*, damit der Krieg bald aus ist. Das muß ja ein sonderbarer ‚Mann‘ sein. Über solche ‚vereinzelten Blindgänger‘ gehen wir am besten zur Tagesordnung über. Der deutsche Soldat will *kämpfen* und *tausendfach heimzahlen!* ..."

(48) Unteroffizier E. N.,
1. Kp./Inf.Div. Nachr.Abt. 25, 25. Inf.Div. 15. April 1940, Montag

„... Der ereignisvolle 9. April hat bei uns auch große Stimmung hervorgerufen. Zumal ich im Mai 1935 die ganze Gegend von Norwegen kennengelernt habe, ist es für mich doppelt interessant. Die ganzen Fjorde sind wir durchgefahren, und die Hafenstädte Bergen, Hägesund usw. sind mir noch in bester Erinnerung. Ich bin der festen Überzeugung, daß, so wie dieser erste Schlag vom Führer gesessen hat, auch einmal der letzte große Schlag gegen die Mordbrüder in England und Frankreich sitzen wird. Dann werden erneut die Segenswünsche auf unseren geliebten Führer herniedergehen und ihm wieder neuen Mut und Kraft zum Wohle des deutschen Volkes verleihen. Solange wir den Frontsoldaten Adolf Hitler haben, gibt es nur Treue, Tapferkeit und Gerechtigkeit für sein Volk. Ich glaube, daß der schönste Tag im Leben unseres Führers erst kommt. Es wird dieser Tag, an dem die Völker alle ihre Freiheit, Frieden und Gleichberechtigung zurückerhalten haben werden. Hoffen wir, daß dieser Tag nicht mehr allzu fern sein möge ..."

(49) Pfarrer H. M., Hettingen/Krs. Buchen 4. Mai 1940, Samstag

„Beim erfolgreichen Einsatz unserer heldenmütigen Flotte vor Norwegen fand unser getreuer Adolf E. mit seinem stolzen Panzerschiff ‚Blücher' in den Wellen der Nordsee am 9. April sein kühles Seemannsgrab. Die tiefmittrauernde Heimatgemeinde aber will in dieser Trauerfeier mit den lieben Eltern und Geschwistern ihren großen Schmerz zum Ausdruck bringen und in Dankbarkeit für ihn Gebete zum lieben Gott für seine Seelenruhe schicken."

4. Der Westfeldzug 1940

„Es ist doch herrlich, wie schnell wir vordringen"

In einer Denkschrift Hitlers vom 9. Oktober 1940 wird das deutsche Kriegsziel für die Auseinandersetzung mit den Westalliierten formuliert. Es habe „in der endgültigen Vernichtung des Westens zu bestehen, d.h. in der Vernichtung der Kraft und der Fähigkeit der Westmächte, noch einmal der staatlichen Konsolidierung und Weiterentwicklung des deutschen Volkes in Europa entgegenzutreten."

Das militärische Potential Frankreichs, Großbritanniens, Belgiens und

Hollands zusammengenommen entsprach ungefähr der deutschen Stärke. 144 Divisionen dieser Länder mit etwa 13974 Geschützen, 3380 Panzern und 3099 Flugzeugen standen 141 deutsche Divisionen (einschließlich 10 Panzerdivisionen) mit 7348 Geschützen, 2445 Panzern und 4020 Flugzeugen gegenüber. Eine klare Überlegenheit besaß jedoch die deutsche Luftwaffe. Den Westalliierten fehlte es vor allem an Bombern und Jägern: sie konnten nur 377 Bombenflugzeuge in den Einsatz bringen, während die Luftwaffe über 2224 Bomber verfügte.

Noch am 9. Mai meldete der Wehrmachtbericht in vertrauter Wiederholung: „An der Westfront verlief der Tag ruhig." Einen Tag später, am Freitag, den 10. Mai, trat die Wehrmacht auf breitester Front zum Angriff an. Um 05.35 Uhr begann die Offensive im Westen („Fall Gelb").

Nach dem „Sichelschnittplan" sollte der Hauptstoß starker Panzerverbände zunächst durch die unwegsamen Ardennen in Belgien, wo der deutsche Angriff am wenigsten erwartet wurde, erfolgen, dann einen schnellen Durchbruch über die Maas bis zur Kanalküste erzwingen. Die Offensive durch Belgien, Luxemburg und die Niederlande lief nach der im Polenfeldzug bewährten Blitzkriegsstrategie ab. Schon am 13. Mai fiel Lüttich. Am gleichen Tag erzielten die deutschen Panzer bei Sedan den entscheidenden Durchbruch, am 20. Mai war die Kanalküste erreicht. Mit der Kapitulation Belgiens und Hollands brach der Widerstand dieser Länder überraschend schnell zusammen.

Das britische Expeditionskorps, das in Dünkirchen zusammengedrängt seiner Vernichtung entgegensah, wurde durch einen ungewöhnlichen Entschluß Hitlers gerettet. Am 24. Mai hielt er überraschend die schnellen Truppen der Heeresgruppe A an. So konnten in der Zeit vom 27. Mai bis 4. Juni 340000 alliierte Soldaten auf zahllosen Schiffen aller Typen und Größen trotz der Angriffe der Luftwaffe England erreichen. Am 5. Juni begann mit dem Vorstoß der Heeresgruppe B über die Somme und Aisne die Schlacht um Frankreich. Die Weygand-Linie wurde schnell durchbrochen, die untere Seine bereits am 9. Juni erreicht. Einen Tag später erklärte Italien England und Frankreich den Krieg. Bereits am 17. Juni bat der neue französische Ministerpräsident Marschall Pétain um Waffenstillstand. Im Wald von Compiègne unterzeichneten am 22. Juni Generaloberst Keitel und der französische General Huntziger den deutsch-französischen Waffenstillstand. Ort des Geschehens war der Salonwagen, in dem 1918 der französische Marschall Foch der deutschen Delegation die alliierten Waffenstillstandsbedingungen eröffnet hatte.

Die Bilanz an Toten und Verwundeten war im Vergleich zu den gewaltigen Verlusten im Ersten Weltkrieg niedrig: Frankreich verlor während der Kämpfe etwa 90000 Gefallene und 200000 verwundete Soldaten. Knapp 2 Millionen marschierten in die Gefangenschaft. Die deutsche

Wehrmacht bezahlte den Sieg im Westen mit 27074 Toten, 18384 Vermißten und 111034 Verwundeten. Die Gefallenenzahl betrug weniger als an manchen Tagen der großen Materialschlachten des Ersten Weltkrieges. Im Jahr 1916 fielen bei Verdun allein 41000 deutsche Soldaten, in der Sommeschlacht sogar 58000.

Hitler befand sich nach diesem spektakulären Sieg auf dem Zenit seiner Macht. Der Norden und Westen Europas standen jetzt unter deutscher Vorherrschaft.

(50) Gefreiter H.,
9. Kp./Inf.Rgt. 34, 35. Inf.Div. 10. Mai 1940, Freitag

„Als die Kirchturmuhr von Merkstein die fünfte Stunde schlägt, werden die Planen zurückgeworfen, die Gewehre durchgeladen und die Stahlhelme fester gebunden. Die Stunde ist gekommen. Es ist genau 5.37 Uhr, als Motorenlärm uns hochfahren läßt. Es sind deutsche Flugzeuge, die in großen Scharen über unseren Köpfen hinwegsausen, in Richtung der holländischen Grenze. Die Motoren unserer Fahrzeuge heulen nochmal auf, dann setzt sich die lange Kolonne wieder in Bewegung. Herzogenrath ist die letzte Ortschaft, dann befinden wir uns in Feindesland in Richtung auf Eigelhoven. Kein Schuß fällt, sie scheinen noch zu schlafen. Wie eine Übung mutet das Ganze an. Oder wie ein Maiausflug mit Luftwaffenbegleitung. Auf unseren Fahrzeugen flattert die Fahne im hellen, sonnigen Morgenwind. Die Holländer wissen nichts von unserem Vorhaben, nur vereinzelt haben sich halbverschlafene Gestalten in die Türrahmen und Fenster gedrückt, weil sie vom Lärm unserer Motoren aufgeschreckt sind ..."

(51) Soldat W. P.,
12. Kp./Inf.Rgt. 339, 167. Inf.Div. 11. Mai 1940, Samstag

„... Was sagst Du übrigens zu den neuen Unternehmungen? Ich glaube bestimmt, daß dies die Entscheidung bringen wird. Endlich ist es soweit, denn in einem derartigen Verhältnis hätte man ja doch nicht länger fortmachen können, und dann ist es doch gleich besser, sofort zu einer entscheidenden Sache zu greifen. Jetzt ist halt auch der Moment für die Landtruppe gekommen. Ohne die Sache übertreiben zu wollen, leicht wird es bestimmt nicht, aber ich kann mir nicht vorstellen, daß wir ausgerechnet im Entscheidungsgang versagen sollten. Im Gegenteil, ich nehme an, daß wir heuer noch nach einem siegreichen Ende wieder zurückkommen werden. Dieser Gang, glaube ich, wird mit den schwersten Mitteln und den größten Raffinessen geführt werden und wird eben drum von keiner langen Dauer sein. Obwohl, etwas mehr gedulden werdet Ihr Euch in der Heimat schon müssen als mit dem Polenfeldzug ..."

(52) Unteroffizier A. R.,
4. Kp./Korps-Nachr. Abt. 427 12. Mai 1940, Pfingstsonntag

„... Gestern haben wir die deutsche Grenze überschritten und sind im Vormarsch. Auf den Vormarschstraßen bewegt sich Kolonne an Kolonne, unübersehbar. Die Brücken sind z.T. gesprengt und kosten gar manchen Umweg, der durch Felder und Morast führt. Ein dauerndes Brummen fühlt man in den Ohren von den vom Feindflug zurückkehrenden Bombern und Aufklärern. Die ersten Verwundeten werden von Sanitätskolonnen zurückgebracht. Sie stöhnen und bäumen sich vor Schmerzen, die armen Kerls. Sie haben zum größten Teil Notverbände angelegt und werden in ein Lazarett überführt. Dem einen fehlt der Arm oder Fuß, der andere hat Splitter im Gesicht, die Nase verloren und wieder ein anderer einen Kopfschuß. Es ist furchtbar, wenn so junge Menschen zum Krüppel werden. Es macht auf einen einen deprimierenden Eindruck, wenn man so etwas zum erstenmal sieht. Ein jeder denkt sich im stillen, wenn nur ich wieder gesund und heil in die Heimat komme ..."

(53) Gefreiter L. D., Rgts. Stab/Art.Rgt. 69 13. Mai 1940, Pfingstmontag

„... Es wird Dich sehr überrascht haben, daß wir so schnell losgegangen sind. Keiner von uns hatte daran gedacht. Wir marschierten gleich in Holland ein, eineinhalb Tage waren wir da, dann über Maastricht und jetzt in Belgien. Geht ganz gut vorwärts. Jetzt haben wir die Festungen vor uns, werden aber bald gestürmt sein. Bis jetzt sahen wir sehr viel gefangene Belgier. Im Gegensatz zum Polenfeldzug ist hier in der Luft viel los, zu über 90% deutsche Flugzeuge. Wenn englische oder französische Flieger kommen, wird geschossen, was das Zeug hält, auch mit Gewehr. Bis jetzt sah ich fünf Abschüsse durch Flak ..."

(54) Gefreiter L. M.,
8. Kp./Inf.Rgt. 119, 25. Inf.Div. 14. Mai 1940, Dienstag

„... Heute im Morgengrauen haben wir die luxemburgische Grenze überschritten. Ich war leider Vorkommando. Herrliche Landschaft, sehr nette Leute, von Krieg außer Soldaten nichts zu sehen und zu spüren. Nicht einen französischen Flieger sahen wir bis jetzt. Denen hat es den Atem verschlagen. Unsere Erfolge sind tatsächlich grandios. Heute nacht geht's nach Belgien. Wir können nur hinterherlaufen. Die Front ist ganz tief in Belgien. Wetter sehr heiß, Marschleistung enorm, Schlaf kaum, Stimmung gut ..."

(55) Frau E. N., Görlitz 16. Mai 1940, Donnerstag

„... Wer nicht unbedingt vom Geschäft beansprucht wird, gehört dem Radio. Was für eine große Zeit erleben wir! Der Kampf, der seit gestern von Namur bis Antwerpen entbrannt ist, muß sehr groß und schwer sein, und doch ist in uns allen der Glaube an den Sieg ..."

(56) Frau H., Kronach 23. Mai 1940, Donnerstag

„...Wir hier im Amt verfolgen mit fieberhafter Spannung das Vordringen unserer tapferen Soldaten. Es ist doch herrlich, wie schnell wir vordringen. Ich glaube bestimmt, daß im Herbst der Krieg zu Ende ist. In der Heimat macht sich der Mangel an Arbeitskräften gewaltig bemerkbar. Aber man setzt ja gerne seine ganze Arbeitskraft ein, wenn man die Gewißheit unseres baldigen Sieges hat ..."

(57) Gefreiter H. B.,
10. Bttr./Art.Rgt. 5, 5. Inf.Div. 24. Mai 1940, Freitag

„... Wir sind zunächst durch Luxemburg und Belgien gekommen, um dann in Frankreich einzubrechen. In gewaltigen Märschen sind wir tief ins Land gestoßen und überschritten die Maas und sind nach Eroberung des Chemin des Dames hier in Stellung gegangen. Eine historische Gegend, der Boden ist tief durchtränkt mit dem Blut unserer Väter im Weltkrieg. Ein Trichter neben dem anderen zeichnet noch die Spuren deutlich an. Es muß furchtbar damals gewesen sein, und heute stehen sich wieder zwei Riesenheere gegenüber. Jetzt sind wir drin im Krieg, so tief, wie wir immer gerne wollten und sind stolz, daß wir im wichtigsten Abschnitt der Westfront stehen und siegen werden. Im Innern bin ich der Überzeugung und erwarte, daß die Feinde den Krieg jetzt aufstecken, oder es wird sinnlos und verheerend für sie sein ..."

(58) Gefreiter A. M., Inf.Div. Nachr.Abt. 187, 87. Inf.Div.

„... Nun bin ich schon zum zweiten Mal als Soldat in Frankreich eingezogen und befinde mich gar nicht weit von meiner alten Kampfstätte aus dem Jahre 1918 entfernt. Wir sind in Gewaltmärschen durch halb Belgien gerückt und sind dann südwestlich abgebogen und in französisches Gebiet einmarschiert. Wenn nur recht bald ein entscheidender Schlag fällt, damit endlich der ersehnte Friede wieder einziehen kann. Man sieht viel Not und Elend und auch Zerstörung auf unserem Kriegszug, und man merkt so richtig, wieviel Unglück so ein Krieg mit sich bringt. Langsam kehrt die Zivilbevölkerung wieder in die verlassenen Dörfer und Städte zurück, und da beginnt erst der Jammer, da es dort auch kaum etwas zu essen gibt. Na, inzwischen wird vielleicht auch von uns eine Hilfsorganisation oder Verwaltung eingesetzt sein ..."

(59) Hauptwachtmeister H. S.,
10. Bttr./Art.Rgt. 255, 255. Inf.Div. 25. Mai 1940, Samstag

„... Wir gehen immer weiter vor, teilweise schwere Kämpfe, haben heute die ersten Verluste. Schlaf gibt es kaum, für mich noch am allerwenigsten. Gesicht und Hände ganz aufgebrannt, Füße schmerzen oft. Unverständlich ist es immer wieder, daß die Belgier sich für die Engländer opfern. Engländer haben in Brüssel die Brücken gesprengt, in den Dörfern doll geplündert. Hoffentlich gelingt es nun, die Engländer hier ganz in das Meer zu jagen ..."

(60) Unteroffizier E. B.,
13. Kp./Inf.Rgt. 91, 27. Inf.Div. 26. Mai 1940, Sonntag

„... Wir sind jetzt im südlichen Teil von Flandern. Schon tagelang sind wir durch das Gebiet marschiert, wo im Weltkrieg das große Ringen war. Die Heldenfriedhöfe sind noch da, die Schützengräben und Unterstände, Blindgänger liegen noch herum und große Haufen Wellblech von ausgebauten Unterständen. Die Ortschaften sind neu, die Straßen alle sehr gut, das alles haben wir mit den Reparationen bezahlen müssen. Und jetzt haben die Leute den Krieg schon wieder vor der Tür. Heute wollte der Flüchtlingsstrom gar nicht abreißen. Um die Kinder und alten Leute tut es mir leid. Ist aber nicht zu ändern. Wir leiden hier keine Not. Zwischen Polen und hier ist doch ein himmelweiter Unterschied. Was wir haben wollen, können wir kriegen. Man nimmt es einfach. Alles ist fort, die Häuser offen. Die Bevölkerung hat fort müssen, nur die Bauern sind teilweise daheimgeblieben. Was man den Leuten von uns wohl alles erzählt hat, Gutes bestimmt nicht ..."

(61) Leutnant H. R., 1. Kp./Armee-Nachr. Rgt. 549 28. Mai 1940, Dienstag

„... Wir sitzen in der Nähe von Ypern und jagen den Feind. Heute früh habe ich die belgischen Unterhändler gesehen, die die Kapitulation unterzeichnet haben. Habe heute ein kleines Stück Weltgeschichte erlebt ..."

(62) Gefreiter H. S., 6. Bttr./Art. Rgt. 77

„... Wir sind immer in vorderster Linie eingesetzt und haben die Aufgabe, Panzerangriffe abzuwehren. Die eingeschlossene Armee macht, wie Ihr Euch ja denken könnt, dauernd Ausbruchsversuche, die wir mit manchmal recht schwachen Kräften zurückschlagen. Die drei Truppenteile des Gegners lösen sich voneinander, was natürlich für uns nur günstig ist. Die Belgier fallen aus, wie Du ja wohl gehört hast, die Engländer versuchen ans Meer auf ihre Insel zu entkommen, und die Franzosen ergeben sich, wo man sie trifft. Es wird also kaum mehr lange dauern, bis man drüben einsieht, daß weiterer Widerstand zwecklos ist. Leider wissen die Gegner über die wirkliche Lage überhaupt nicht Bescheid. Gestern hat ein Schweizer Sender gebracht, die französische Luftüberlegenheit sei nun hergestellt, denn wir hätten nur mehr ein paar Stukas. Nun muß man sich vorstellen, wie das aufpeitschend wirkt auf den geschlagenen Gegner. In Wirklichkeit hat man seit acht Tagen kein feindliches Flugzeug mehr gesehen ..."

(63) Feldwebel H. B., Korps-Kdo. IV.A.K.

„... Die Zeit, die wir hier draußen und Ihr zu Hause miterlebt, ist groß. Das Ganze, ich meine die Größe dieser Zeit, können wir erst nach Jahren überschauen, denn jetzt stehen wir in dem Umschwung einer veralteten Weltänderung mitten drinnen. Da sind die persönlichen Forderungen des Herzens nicht maßgebend, sondern wir haben die Pflicht, diese hintanzustellen, bis dieser Kampf – und es ist ein großer, schwerer Kampf – ausgefochten ist. Dann gehören wir uns wieder doppelt stark, mit ganz anderen Entscheidungen im Herzen als sonst. Glaube es mir, die Männer, die dem wirklichen Ernst und dem Schicksal hier draußen ins Auge gesehen haben, die kommen als gereifte Männer zurück, bringen ganz andere Ansichten vom Leben mit als die, mit denen die Menschen hinauszogen. Ja, Ihr lieben Frauen, und überhaupt Ihr zu Hause, könnt stolz sein auf diese Männer hier draußen ..."

(64) Oberleutnant K. S., Korps-Kdo. V.A.K. 30. Mai 1940, Donnerstag

„...Hier ist eine große Zeit, weil doch gerade die Nordfront aufgerollt wird. Eben kam nämlich gerade die Mitteilung (Sondermeldung) im Rundfunk, daß bei der versuchten Flucht des englischen Expeditionsheeres 13 Schiffe versenkt, 31 schwer beschädigt wurden. ‚Bomben auf Engelländer!' Vorläufig noch! Warte noch ein Weilchen ..."

(65) Gefreiter H. R., 1. Kp./Pz.Jäg.Abt. 46, 44. Inf. Div.

„... Der weitere Krieg wird sich aller Wahrscheinlichkeit nach in England abspielen. Ihr werdet es gar nicht glauben, wenn wir durch eine Stadt oder ein Dorf fahren, sehen uns die Leute an, als wäre wir überirdische Wesen. Auf vereinzelte Fragen sagen sie immer wieder, das hätten sie nicht gedacht, daß ihre stolze Wehrmacht samt Maginotlinie in so kurzer Zeit vernichtet und z.T. aufgerieben würde. Es wurde bestimmt auch Übermenschliches geleistet. Ich sehe es bei uns am besten. Drei Nächte lang standen wir manchmal ununterbrochen am Geschütz, manchmal glaubten wir schon zusammenbrechen zu müssen, aber immer wieder siegte die Willenskraft. So haben auch wir viel dazu beigetragen zu dem stolzen Erfolg, der mit der ganzen Vernichtung Englands, und, wenn Frankreich nicht noch im letzten Moment vernünftig wird, auch mit der totalen Vernichtung Frankreichs enden wird ..."

(66) Pfarrer A. K., Tübingen 4. Juni 1940, Dienstag

„...Der moderne Krieg ist wohl in einem ungeheuren Ausmaß technischer Krieg geworden, die Überlegenheit des Materials ist entscheidend für den Ausgang einer Schlacht. Und doch dürfte der Philosoph J. G. Fichte noch immer recht behalten mit seinem Wort, daß die Macht des Gemüts es ist, die den Sieg erringt. Sicher gibt es in dem gegenwärtigen Krieg Phasen, in denen der vitale Schwung natürlicher Begeisterung die kämpfende Truppe vorwärtsreißt, aber es wird auch durch Tage und Stunden gehen, da der eiserne Bestand der letzten seelischen Reserven angegriffen wird ..."

(67) Unteroffizier J. M., 3. Kp./Straßenbau-Btl. 571

„... Im festen Vertrauen auf Gott und unsere gute Führung lassen wir keine Angst in uns aufkommen. Im Gegenteil, unser Mut wird immer größer, denn es geht ja schnell vorwärts, und unsere Waffen sind den feindlichen weit überlegen. Unsere Feinde haben nämlich unsere Wehrmacht stark unterschätzt, das kann man am besten von der Zivilbevölkerung wahrnehmen, denn dieser wurde klar gemacht, wir hätten keine Flieger und noch vieles andere. Doch die werden jetzt eines anderen belehrt ..."

(68) Oberjäger (O. A.) P. G., Döberitz

„... Dünkirchen ist heute gefallen. Damit wird wohl eine neue Phase eintreten. Im Kreise höherer Parteiführer und Offiziere hörte ich mir heute eine interessante Unterhaltung an, die viel über die Lage zu erzählen wußten. Überhaupt, man ist dermaßen siegesbewußt. Zunächst wird in der nächsten Woche Paris dran glauben müssen. Im allgemeinen sollte es bestimmt nicht mehr lange dauern. Denn darüber sind sich alle klar, daß der Höhepunkt dieses Krieges bereits gewesen ist, denn die Maginot-Linie haben wir durchbrochen. Was das heißt, werden sich am besten die Gegner denken können. Völlig offen steht uns Paris gegenüber. Drei Zehntel der französischen Armee sind gefangen, und das war die Elite, die man im Norden einsetzte. Das heißt also, daß Frankreich eine ungeheure Schwächung erlitten hat. Wahrscheinlich werden wir gegen Süden aufräumen, so daß sich Italien ins gemachte Bett legen wird, oder über kurz oder lang eingreifen wird. Und allmählich wird man auch London zu Leibe rücken ..."

(69) Hauptmann F. M., le.Inf.Kol./Inf.Rgt. 170, 73. Inf. Div.

„... Unsere Kompanien liegen nun fast in der Gegend, wo ich im Weltkrieg gelegen habe. Und manchmal kann ich's gar nicht glauben, daß 23 Jahre dazwischenliegen, seit ich jene Sturmtage erlebt habe; wenn auch äußerlich gealtert, mein Herz und meine Zellen sind doch jung und elastisch geblieben, das habe ich in den hinter uns liegenden Tagen immer wieder bemerken können, denn mit jedem Jüngeren hab ich's aufgenommen und durchgehalten wie sie; oft, wenn sie schliefen, noch gearbeitet, erkundet, Motorrad gefahren, um ebenso früh wie sie wieder auf den Beinen zu sein. Gewiß, es wäre jedenfalls bequemer, den Krieg von der Heimat aus zu erleben, aber doch, ich würde mich schämen, wenn ich diesmal nicht auch dabei gewesen wäre, um später mit Genugtuung sagen zu können: ‚Ich war im Weltkrieg dabei, als wir den Krieg verloren, ich war aber auch wieder dabei, als wir ihn gewannen in einer unerhört schnellen Art!' ..."

(70) A. v. B.,
Regiments-Kommandeur im Ersten Weltkrieg, Stuttgart 5. Juni 1940, Mittwoch

„... Kaum nach Hause zurückgekehrt, kann man schon wieder eine freudige Siegesnachricht entgegennehmen, indem die Weygand-Stellung an der Somme, dem vielgenannten Fluß von einst, durchbrochen worden ist. Das Vermächtnis des Grafen Schlieffen ist nun gelöst worden. Der ‚starke rechte Flügel' hat den Westmächten das Cannae bereitet, in welchem Graf Schlieffen die völlige Vernichtung des feindlichen Heeres herbeiführen wollte und nicht einen ‚gewöhnlichen Sieg', der den Feind nur zurückdrängt, nachdem er sich morgen oder übermorgen wieder zur Schlacht stellen kann. Was damals ein widerstrebender Reichstag in der Verweigerung der Mittel zu einer starken Armee und die Politik durch die Nichtfreihaltung des Rückens (Rußland) nicht ermöglichten, gestattet uns jetzt, die volle Stärke des deutschen Heeres gegen einen Feind in einer Richtung im Westen einzusetzen, gegen einen Feind, dessen Kräfte z.T. in seiner Südostflanke gebunden sind. Wollen wir hoffen, daß kein neuer Gegner unvermutet in die Schranken tritt, der uns zwingen möchte, unsere Kräfte zu teilen! Daß die Raschheit unserer Operationen uns zu einem recht baldigen, sicheren und vollkommenen Frieden bringt. Von den Schlachtfeldern geht wie von der einstigen Schlacht bei Valmy eine neue Weltordnung aus, welche das Bild Europas verändern wird ..."

(71) Pfarrer H. M., Hettingen/Krs. Buchen 8. Juni 1940, Samstag

„... Schon nach dem Versailler Friedensdiktat hatte das Papsttum als großer Hort der moralischen Ideen zu Recht und Mäßigung gemahnt. Ja, selbst aus der Mitte unserer Gegner hatten sich vor und nach dem Diktat mahnende und warnende Stimmen erhoben. Ja, gerade deshalb ist die geschichtliche Schuld der Westmächte umso größer. Sie haben nicht auf diese Stimmen gehört. Jetzt müssen sie's dafür büßen. So konnte das deutsche Volk sich auch mit dieser Gewalt nicht abfinden. In seinem Schoße erwuchs naturnotwendig eine große nationale Bewegung mit dem Ziel der Befreiung und der Gewinnung eines Lebensraumes, der den historischen Verdiensten der deutschen Nation und ihrer naturrechtlichen Ansprüche genügen soll. Weil die Westmächte sich diesen selbstverständlichen Zielen widersetzten, kam es zum Krieg. Dabei muß das Unrecht, das nicht bleiben konnte, seine Bestrafung finden. Das scheint nun im Gange. Möge es dem deutschen Volke und seiner Führung gelingen, das, was ihm im Rahmen des Naturrechtes und der sittlichen Weltordnung zukommt, zu finden, dabei gleichzeitig zu einer Friedensordnung auf der Welt zu gelangen, die, weil sie eine solche des Rechts und der Sittlichkeit ist, bis auf weiteres den wirklichen Frieden, eine schönere Zukunft, sichert ...“

(72) Gefreiter A. M.,
Inf.Div.Nachr.Abt. 187, 87. Inf.Div. 14. Juni 1940, Freitag

„... Heute, an diesem denkwürdigen Tag, an dem wir an der Spitze des Armeekorps in die französische Hauptstadt Paris einmarschiert sind, muß ich Euch ein paar Zeilen schreiben. Wir haben Tage harter Arbeit und auch schwerer Kämpfe hinter uns und hätten uns nicht träumen lassen, daß wir Paris so rasch besetzen werden. Ich denke, daß der Krieg nun in den nächsten Tagen zu Ende sein wird, denn der Franzmann ist am Ende seiner Kraft angelangt. Nachdem nun ja auch die Italiener von Süden her im Anmarsch sind, hat er ja auch gar keine Aussicht mehr, sich irgendwo festzusetzen ...“

(73) Gefreiter H. T.,
5. Kp./Inf.Rgt. 194, 71. Inf.Div. 15. Juni 1940, Samstag

„... Im Morgengrauen stürmen wir den ‚Toten Mann‘. Dann immer weiter vor. Hunger, wir trinken aus Pfützen gelbes Wasser. Fort Vaux wird durch List genommen: Die 71. Inf.Div. von rechts, 58. Inf.Div. von links, 16. A.K. von vorne, nach fünf Stunden Trommelfeuer Angriff. Die Elsässer im Fort ergeben sich und ... nur ein Zug stellte diese Division vor! Dann geht es weiter, über alte Trichter und Schlachtfelder des Weltkrieges. Nachmittags in Verdun ...“

(74) Funker H. W., Nachr.Ers.Abt. 7, Div.Nr. 157 17. Juni 1940, Montag

„... Eben erreicht mich die Nachricht, daß Frankreich die Waffen niederlegen will. Es war geradezu spontan, wie diese Mitteilung alle Soldaten in der Kaserne traf. Man genoß in der Kantine Alkohol in solchem Übermaß, daß sie zum größten Teil direkt ohnmächtig in Likör, Bier und Wein ertranken. So etwas habe ich doch auch noch nicht gesehen ...“

(75) Gefreiter H. B.,
10. Bttr./Art.Rgt. 5, 5. Inf.Div. 21. Juni 1940, Freitag

„... Heute abend hörten wir im Radio die Meldung von dem Beginn der Waffenstillstandsverhandlungen, und ich nehme an, daß morgen wohl hier der Krieg aus ist. Nach England werden wir wohl kaum kommen, denn wir sind zu weit vom Schuß. Wenn Du soviel gesehen hast an Elend, zerstörten Dörfern, ganze Straßen kilometerweit bedeckt mit Pferdekadavern und Kriegsgerät, ausgebrannte Ortschaften und das Zurückkehren der Zivilbevölkerung, dann soll und kann man in der Heimat dem Führer nicht genug danken, daß sich so etwas nicht bei uns abspielt. Hier herrscht die Not und das Elend, und jeden, der einmal etwas zu meckern hat, sollte man nach hierher führen – er wäre in sich gekehrt und ganz klein ..."

(76) Feldwebel H. B., Korps-Kdo. IV.A.K. 22. Juni 1940, Samstag

„...Der Krieg geht jetzt allgemein seinem Ende zu. Mit Frankreich ist er beendet, und jetzt ist nur noch England übrig. Eine Leistung, die unsere Truppe vollzogen hat, die man mit Worten gar nicht schildern kann, mit welchem Mut und zäher Ausdauer die Männer es geschafft haben.

Es ist heute abend Siegesfeier, ich kann mich mit bestem Willen nicht daran beteiligen. Ich weiß nicht, mir ist bei diesem Lärm und Schreien, verursacht durch das Trinken, nicht wohl dabei. Ich sitze in meinem Wagen bei einem Kerzenlicht und schreibe. An einem solchen Tag und bei solch einem siegreichen Abschluß, da ist es mir am liebsten, wenn ich alleine bin, da läßt man all die Erlebnisse an einem vorbeiziehen, man denkt an die gefallenen Kameraden, die ihr Blut gaben für diesen Sieg. Das ist mir viel würdiger gefeiert. Ich möchte nicht den Gedanken aufkommen lassen, daß ich die anderen Feiern verurteilen würde, ich für meine Person bring halt dies nicht fertig. Ich bin da allein viel glücklicher, meine Gedanken wandern den ganzen Feldzug nochmal durch. Bin dankbar, daß unser Land verschont blieb von diesem Krieg, daß unser Volk nicht den Schrecken, die Not und die Verwüstung mitmachen mußte. Wir wollen hoffen, daß der Krieg auch mit England bald seinen Abschluß findet, was ich auch fest und bestimmt annehme. Denn jetzt ist unsere Luftwaffe und ein sehr großer Teil des Heeres frei für die letzte Etappe dieses Krieges ...

Ich möchte Dich nur einmal solch einen Flüchtlingsstrom auf der Straße sehen lassen können. Wieviel Elend da mitmarschiert, wieviel Hunger da mitmarschiert. Wie oft wurden wir die letzten Tage, wenn wir halten mußten, um Brot angebettelt. Es tut einem das Herz weh. Habe oft meine Abendkost gegeben, wo viele Kinder bei einer Frau waren, um diese hungernden Menschen ein bißchen zu befriedigen. Ich habe das nicht mit ansehen können, ich sah nicht den Feind in den Leuten, denn diese können an dem Krieg ja auch nichts dafür. Die Schuldigen, die sind fort und leiden keine Not und gehen mit kalten Gefühlen und herzlos an der Not und den Leiden ihres Volkes vorüber ..."

(77) Gefreiter H. K., 4. Bttr./Art.Rgt. 58 27. Juni 1940, Donnerstag

„... Unsere kleine Feier am 25. wurde durch das Benehmen verschiedener Betrunkener gestört. Gestern hörte ich, daß sich in der Munitions-Transport-Kolonne zur selben Zeit eine unglaubliche Geschichte ereignet hat. Ein Unteroffizier aus Verden, Vater von fünf kleinen Kindern, leistete sich folgendes: 1.) vollendete Notzucht an einer hochschwangeren Frau; 2.) vollendete Notzucht an einer Frau über 50 Jahren; 3.) versuchte Notzucht an einer Frau, deren Mann mit Revolverschüssen aus dem Haus gejagt wurde und gestern abend noch nicht zurück war; 4.) versuchte Notzucht. Zeit: 25. Juni 0 bis 1 Uhr! Der betreffende Soldat hatte bereits in Polen einen Notzuchtversuch hinter sich, ist im Zivil vorbestraft und war trotzdem in Rheydt zum Unteroffizier befördert worden. Man sieht wieder einmal, welche geringe Rolle die menschlichen Qualitäten im Heer spielen. Hoffentlich erschießt man den Kerl möglichst schnell! ..."

(*3. Juli 1940:* „... Der Unteroffizier, von dem ich Dir vor ein paar Tagen schrieb, hat nur zwei Jahre Gefängnis und Degradierung erhalten – ein unverständlich mildes Urteil, wenn man die Schwere des Falles und die in Aussicht stehende Amnestie bedenkt ...")

(78) Herr A. N., Görlitz

„... Das Geschehen ist so unfaßbar groß. Uns geht es auch so, daß wir das Radio den ganzen Tag nicht abschalten, damit wir alles miterleben können; und hier am Radio erlebt man das Ganze noch größer, vielleicht, weil man es eben als ein Ganzes erlebt, als wie Ihr an der Front, die Ihr doch immer von den einzelnen Teilaufgaben persönlich erfaßt werdet und die Erlebnisse der anderen Gruppen nur im Heeresbericht hört. Wie ganz groß sind immer die Frontberichte, die dem Geschehen so schnell folgen. Die Wochenschau haben wir auch jede Woche angesehen, und wir werden es dem Führer und dem tapferen Heer nie genug danken können, daß sie uns in der Heimat die Schrecken des Krieges erspart haben. Und was wir nach dem endgültigen Siege im Aufbau von Europa erleben werden, das wird ganz ungeheuer groß sein, und Euch jungen Leuten steht eine große Zukunft bevor ..."

(79) Soldat E. D., 2. Kp./Armee-Nachr.Rgt. 558 5. Juli 1940, Freitag

„... Über die Haltung der Franzosen gegenüber uns habe ich mich eigentlich etwas gewundert. Man merkt kaum etwas von Feindseligkeiten gegenüber den Eroberern ihres Landes, was ja in der Tschechoslowakei und Polen anders war. Bereitwillig wird Auskunft erteilt, wenn man um etwas bittet, und die Leute versuchen, teilweise auch ihrerseits mit uns Gespräche anzuknüpfen. Vielleicht ist auch ein Teil dieser Freundschaft Heuchelei aus kluger Berechnung, da man ja doch nichts machen kann ..."

(80) Frau K. H., Berlin 6. Juli 1940, Samstag

„... Heute war wieder einmal Hochbetrieb in Berlin, der Führer kam aus dem Felde. Morgen soll der Reichstag zusammentreten, dann geht wohl die Offensive gegen England an. Was sagst Du zu der gegenseitigen Beschießung zwischen der englischen und französischen Flotte? Manchmal fragt man sich, ob das alles nicht bloß ein Traum ist ..."

(81) Frau B. K., Aichach 15. Juli 1940, Montag

„... Das schönste im Kino aber war die Wochenschau, die in Aichach immer anschließend an den Hauptfilm gegeben wird. Habe ich doch jetzt endlich den Führer gesehen, wie er vor Freude in den Boden stampft und ein herrliches Minenspiel zeigt! Und dann all die anderen interessanten Bilder von der Seeschlacht, der Verleihung der Eisernen Kreuze in Paris, dann die Verhandlungen usw., wunderbar! Und unsere Soldaten, wie sie beim Waffenstillstand in einen Freudentaumel ohne Grenzen ausbrechen ..."

(82) Leutnant K. R.,
13. Kp./Inf.Rgt. 191, 71. Inf.Div. 19. Juli 1940, Freitag

„... Der Führer hat heute wieder ganz gewaltig gesprochen. Die Schwere seiner Worte empfand ich umso stärker, als der Chef mir gestern Beispiele der ungeheuren Zerstörungen schilderte, die sich an den Vormarschstraßen unserer Panzerverbände befinden. Und es ist deshalb etwas ganz Großes, daß der Führer Churchill zur Einsicht mahnt. Nun, wie dieses Angebot erwidert wird, werden wir sehen. Auf jeden Fall dürfen wir annehmen, daß die Reservisten im Herbst nach Hause kommen. Bei der großen Reihe der Beförderungen unserer großen Truppenführer haben wir voller Freude vernommen, daß auch unser Armeeführer, General der Infantrie Busch, zum Generaloberst befördert worden ist ..."

5. Der Aufmarsch gegen die Sowjetunion

„Die Vermutungen sind groß, aber was wird kommen?"

Am 21. Februar 1941 bestellte General Jodl den Chef der Abteilung Wehrmachtpropaganda, Oberst i. G. Hasso von Wedel, zu einer Besprechung von höchster Wichtigkeit in das Führerhauptquartier. Hier erfuhr Oberst Wedel zum ersten Mal vom „Unternehmen Barbarossa", vom geplanten Angriff auf die Sowjetunion. Er erhielt den Auftrag, in den kommenden Monaten das größte Täuschungs- und Verschleierungsunternehmen der Wehrmacht während des Zweiten Weltkrieges durchzuführen. Es bestand in der Tarnung des gewaltigen Aufmarsches deutscher Verbände in ihre Einsatzräume für die Großoffensive im Osten. Das Unternehmen lief unter den Decknamen „Haifisch" und „Harpune". Durch zahlreiche Täuschungsoperationen sollte bei den Sowjets der Eindruck entstehen, daß die Wehrmacht eine Invasion Englands vorbereite. Der Aufmarsch im Osten erfolge nur, um die Engländer von der unmittelbar bevorstehenden Invasion abzulenken und bei ihnen den Eindruck zu erwecken, ein Angriff auf die Sowjetunion sei geplant. Die Invasion Englands („Unternehmen Seelöwe") war von Hitler im Sommer 1940 zunächst beabsichtigt, aber in der Folgezeit aufgegeben worden.

Die Täuschungsmaßnahmen von „Haifisch" und „Harpune" wirkten sich auf zahlreichen militärischen Ebenen aus, die ohne Kenntnis der wirklichen Zusammenhänge mit beteiligt waren. Bei den deutschen Angriffsdivisionen im Osten entstanden die wildesten Gerüchte über die Truppenmassierungen. Sie waren zum Teil ebenfalls von der Propaganda in Umlauf gesetzt worden. Einen Angriff auf die Sowjetunion konnte sich vor dem 22. Juni kaum einer der Betroffenen ernsthaft vorstellen.

Seit dem 18. Dezember 1940 stand der Überfall auf die Sowjetunion für die deutsche Führung definitiv fest. In der Weisung Nr. 21 ‚Fall Barbarossa' befahl Hitler: „Die deutsche Wehrmacht muß darauf vorbereitet sein, auch vor Beendigung des Krieges gegen England Sowjetrußland in einem schnellen Feldzug niederzuwerfen."

Bestimmend für den späteren Verlauf des Feldzuges war der Entschluß Hitlers, nicht nur das militärische Potential der Sowjetunion zu zerschlagen, sondern darüber hinaus spezielle Ausrottungspläne zu verfolgen. Schon vor Ausbruch des Überfalls hatte Hitler den kommenden Kampf im Osten als einen „Vernichtungskrieg" gegen den Bolschewismus bezeichnet. Er war fest entschlossen, das Staatsgebiet der Sowjetunion zu zerstückeln, um es als ein neues Kolonialreich rücksichtslos auszubeuten.

Generaloberst Halder protokollierte in seinem Tagebuch eine Ansprache Hitlers vom 30. März 1941 vor Generälen der Wehrmacht: „Kampf zweier Weltanschauungen gegeneinander. Vernichtendes Urteil über Bolschewismus, ist gleich asoziales Verbrechertum, Kommunismus ungeheure Gefahr für die Zukunft. Wir müssen von dem Standpunkt der soldatischen Kameradschaft abrücken. Der Kommunist ist vorher kein Kamerad und nachher kein Kamerad. Es handelt sich um einen Vernichtungskampf."

Von Februar bis Mai 1941 wurden trotz des zwischenzeitlichen Balkanfeldzuges langsam und systematisch Division um Division in ihre Ein-

satzräume verlegt. Befanden sich Anfang Oktober 1940 nur 30 deutsche Divisionen im Osten, so standen am 21. Juni 1941 153 Divisionen an der sowjetischen Grenze. Das war eine gewaltige Streitmacht mit über 3 Millionen Soldaten, 3580 Panzern und etwa 600000 Fahrzeugen. Diese Massierung entsprach 75 Prozent der Personalstärke des gesamten Feldheeres. Unterstützt wurden die Kampfdivisionen durch 800 Bomber und 440 Jäger. 61 Prozent der fliegenden Verbände (1945 Flugzeuge, davon 1280 einsatzbereit) waren an der Ostfront in drei Luftflotten konzentriert.

Hitler glaubte, der Feldzug im Osten dauere nicht länger als sechs Wochen. Die Schätzungen des britischen und amerikanischen Geheimdienstes lauteten ähnlich: „Vier Wochen, sechs Wochen, bestenfalls ein Vierteljahr.“ Diese erstaunliche Beurteilung des Gegners war das Resultat einer Bestandsaufnahme, die die Niederlagen der Roten Armee in der ersten Phase des finnisch-sowjetischen Krieges im Winter 1939/40 analysierte. Für die deutsche Beurteilung spielte weiterhin eine Rolle der schwache Eindruck der Roten Armee, den diese auf Vertreter der Wehrmacht in Brest Litowsk im September 1939 gemacht hatte. Doch alle Experten sollten sich in ihren Prognosen gründlich täuschen.

(83) Leutnant H. H.,
Stab/Inf.Div.Nachsch. Führer 258, 258. Inf.Div. 13. Februar 1941, Donnerstag

„... Im Rundfunk kam heute die Meldung, daß der bisherige Chef des Generalstabes der Sowjetarmee die Tätigkeit eines Inspekteurs der Landesverteidigung übernommen habe. Gleichzeitig wurde ein anderer Armeegeneral zum Chef des Generalstabes ernannt. So ist es eben in den autoritären Staaten, daß sie ihre Wachen ziemlich oft ablösen. Vielleicht glauben die Heinis, daß das, was nachkommt, besser ist als die alten Posteninhaber. Soviel Dämlichkeit sollte man den Russen nicht ganz zutrauen. Sie werden doch nicht ernsthaft das Bedürfnis haben, den Wert ihrer Armee ein zweites Mal der Welt vorzuführen? Finnland dürfte ihnen genug gezeigt haben. Na ja ...“

(84) Leutnant P. G.,
3. Kp./Inf.Ers.Btl. 2, Div.Nr. 151 7. März 1941, Freitag

„... Weißt Du, was mir aufgefallen ist? Daß diesesmal zum erstenmal, seitdem wir doch mit Rußland in engen Beziehungen stehen, der Russe nicht auf der Leipziger Messe vertreten war. Im letzten Herbst bzw. Sommer trumpfte er doch ganz groß in Leipzig bzw. auf der Ostseemesse in Königsberg auf. Und wenn Du in der Presse die Stellungnahme der einzelnen Nationen zu unserem Einmarsch in Bulgarien verfolgt hast, dann wirst Du gemerkt haben, daß diesmal Moskau nicht vertreten war. Nun verhandeln wir mit dem Türken, um nach Syrien zu kommen, wo der Tommy eines seiner stärksten Heere hat. Und da soll der Russe ruhig sein? Ich bin mal gespannt! Neben diesen kleinen ‚Merkmalen' entsteht im Osten ein großer Ostwall, an dem immer noch unglaublich gearbeitet wird! Wir wollen uns darüber nicht den Kopf zerbrechen, die Hauptsache ist doch, und das ist sicher, der Endsieg gehört uns ..."

(85) Soldat ohne Absenderangabe 27. März 1941, Donnerstag

„... Ja, ich sagte doch immer schon, auf was die Fülle der Soldatenhorden im Osten schließen läßt. Und nun werde ich Dir mal die andere Seite vorstellen!!! Jetzt paß' gut auf! Einmal wird die Bombe platzen, auch wenn Matsuoka auf seiner Reise bei Molotow und Stalin gewesen ist! Der Russe hat an seiner Westgrenze 136 Divisionen bereit liegen! Und was das bedeutet, könnt Ihr Euch erst vorstellen, wenn Ihr wißt, daß das dem Verhältnis 12:1 (Rußland-Deutschland) zu unseren Truppen an der dortigen Grenze entspricht. Ein russischer General im betrunkenen Zustand soll sich vor nicht langer Zeit geäußert haben, Polen ist in 18 Tagen überrumpelt worden, wir werden es in acht Tagen sein! Das sprach man heute im Casino! Alles schön und gut, nur sind wir über die Lage des Russen (Land, Heer, Standorte, Flugplätze usw.) nicht so gut orientiert, wir wir's vor Polen, Holland, Belgien, Frankreich und jetzt auch England waren. Unter diesen Umständen glaube ich nicht, daß wir nach England übersetzen werden. Aber nun Schluß, der Führer hat alles in der Hand ..."

(86) Gefreiter K. S., 1. Kp./Kr.Trsp.Abt. 506 30. April 1941, Mittwoch

„... Das lange Warten ist wirklich eine Last, zu dem wir immer noch verurteilt sind. Dazu trägt noch viel diese verlassene, einsame Gegend bei, wo wir unsere Ortsunterkunft bezogen haben. Es stehen hier aber so viele Truppen, die mit uns das gleiche Schicksal teilen, und ihre Zahl wird täglich noch größer. Unser aller Hoffen ist nur auf einen baldigen Ausgang des Krieges. Doch ich glaube, daß wir den Soldatenrock nicht mehr so schnell vom Leibe bekommen. Auf dem Balkan wird es in wenigen Tagen Schluß sein. Aber wo wird dann der nächste Schlag kommen? Die Vermutungen sind groß, aber was wird kommen? ..."

(87) Gefreiter H. S., Pi.Rgts.Stab 514 z.b.V. 4. Mai 1941, Sonntag

„... Ich muß alles Entbehrliche ausscheiden, wir müssen mit wenig auskommen! In Spannung erleben wir die Tage und Stunden! Was wird die Zukunft bringen? Sehnsuchtschwere Gedanken gehen in die Ferne. Manches kann ich erst später sagen! Viel werdet Ihr nicht verstehen. Die abwartenden Stunden verlangen Nerven! Aber es muß ja alles helfen zum siegreichen Ende! Und das sehnen wir doch alle so rasch wie möglich herbei! ...

Wir Soldaten dürfen nicht so offen reden, sonst wird leicht Falsches unterstellt. Wir müssen auch uns selbst oft besiegen! Trotz allem Schweren lassen wir uns die Hoffnung nicht rauben, daß nach diesen schweren Stunden auch für uns wieder Mai wird! Wir halten aus und erfüllen unsere Pflicht bis zum großen Halt! ..."

(88) Leutnant H. H.,
Stab/Inf.Div.Nachsch.Führer 258, 258. Inf.Div. 20. Mai 1941, Dienstag

„... Über Rußland sind hier die tollsten Gerüchte im Umlauf. Die einen sagen, wir hätten die Ukraine für 90 Jahre gepachtet und die Durchmarschgenehmigung zur Türkei und dem Irak erhalten. Die anderen behaupten, daß die Kriegsgefahr durch die Haltung Stalins gebannt sei usw. Jede Latrine jagt die andere. Mir soll es recht sein, wenn es nicht zum Krieg käme. In dem Sumpfgebiet mit seinem Ungeziefer bliebe für mich sowieso nichts zu erwarten. Und die viele Zeit, die ich ins Russische gesetzt habe, soll meinetwegen auch gern verloren sein ..."

(89) Gefreiter (ohne Absenderangabe) 2. Juni 1941, Pfingsmontag

„... Gestern hat einer erzählt, wir hätten drei Straßen und zwei Bahnlinien von Rußland für den Durchmarsch bekommen. Warum schwindet Deine Hoffnung auf ein baldiges Ende? Nachdem die Sache mit Rußland so in Butter ist, steigt meine Hoffnung immer mehr. Denn Rußland ist doch weit wichtiger als vielleicht Amerika. Denn, wenn Amerika wirklich noch eintreten sollte – woran ich aber nicht mehr glaube – und wir inzwischen alle englischen Stützpunkte bis zum Indischen Ozean bekommen, wäre der Amerikaner vollständig in der Zange. Das weiß man natürlich auch in Amerika. Ich habe dieser Tage schon gelesen in der ‚Wacht im Osten', Roosevelt *wolle* den Krieg schon erklären, aber er traut sich nicht. Denn sie wissen, wenn sie den Krieg erklärten, daß England desto schneller vernichtet wird und sie das nicht verhindern können, weil sie von allen wichtigen englischen Stützpunkten zu weit entfernt sind. Und wenn England geschlagen ist, geht es ihnen genau so, nämlich, daß sie allein kämpfen müssen ..."

(90) Unteroffizier W. P.,
11. Kp./Inf.Rgt. 339, 167. Inf.Div. 8. Juni 1941, Sonntag

„... Wir haben heute feste gepackt, denn es geht weiter. Wohin, ist uns natürlich unbekannt! Entweder nach Osten (Rußland) oder nach Südosten, Syrien, Irak usw. Auf alle Fälle wird es dem uns in der Heimat versprochenen Einsatz entgegengehen. Alles weitere kann und darf ich Dir ja nicht schreiben. Wir selbst sind alle sehr neugierig auf all die kommenden Tage, denn es liegt so dunkel alles vor uns ..."

(91) Gefreiter E. H., 2. Kp./Wach-Btl. 542 19. Juni 1941, Donnerstag

„... An Langeweile fehlt es gerade nicht, da die Straßen hier mit Militär überfüllt sind. Was werden uns die nächsten Tage bringen? Ob es nochmals zu einem Kampf kommt wie vor einem Jahr? Ich hätte die Nase voll vom Krieg und würde lieber alles andere tun, als nochmals ein Jahr in Uniform umherzulaufen ..."

(92) Unteroffizier E. N.,
12. Kp./Inf.Rgt. 18, 6. Inf.Div. 21. Juni 1941, Samstag

„... Ich habe so das Gefühl, als ob morgen oder übermorgen Dinge geschehen, die die Welt mal wieder aufhorchen lassen. Weiter habe ich das Gefühl, als ob die Dinge auch an mir nicht spurlos vorbeigehen werden. Hoffentlich bringt uns die nächste Zeit dem Endsieg ein ganzes Stück näher ..."

(93) Gefreiter G. S., Stab II/Art.Rgt. 70

„... Und nun zur Lage. In drei Stunden werden wir die Feuerkommandos durch Funk weitergeben, die, von den Batterien aufgenommen, ein Feuer auf die russischen Stellungen auslösen werden, das alles zerstören wird. Ihr werdet dann ruhig schlafen, während wir, die wir bei der ersten Welle sind, den Vormarsch in Feindesland beginnen. Jedoch gegen Morgen werdet auch Ihr wissen, welche Stunde geschlagen hat, und Ihr werdet an mich denken, obwohl Euch dieser Brief noch nicht erreicht hat. Ich kann mir die Überraschung und zugleich die Bange vorstellen, die Euch befallen wird. Ihr braucht Euch aber keine Sorge zu machen, denn alles ist so vorbereitet, daß kaum etwas passieren kann ..."

6. Der Ostfeldzug 1941

„Die Sache ist ja fabelhaft geheimgehalten worden"

„Wenn Barbarossa steigt, hält die Welt den Atem an", äußerte Hitler in einer Ansprache vor Generälen in der Reichskanzlei am 3. Februar 1941. Als in der Nacht vom 20./21. Juni das OKW das Codewort „Dortmund" durchgab, stand der Angriff unmittelbar bevor.

Schlagartig um 3 Uhr 15 leitete im Morgengrauen des 22. Juni 1941 die deutsche Artillerie mit einem gewaltigen Feuerüberfall den Angriff auf die Sowjetunion ein. Die Offensive „von Finnland bis zum Schwarzen Meer" hatte begonnen. Alle Heeresgruppen meldeten am selben Tag, daß die taktische Überraschung des Feindes im vollen Umfang gelungen sei. Der deutsche Angriff traf die Russen offensichtlich völlig unerwartet.

Zwei Tage später hatte die Luftwaffe bereits fast die Hälfte der sowjetischen Fliegerverbände mit über 2500 Maschinen vernichtet.

Mit ihren Panzerkeilen stieß die Heeresgruppe Mitte tief in den russischen Raum vor und zerschlug in der Doppelschlacht von Bialystok und Minsk das Gros der sowjetischen Westfront. Fast 300000 Rotarmisten gerieten in Gefangenschaft. In mehreren Kesselschlachten zertrümmerten die deutschen Armeen die sich ihnen entgegenstellenden sowjetischen Verbände. Die Kessel von Smolensk und Uman erbrachten im August 1941 weitere 310000 und 103000 Gefangene. Wie kritisch jedoch schon drei Tage nach dem Sieg von Uman Generaloberst Halder die Lage beurteilte, ist seiner Tagebucheintragung vom 11. August zu entnehmen:

> *„In der gesamten Lage hebt sich immer deutlicher ab, daß der Koloß Rußland (...) von uns unterschätzt worden ist. Diese Feststellung bezieht sich ebenso auf die organisatorischen wie auf die wirtschaftlichen Kräfte, auf das Verkehrswesen, vor allem aber auf rein militärische Leistungsfähigkeit. Wir haben bei Kriegsbeginn mit etwa 200 feindlichen Divisionen gerechnet. Jetzt zählen wir bereits 360. Und wenn ein Dutzend davon zerschlagen wird, stellt der Russe ein neues Dutzend hin. Die Zeit dazu gewinnt er dadurch, daß er nah an seinen Kraftquellen sitzt, wir immer weiter von ihnen abrücken."*

Doch zunächst ertönten weiterhin im deutschen Reichsrundfunk die Siegesfanfaren der Sondermeldungen aus dem Osten. Die größten Kesselschlachten der modernen Kriegsgeschichte sollten noch geschlagen werden. Nachdem Hitler in der „Führerweisung vom 21. August" den Vorstoß auf Moskau zunächst stoppte und dafür insbesondere die „Wegnahme der Krim" und des „Industrie- und Kohlengebietes am Donez" befahl, vernichteten Ende September Teile der Heeresgruppe Süd und Mitte die Masse der sowjetischen Südwestfront östlich von Kiew. 665000 Gefangene, 3718 Geschütze und 884 Panzer erbrachte diese Kesselschlacht. Vor diesen astronomischen Zahlen verblaßte selbst der Sieg von Tannenberg im August 1914, der 93000 russische Gefangene eingebracht hatte und als „einmalig in der Kriegsgeschichte" gefeiert worden war. Am 2. Oktober 1941 trat die Heeresgruppe Mitte zum Angriff auf Moskau an (Unternehmen „Taifun"). In der Doppelschlacht von Wjasma und Brjansk zerschlug sie mehrere sowjetische Großverbände und machte 663000 Gefangene.

Diese Erfolge veranlaßten Hitler, Reichspressechef Dietrich am 9. Oktober vor der Auslandspresse in Berlin die Erklärung abgeben zu lassen, daß der „Feldzug im Osten entschieden" sei. Von einer endgültigen Niederlage der Roten Armee war an der Ostfront jedoch nichts zu bemerken. Die bereits am 8. Oktober einsetzende Schlammperiode behinderte die deutschen Operationen so stark, daß die Sowjets wertvolle Zeit gewannen. Sie bereiteten fieberhaft die Verteidigung von Moskau vor. Die deutschen Panzerdivisionen hatten inzwischen bis zu 75 Prozent ihrer Kampfwagen verloren. Als das Thermometer Ende November auf minus 32 Grad fiel, froren den Panzern die Motoren ein. Am 5. Dezember lief sich die deutsche Offensive endgültig fest. Generaloberst Guderian mußte unter dem Druck der Verhältnisse die Einstellung der Angriffe befehlen. Die Heeresgruppe Mitte befand sich nach den ungeheuren Strapazen der vorhergehenden Kämpfe am Ende ihrer Kraft. Doch das Schlimmste stand ihr noch bevor.

(94) Frau A. N., Hausberge/Porta 22. Juni 1941, Sonntag

„... Ja, da stellte ich mir eben das Radio an und höre: Die neuesten Frontberichte der *Ostfront,* und somit bin ich schon gleich bei dem, was wohl heute jeden Deutschen am tiefsten bewegt. Als ich heute früh den Apparat einschaltete und dann völlig ahnungslos die Proklamation des Führers hörte, da war ich zunächst ganz sprachlos. Und doch, ich weiß nicht, die Freundschaft zwischen der UdSSR und dem Deutschen Reich hat wohl kein Mensch so ganz ernst genommen. Man hatte so die Ahnung: ob das wohl gut geht, und traute dem Russen nicht. Was mag es den Führer gekostet haben, sich überhaupt mit Stalin in Verbindung zu setzen und ihn um freundschaftliche Bindungen anzugehen. Heute ist mir die Größe seiner Diplomatie ganz wunderbar zur Erkenntnis gekommen. Viel Sorgen hat ihm diese ganze Angelegenheit gemacht. Man kann das bloß ahnen. Und wenn man sich das mal überlegt, dann wird man ganz klein. Was ist unser bißchen Leid, unsere Sorgen und die winzigen Entsagungen, die sich durch die Kriegswirtschaft ergeben. Doch so ist man, eigentlich denkt man zu wenig nach, und dann wird man eben so sehr von dem Persönlichen in Anspruch genommen, und so lebt man dann hin. Jedenfalls wird der Kampf wohl hart sein, und doch wird mancher aufatmen nach den langen Wochen des Wartens. Denn ein richtiger Soldat sehnt sich doch letzten Endes nach Kampf und Sieg, um dann wieder seinen Arbeiten nachgehen zu können ...“

(95) Herr F. M., Straßenhaus/Krs. Neuwied

„... Nun ist es doch zur Wahrheit geworden, was so viele schon so lange immer gesagt haben. Ich selbst habe auch damals ernstlich daran geglaubt, und das war es auch, wo Du selbst nicht dran glauben konntest. Als ich heute morgen bei Göbels das Deutschlandlied spielen hörte, glaubte ich, es wäre was Schönes gemeldet worden. Nun war es gerade das Gegenteil. Heute mittag wurde nun nochmals alles im Radio wiederholt. Da haben wir's auch gehört. Jetzt kann man auch verstehen, was man vorher nicht begreifen konnte, wofür das Militär im Osten ist. Jetzt stehen Euch und auch uns wieder schwere Wochen bevor. Ihr Soldaten müßt kämpfen und aushalten, und wir in der Heimat müssen warten und hoffen. Jetzt lebt man wieder in der Unruhe und Ungewißheit ..."

(96) Feldwebel H. M., 9. Kp./Inf.Rgt. 226, 79. Inf.Div.

„... Na, was sagt Ihr denn zu unserem neuen Gegner? Vielleicht kann sich Pa noch erinnern, wie ich in meinem letzten Urlaub von der russischen Armee gesprochen habe und schon damals äußerte, daß mit den Bolschewisten auf Dauer keine freundschaftlichen Beziehungen aufrecht zu erhalten sind. Dazu sind dort noch viel zu viele Juden. Neues gibt es hier noch nicht. Wir sitzen ständig an den Lautsprechern und hören die Frontberichte ..."

(97) Oberleutnant G. K., Rgts.Stab/Inf.Rgt. 365, 211. Inf.Div.

„... Von allen meinen Kameraden, einschließlich Regimentskommandeur, bin ich der einzige, der diesen Krieg mit Rußland immer wieder vorausgesagt hat, und daher nicht so erschüttert bin wie vielleicht viele. Wenn dieser Krieg mit Rußland und anschließend in Arabien (Irak – Syrien – Palästina – Ägypten) beendet sein wird – und ich glaube in kurzer Zeit –, dann glaube ich auch fest daran, daß einmal als einziger deutscher Soldat der von Ribbentrop nach England geht, um dort mit den Engländern Deutsch zu reden. Vielleicht werden wir auch alle hinüber müssen, aber dann haben wir wenigstens den Rücken frei und fünf bis sechs Luftflotten und zehntausende von Panzern usw. Nein, diese Sache beunruhigt mich nicht so sehr als die Tatsache, daß Ihr armen Frauen und Kinder mal wieder nächtelang in den Keller mußtet und Euskirchen mal wieder heimgesucht wurde. Du schreibst ja gar nichts über Verluste? Hoffentlich ist's wirklich ohne allzu große Verluste und Zerstörungen abgegangen und Du mir nichts verschweigen brauchst, was ich vielleicht durch ‚Gerüchte' weit übertrieben doch hören werde ..."

(98) Unteroffizier A. N., Fliegerhorst Lyon — 23. Juni 1941, Montag

„... Außerdem kamen da die Sondermeldungen, und morgens wurde dann der Aufruf des Führers verlesen und die deutsche Note an Sowjetrußland. Wir haben gestern fast nur an der Karte gestanden und die Möglichkeiten, die sich ergaben, durchgedacht. Aber, ich glaube, es ist doch besser, wenn *wir* nicht in den Generalstab kommen.

Aber wer hätte das gedacht, daß es jetzt gegen die Bolschewiken geht? Die Sache ist ja fabelhaft geheimgehalten worden! Aber wenn ich es mir richtig überlege, dann hat damit der Führer wieder das Beste getan, was er tun konnte. Was meinst Du wohl, wenn das bekannt geworden wäre, wie sich da manche Pessimisten aufgeblasen hätten. Und jetzt ist es im Osten losgegangen, und es ist bestimmt gut, daß es so ist. Denn über kurz oder lang wäre die Auseinandersetzung doch einmal gekommen; da ist das jetzt ein Aufmarsch. Jetzt hat die Judenheit uns auf der ganzen Linie, von einem Extrem bis zum anderen, (von den Londoner und New Yorker) Plutokraten bis zu den Bolschewiken den Krieg erklärt. Alles steht in einer Front gegen uns, was judenhörig ist. Die Marxisten kämpfen Schulter an Schulter mit der Hochfinanz wie vor 1933 in Deutschland. Und in Deutschland hat der Nationalsozialismus gesiegt. Jetzt hat Churchill seinen größten Trumpf ausgespielt. Aber ich glaube felsenfest, daß der Führer noch einen größeren hat. Wir sind ja den Roten durch unseren Präventiv-Angriff schon wieder um eine Nasenlänge voraus. Und auch die zähen und tapferen Finnen kämpfen mit uns. Wenn Du vielleicht denken magst, bei uns wäre alles in jubelnde Begeisterung ausgebrochen, dann ist das irrig. Wir wissen ja selbst genau, was auf dem Spiel steht, und daß das einer der entscheidungsvollsten Waffengänge ist, ja vielleicht, wenn er siegreich ausgeht, *der* entscheidende. Ich meine, daß England erst *dann* den Mut verlieren könnte ..."

(99) Leutnant P. G., 9. Kp./Inf.Rgt. 721, 714. Inf.Div.

„... Ich sage voraus, daß in vier bis fünf Wochen die Hakenkreuzfahne auf dem Kreml in Moskau wehen wird, daß wir noch in diesem Jahr im Anschluß an Rußland uns den Tommy vorknöpfen werden. Es ist ja schließlich kein Geheimnis, wie, ob, und daß man in vier Wochen mit unserer unschlagbaren Wehrmacht nach Moskau kommt. Luftlinie sind es doch von Suwalki nur 1000 Kilometer. Wir lassen uns nur noch auf Blitzkriege ein und kennen nur noch den Angriff. Ran, ran und nochmals ran unter Mitarbeit der schweren Waffen. Feuer, Pulver, Eisen, Bomben und Granaten, das alles dem Russen an den Kopf, das genügt, um ihn den ‚schnellsten' Soldaten der Welt zu nennen ..."

(100) Soldat H. C.,
Geb.Jäg.Ers.Btl. 137, Div.Nr. 188 — 24. Juni 1941, Dienstag

„... Die politischen Ereignisse haben sich ja in den letzten Tagen auch wieder überstürzt, und ich persönlich habe noch nie mit solcher Zuversicht in die Zukunft gesehen als gerade jetzt, wo ich diesen Kampf sehe als Angehöriger der deutschen Wehrmacht. Trotz aller Notwendigkeit war der Pakt mit Rußland doch etwas Unnatürliches, und so ganz wohl hat man sich dabei nie gefühlt ..."

(101) Gefreiter F., 1. San.Kp. 125, 125. Inf.Div. — 3. Juli 1941, Donnerstag

„... Adolf und ich marschieren gegen unseren großen Feind Rußland. Somit geht einer meiner Wünsche in Erfüllung, nach diesem gotteslästerlichen Land wollte ich schon immer gerne ziehen. Diesmal wird bestimmt Schluß gemacht mit einer gottfeindlichen Macht. Unglaublich große

Heeresmassen ziehen vor. Niemals hätte ich eine solche Aufrüstung in so kurzer Zeit für möglich gehalten, und dennoch ist es so. Adolf und ich marschieren nun auch mit, oder wir fahren ab und zu mit dem Rad, indem wir uns durch die vorfahrenden Kolonnen hindurchschlängeln. Da wird man Zeuge jüdischer, bolschewistischer Grausamkeit, wie ich sie aber auch kaum für möglich gehalten hatte. Gestern zogen wir durch eine größere Stadt, an einem Gefängnis vorbei. Es stank schon von weitem unheimlich nach Leichen. Als wir näher herkamen, war es kaum zum Aushalten. Drinnen lagen 8000 tote gefangene Zivilisten, erschlagen, ermordet, keineswegs erschossen, ein Blutbad, das die Bolschewisten kurz vor ihrem Abzug anrichteten. In einer anderen Stadt ganz ähnliche Fälle, vielleicht noch grausamer. Gefährlich ist das Heckenschützentum, dem gestern auch ein SS-Regiments-Kommandeur zum Opfer fiel. Der Mörder soll ein Jude gewesen sein. Du kannst Dir denken, daß so etwas nach Rache schreit, die aber auch durchgeführt wird. Manche Soldaten, die wir behandelten, hatten schon Verwundungen, die von Heckenschützen herrühren. So können sich die Russen nicht mehr helfen. Rechts und links der Vormarschstraße liegen tote Russen, zerschossene und ausgebrannte Tanks, drinnen liegen noch die Fahrer ganz verkohlt. Riesentanks sind das, man macht sich keine Vorstellung, und dennoch vernichtet ..."

(102) Obergefreiter O. B.,
9. Kp./Inf.Rgt. 695, 340. Inf.Div. 6. Juli 1941, Sonntag

„... Ich bekam jetzt ein sehr zeitgemäßes Buch geschenkt: Wachtmeister Peter: ‚Ritt ins Morgenrot'. Ein Reiterleben in den Freiheitskriegen, eine ganz köstliche, tagebuchartige Schilderung des Zuges mit Napoleon nach Rußland und zurück, weniger köstlich natürlich die Einzelerlebnisse, besonders des grauenvollen Rückmarsches. Damals kam man Mitte September in Moskau an. Auch diesmal war der Führer also früher hoch als die anderen, selbst als die vor 100 Jahren. Hoffentlich bleibt es auch hinter der Stalinlinie bei diesem Vorsprung ...

Der Kriegsausbruch im Osten hat, glaube ich, manch einen wie mich im ersten Augenblick tief und heilsam verschrecken lassen. Der Schlußsatz der Proklamation des Führers war mir wenigstens aus der Seele gesprochen (*). Wie mag es bei Euch am 22. gewesen sein? ..."

(*) „Möge uns der Herrgott gerade in diesem Kampfe helfen!"

(103) Soldat H., 3. Kp./Armee-Nachr.Rgt. 501 9. Juli 1941, Mittwoch

„... Wir sind tief in Rußland, im sogenannten Paradies, wie man es nennt. Rußland fordert die Soldaten auf, in dieses Paradies überzulaufen. Hier herrscht großes Elend, die Leute hielt man über zwei Jahrzehnte unter einem Druck, den man sich kaum vorstellen kann. Wir alle würden lieber sterben als solches Elend und solche Qual mitzumachen, wie es dieses Volk mitgemacht hat. Es muß der Tag kommen, wo dies ein Ende nehmen wird. Wir sind heute sehr weit vorgestoßen, beinahe 90 Kilometer. Der Gegner verlor wieder eine Unmenge von Panzern und anderem Kriegsmaterial. Viele werfen die Waffen weg und kommen in Rudeln uns entgegen. Oft fragen wir die russischen Soldaten, warum sie die Waffe wegwerfen, und man gibt die Antwort: ‚Für was sollen wir denn kämpfen, für die jahrelange Unterdrückung und das Elend, welches wir durchmachten?‘ Wir hoffen, auch bald diesen Terrorstaat in die Knie zu zwingen ...“

(104) Unteroffizier (ohne Absenderangabe) 10. Juli 1941, Donnerstag

„... Das deutsche Volk hat eine gewaltige Verpflichtung unserem Führer gegenüber, denn wenn diese Bestien, die hier unsere Gegner sind, nach Deutschland gekommen wären, wäre ein Morden eingetreten, wie es die Welt noch nicht gesehen hätte. Wenn schon ungezählte Tausende eigener Bewohner der Sowjets hingemordet werden, und Ukrainer, ein Volk ohne Schutz, bestialisch verstümmelt und getötet werden, wie hätte man es erst mit den Deutschen gemacht? Was wir gesehen haben, kann keine Zeitung schildern. Es grenzt ans Unglaubliche, selbst das Mittelalter kommt nicht mit mit dem, was hier geschehen ist. Und wenn man in Deutschland den ‚Stürmer‘ liest und die Bilder sieht, so ist das nur ein ganz kleines Zeichen von dem, was wir hier sehen und was hier vom Juden verbrochen wird. Glaube mir, auch die sensationellsten Zeitungsberichte sind nur ein Teil dessen, was hier geschieht ...“

(105) Soldat H., Stab II/Ln.Rgt. 38 16. Juli 1941, Mittwoch

„... Immer näher kommen wir an Moskau heran. Überall dasselbe Bild der Zerstörung. Viel machen die Russen selber kaputt. Das Volk lebt schwer in Elend, und was sonst über Rußland geschrieben wurde, ist nicht übertrieben. Alles, was an Kommissaren usw. gefangen oder geschnappt wird, wird gleich erschossen. Die Russen machen es nicht anders. Ein grausamer Krieg hier. Die letzten Tage ging es uns auch dreckig. Wir bekamen dauernd schweres Feuer von der russischen Artillerie. Die schießen nicht schlecht. Wir sind weit durchgestoßen, links und rechts sitzt noch überall der Russe und versucht uns abzuschneiden. Stuka und Panzer hauen uns immer wieder heraus. Jetzt liege ich an einem großen See, wo wir mal endlich kräftig baden können. Rundherum wunderschöner Wald, wenn er nur nicht voll Russen wär‘. Vater weiß ja hier Bescheid. Er kann sich das ja gut vorstellen. Es werden täglich viele gefangen. Das Volk ist nur verhetzt. Sie können es gar nicht fassen, daß wir Kleider haben und gefahren kommen. Die sind meistens froh, daß die Roten weg sind. Russische Flugzeuge werfen sehr viel Zeitungen und

Flugblätter bei uns ab mit Passierscheinen. Wir sollen zur Roten Armee überlaufen. Wir würden doch verlieren wie Napoleon und noch alles mehr. Sie würden uns auch nicht ‚erschießen', und unsere Flieger würden mit der Pistole in die Maschine gejagt und schmissen ihre Bomben ins Wasser und kämen zu ihnen. Damit kann Väterchen Stalin auch nicht gewinnen. Wir wissen es ja am besten, daß alles gelogen ist, und gehungert haben wir auch noch nicht. Es wird wohl nicht mehr allzu lange dauern, denn im Schnee ist hier nichts zu machen. Wenn Rußland fertig ist, wird England Hören und Sehen vergehen. Jetzt mag schon viel kaputt sein, aber dann sind sämtliche Luftflotten frei. Bis jetzt ist ja nur eine Luftflotte eingesetzt. Aber dann werden sämtliche Luftflotten starten, es wird dann am selben Tage dunkel werden über England ..."

(106) Unteroffizier H. H.,
2. Kp./Inf.Div.Nachr.Abt. 6, 6. Inf.Div. 17. Juli 1941, Donnerstag

„... Im übrigen herrscht hier in Rußland das kommunistische System. Der einzelne besitzt beinahe nichts. Eine Kuh, ein wenig Acker für Gemüse, und wehe dem, der sich zusätzlich hätte bereichern wollen, ich meine, sein Gut zu vermehren suchte. Verbannung, Zwangsarbeit und Geldstrafen. Du kannst Dir vorstellen, daß diese geplagten Menschen unsere Ankunft in der Mehrzahl begrüßten. Die Frauen kamen und brachten uns ihre letzte Milch. Viel mehr besaßen sie ja nicht. Und die Frage: Kommen die Bolschewiki zurück, bleibt ihr hier, vertreibt ihr die Machthaber (meistens Juden) noch weiter? Und wenn wir sagen: bis Moskau: ‚Dobsche, Dobsche', gut, gut mit der bezeichnenden Halsabschneiderbewegung. Alle Arbeit wurde gegen einen Hungerlohn gemeinsam gemacht. Auch die Tiere standen in großen gemeinsamen Ställen. Wir haben herzlich über diese Kuh- bzw. Pferdegemeinschaftshäuser gelacht. Und das seltsame: Als wir kamen, holte sich jeder blitzschnell eine Kuh, ein Pferd. So, das gehört jetzt mir. Die Sehnsucht nach Eigentum. Wir sahen hier auch Landarbeitersiedlungen. Kleine Viehställe, in die man in Deutschland kein Tier jagen würde. Flüchtlinge sehen wir kaum noch. Mit Neugierde und Hoffnung stehen die Menschen am Wege, sind geheilt von kommunistischen Idealen ..."

(107) Unteroffizier E. M.,
4. Kp./Pz.Rgt. 39, 17. Pz.Div. 28. Juli 1941, Montag

„... Sie werden im Radio von den Kämpfen um Smolensk gehört haben. Das war meine stolze Truppe, die den Durchstoß errungen hat, die Fahne hoch zum Sieg. Wir stehen kurz vor Moskau, zusammengeschweißt zu einer eisernen Kette mit allen Truppenteilen, wie sie die Welt noch nie gesehen. Nur noch kurze Zeit, dann wird das große Ereignis der Weltgeschichte sich ereignen ..."

(108) Soldat R. L., 4. Kp./Ln.Rgt. 12 1. August 1941, Freitag

„... Radio in unserer Form gibt es hier nicht. Man hat nur Empfang über ein gemeinsames Netz. Hierbei hat der einzelne nur einen Lautsprecher. Das bedeutet, daß jeder nur die Moskauer Sendungen hören kann.

Nur so läßt sich – auch schon im Frieden – die unglaubliche Verhetzung und Wandlung des Volkes erklären. Ich fand Schulbücher, die bereits nichts anderes als Hetzschriften gegen Deutschland waren. Ich werde eines als Dokumentenbeweis mitbringen. Die Soldaten waren teilweise der festen Überzeugung, daß die Deutschen keine Gefangenen machen würden. Daraus erklärt sich der oft übernatürliche, zwecklose Widerstand eingeschlossener Gruppen.

Im ganzen kämpft der Russe also recht zäh. Wir haben das selbst an der Stalinlinie erlebt. Man kann seiner Artillerie beispielsweise nur ein gutes Zeugnis ausstellen. Die Rohheit allerdings, die der Russe immer wieder zeigt, läßt sich nur aus der Verhetzung erklären. Es ist ein Volk, das langer und guter Schulung bedarf, um Mensch zu werden. Charakter und Wesen der Russen gehören noch viel mehr ins Mittelalter als in die Neuzeit. Darum genügt es auch nicht, den russischen Massen moderne Maschinen zum Fliegen und raffinierte Tanks zu geben. Sie wüßten damit nur wenig anzufangen. Die Trümmerfelder der Tanks beweisen das ..."

(109) Obergefreiter W. E.,
13. Kp./Inf.Rgt. 213, 73. Inf.Div. 4. August 1941, Montag

„... Aus unserer Hoffnung, wir würden ins Reich und in Urlaub kommen, ist ein Einsatz im Osten geworden; irgendwo an der langen, langen Front tun wir unsere Pflicht, stolz darauf, auch in diesem Feldzug, dem Feldzug gegen den Bolschewismus, dabei sein zu dürfen. Verluste hatten wir bisher keine, trotz Artilleriebeschuß und Fliegerangriffen. Zwar müssen andere hier im Osten ihr Leben lassen, aber die Gerüchte, die scheinbar über angebliche riesige Verluste im Reich umgehen, sind doch allesamt verlogen. Uns haben die Russen nämlich auch Flugzettel herabgeworfen! Die halten uns entweder für unheimlich schlecht oder dumm! ...

Bald werden auch hier die Rußkis erledigt sein, und wir werden wieder marschieren, marschieren. Die Straßen sind unheimlich schlecht, bei Regenwetter kaum passierbar; anstrengend für Mann und Roß. Mit Fahrrädern und Autos kommt man überhaupt nicht mehr durch. Vor einigen Tagen haben wir es erlebt! Dazu Fliegerbeschuß! ..."

(110) Frau K. B., Düsseldorf 8. August 1941, Freitag

„... Durch die Wochenschau bekommen wir ja eine kleine Ahnung von dem, was im Osten geschieht, und glaube mir, dieser Ausschnitt erweckt in uns schon so viel Grauen, daß wir am liebsten die Augen schließen möchten, um ungesehen einige Bilder vorbeirollen zu lassen. Und die Wirklichkeit, wie mag sie nur sein? Ich glaube, vorstellen werden wir uns sie nie können. Wenn ich unsere Infanteristen in der Wochenschau vorbeimarschieren sehe, dann muß ich immer denken, so wirst auch Du vormarschieren – immer weiter durch brennende Sonne und strömenden Regen. In der letzten Zeit hat's dort wohl fürchterlich gegossen, die Wege sind ja tiefster Morast geworden. Und das Koppel wird wohl auch recht eng geschnallt werden müssen – denn in den Drecklöchern der Russen ist wohl nichts zu finden. Da bot Frankreich doch eine üppigere Fülle an Leckerbissen. –

Wenn es in diesem Tempo weitergeht, dann wird's wohl mit dem Ende Rußlands nicht mehr lange dauern. Für uns rast die Zeit ja dahin, und auch manche Stunde wird in der Gefahr zur Ewigkeit, darum werden die Tage und Nächte unendlich sein, und Ihr werdet unserem ‚es wird nicht mehr lange dauern' verständnislos gegenüberstehen ..."

(111) Obergefreiter W. E. (ohne weitere Absenderangabe)

„... Seit heute morgen tobt nun die Schlacht um die Stadt des Ursprungs der bolschewistischen Revolution. Wir sind nun auf dem Marsch auf Leningrad. Seit heute morgen feuern wir nun schon fast ununterbrochen, und jetzt am Abend scheint es, als ob der Russe sich zurückgezogen hätte, denn sein Artilleriefeuer wird immer schwächer. Der Russe verteidigt sich zäh, da wir es mit eingefleischten Kommunisten zu tun haben. Unseren Vormarsch, der wohl mit Regen und Gewitter begleitet ist, wird er nicht aufhalten können ..."

(112) Soldat R. K.,
14. Kp./Inf.Rgt. 111, 35. Inf.Div. 10. August 1941, Sonntag

„... Es ist heute im Kalender Sonntag, wir merken aber nichts davon, nur, daß es heute wieder weitergeht, ungefähr 50 Kilometer nordöstlich. Wir sind jetzt Heeresreserve. Es war höchste Zeit, denn wir haben schon 50 Mann Ausfall in der Kompanie. So dürfte es nicht mehr lange weitergehen, sonst müßten wir den Laden dicht machen. Am Geschütz müssen halt vier Mann sein, und wir waren drei Tage, wo es am gefährlichsten war, nur noch zwei. Die anderen sind verwundet ..."

(113) Gefreiter L. B., 3. Kp./Nachsch.Btl. 563

„... Jetzt kann man's verstehen, daß Napoleon unter den damals noch primitiveren Verkehrsmitteln und den Witterungsverhältnissen litt, und deshalb keine Verpflegung nach vorne kam. Deshalb verhungerten und erfroren 100 000 Mann. Wenn wir, wie Rußland es wollte, in den Winter gefallen wären, wäre es uns auch nicht gut gegangen. Wenn es nur mal einige Tage stark regnet, dann ist das ein Rückschlag auf mehrere Tage, besonders für den Nachschub. Das kann man sich, wenn man das nicht selber mit ansieht, gar nicht vorstellen, wie das einreißt ..."

(114) Soldat M. S.,
8. Kp./Inf.Rgt. 55, 17. Inf.Div. 11. August 1941, Montag

„... Einen Tag hatten wir Angriff. Angriffsziel eine schöne Rollbahn nach Moskau. Die Straße hatten wir erreicht und verteidigten sie seit dem 23. Juli. Ich wußte nicht, was Stellungskrieg heißt, habe es aber bereits kennengelernt. Unsere Verluste sind groß, mehr als in Frankreich. Einmal haben wir die Straße, dann die Russen. So geht es Tag auf Tag ...

Solche zähen Hunde wie die Russen habe ich noch nicht gesehen, und ihre Taktik ist unberechenbar, und vor allem ein unerschöpfliches Material an Panzern usw. ..."

(115) Hauptmann F. M.,
le.Fahrkol. 8/173, 73. Inf.Div. 15. August 1941, Freitag

„... Man hat die Russen ganz verdummt und ihnen eingeredet, die Deutschen würden alle Gefangenen abschlachten. Ja, selbst der Zivilbevölkerung hat man das eingeredet, und die haben es auch geglaubt. Ich unterhielt mich mit einer volksdeutschen Frau, deren Mann man vor 20 Jahren umbrachte und deren 19jährige Tochter von den Russen zum Gräberausheben mitgeschleppt wurde, daß nach dem Einmarsch der deutschen Truppen russische Frauen zu ihr gekommen seien, sie möchte doch die deutschen Truppen fragen, ob es wirklich wahr sei, daß sie jetzt von den Soldaten abgeschlachtet würden. Und als ihnen und ihren Kindern gar die Soldaten zu essen gaben, haben sie mit erstaunten Augen immer und immer wieder den Kopf geschüttelt, als lebten sie in einer neuen Welt. Eine ungeheure Angst vor bolschewistischen Strafen lebt noch in ihnen ..."

(116) Soldat M. M., 2. Kp./Lw.Bau-Btl. 6/XIII 20. August 1941, Mittwoch

„... Gerade jetzt erkennt man so richtig, wie es um unsere Frauen und Kinder bestellt wäre, wenn diese jetzt in Gefangenschaft sich befindlichen russischen Horden in unser Vaterland hätten eindringen können. Habe hier Gelegenheit, mir diese unkultivierten, vielrassigen Menschen anzusehen und zu beobachten. Gott sei Dank ist dies bis jetzt vereitelt worden, daß diese unsere Heimat nicht haben plündern und rauben können. Leider kostet dieser Kampf auch Opfer von uns ..."

(117) Gefreiter K. T.,
Stab II/Inf.Rgt. 170, 73. Inf.Div. 21. August 1941, Donnerstag

„... Der Feind hat an manchen Stellen sehr hartnäckig gekämpft, mußte aber doch unter ungeheuren Verlusten weichen. Auch von uns mußte mancher Kamerad tot oder verwundet auf dem Kampffeld bleiben. Es ist doch etwas Schreckliches, der Krieg. Süd-Ukraine. Viele Volksdeutsche haben wir schon getroffen, ganze Dörfer. Sie können es kaum fassen, daß sie jetzt aus den Klauen des Bolschewismus befreit sind. Ungeheuer viel mußten sie mitmachen. Man sieht es ihnen ja auch an. Viele sind halb verhungert, trotz des fruchtbaren Bodens hier ..."

(118) Unteroffizier W. F.,
Rgts.Stab/Inf.Rgt. 459, 251. Inf.Div. 22. August 1941, Freitag

„... Ich habe die Nase bereits gestrichen voll von der vielgerühmten Sowjetunion. Die Zustände hier sind vorsintflutlich. Unsere Propaganda hat bestimmt nicht übertrieben, eher etwas zu wenig. Augenblicklich liegen wir fest vor einer Stadt zwischen Petersburg und Moskau und halten die Russen fest. Die Verluste innerhalb unseres Regiments sind ziemlich hoch, während sie bei meiner Einheit normal sind. Wir haben hier viel unter Artilleriefeuer zu leiden, und wir müssen Tag und Nacht in Erdlöchern leben, um Schutz vor Splittern zu haben. Die Löcher sind voller Wasser. Läuse und anderes Ungeziefer schleichen sich auch schon ein ..."

(119) Gefreiter M. P.,
12. Kp./Inf.Rgt. 481, 256. Inf.Div. 23. August 1941, Samstag

„... Voriges Jahr war es besser, da war anfangs Juli schon alles zu Ende mit dem Krieg mit Frankreich, und da sind schon die ersten in Urlaub gefahren. Mit den Russen kann es noch lange dauern, denn es ist dies das letzte Land, das die Engländer haben, mit dem sie uns anhaben, und da setzen sie alles dran, und Rußland ist halt groß, um sogleich besiegt zu sein. Wir wollen immer das Beste hoffen ..."

(120) Unteroffizier H. K.,
10. Bttr./Art.Rgt. 239, 239. Inf.Div. 28. August 1941, Donnerstag

„...Tag und Nacht sind wir auf Tour. Wir sind hier am Kesseltreiben Nähe Dnjepr-Ufer. Es sind hier ungefähr 60 Divisionen eingeschlossen, welche noch zähen Widerstand leisten. So Gott will, geht auch dieser Feldzug im Osten bald seinem Ende entgegen ..."

(121) Obergefreiter M. H.,
Stab II/Inf.Rgt. 499, 268. Inf.Div. 2. September 1941, Dienstag

„... Wir haben schlimme Zeiten und große Verluste. Wir liegen schon fünf Wochen am gleichen Platz und werden immer schwer von der russischen Artillerie heimgesucht. Ich weiß nicht, wie lange unsere Nerven noch standhalten. Wir hätten noch 150 Kilometer nach Moskau und 100 Kilometer nach Smolensk. Ich glaube, wir hätten schon genügend viele große Opfer gebracht. Es wird auch immer wieder versprochen, daß wir in die Heimat kommen, aber immer vergebens ..."

(122) Gefreiter H. S., Pi.Rgts.Stab 514 z.b.V. 14. September 1941, Sonntag

„... Schwer wiegt das Bekanntwerden, daß bereits die Pläne ausgearbeitet werden für den Bau und die Organisation der Winterquartiere. Das wäre schlimm. Wann und wo Halt gemacht werden muß, wird der Eintritt des Winters bestimmen. Allerdings dürften wir dann auch auf *Urlaub* rechnen. Aber keiner möchte nach diesem grauenerregenden Land wieder zurückkehren, denn ganz stille hoffen wir noch, daß unsere Divisionen, die schwer mitgemacht haben, abgelöst werden und vielleicht nach – Deutschland – kämen ...

Wir liegen nun östlich des Ilmensees und haben längst die beiden Flüsse Lowat und Pola überschritten! – Es geht eben langsamer, die Schwierigkeiten werden größer, das Gelände steht uns trotzig im Wege! Oh, dürften wir bald erleben, daß jeder Meter Boden, den wir berühren, uns diesem Elendslande weiter *ent*führen würde ..."

(123) Soldat A. V.,
2. Fahrschwadr./Nachsch. Tr. 36,
36. Inf.Div. (mot.) 16. September 1941, Dienstag

„... Gestern haben wir auch Gefangene gefahren. Viele Alte über 40 Jahre, dann junge, 15jährige Frauen, findet man auch dabei. Mongolen, Chinesen, Asiaten, ein Gemisch im richtigen Sinne des Wortes. Die meisten froh, daß für sie der Krieg aus ist. Manchmal sieht man auch einen Gehenkten. Das sind solche, die sich am Eigentum des Heeres vergangen haben oder sich als Soldaten in Zivil in den Wäldern herumtreiben und Terrorakte verüben. Sie bleiben zur Abschreckung zwei bis drei Tage hängen ..."

(124) Obergefreiter E. K.,
11. Kp./Inf.Rgt. 290, 98. Inf.Div. 19. September 1941, Freitag

„... In unserer Kompanie haben wir 75% Verluste. Wir sind jetzt einige Tage auf dem Marsch nach Moskau, und dort geht der Kampf für uns weiter. In den nächsten Tagen sollen wir auch Ersatz bekommen. Aber ich glaube es nicht eher, bis der Ersatz da ist, denn es hat auch schon oft geheißen, wir werden abgelöst ..."

(125) Hauptwachtmeister H. S.,
10. Bttr./Art.Rgt. 255, 255. Inf.Div. 21. September 1941, Sonntag

„... Uns hier draußen interessiert jetzt nur noch die eine Frage, nämlich die, ob wir den Krieg noch vor Winteranfang zu einem siegreichen Ende bringen werden. Kiew ist genommen, eine sehr große Stadt vor-

Abb. 8: Post aus der Heimat bei deutschen Artilleristen vor Warschau

Abb. 9: Deutsche Stellungen in den Vororten von Warschau

Abb. 10: Der erste am Westwall gefallene Franzose wird mit militärischen Ehren beigesetzt

Abb. 11: Deutsche Spruchbandpropaganda an der Oberrheinfront, Herbst 1939

Sie fuhren gegen Engelland . . .

**DEUTSCHE VERLUSTE
IN DER ERSTEN WOCHE
DES NORWEGISCHEN ABENTEUERS:**

1 Panzerschiff torpediert, kampfunfähig
1 Schlachtschiff schwer getroffen
2 Kreuzer versenkt
1 Kreuzer beschädigt oder versenkt
8 Zerstörer versenkt
1 U-Boot (mindestens) versenkt
19 Truppentransportschiffe versenkt
4 Truppentransportschiffe torpediert
1 Handelsschiff im Grossen Belt bombardiert und in die Luft gesprengt
1 Tanker selbstversenkt
1 Handelsschiff selbstversenkt
1 Handelsschiff gekapert
3 Vorpostenschiffe gekapert

Und wie viele kehrten zurück?

Abb. 12: Vorderseite des englischen Flugblattes E.H. 372: abgeworfen in der Nacht vom 22./23. April 1940

Abb. 13: Französische Flüchtlinge auf dem Weg ins Ungewisse

Abb. 14: Schreiber des Briefes Nr. 69: Hauptmann F.M.

Abb. 15: Einmarsch der 87. Inf.Div. in Paris am 14. Juni 1940

Abb. 16: 20. Juni 1940 – 15 Uhr: Waffenruhe

Abb. 17: Schreiber des Briefes Nr. 83: Leutnant H.H.

Abb. 18: Der Feldpostbrief „an ihn“

Abb. 19: Sowjetische Kriegsgefangene auf dem Marsch in die Durchgangslager im Nordabschnitt

Abb. 20: Das Gesicht des Briefschreibers im Osten

Die Parole beim Uebergang in die Gefangenschaft:

„AUF NIMMERWIEDERSEHEN MOSKAU, NIEDER MIT HITLER!"

DEUTSCHE SOLDATEN!

Eure Lage ist aussichtslos. Die Generaloffensive der deutschen Armee gegen Moskau ist schmaehlich zusammengebrochen, die deutsche Armee zieht sich in Unordnung zurueck. Macht Schluss mit dem Krieg! Kehrt heim!

Abb. 21: Sowjetisches Flugblatt: abgeworfen im Dezember 1941

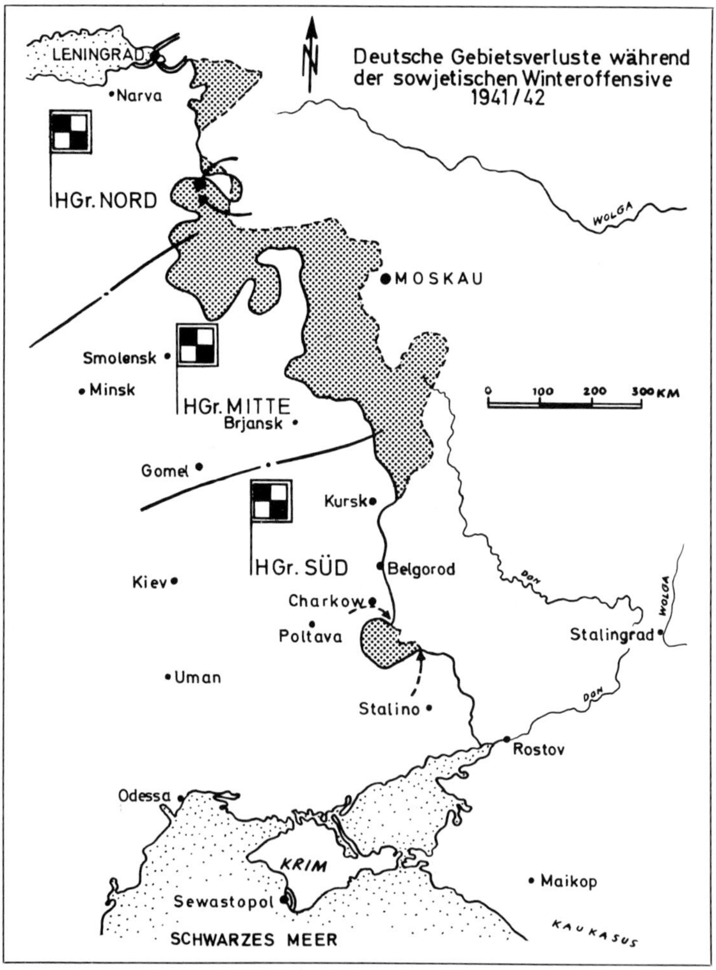

Abb. 22: Deutsche Gebietsverluste während der sowjetischen Winteroffensive (Skizze)

Abb. 23: Schreiber des Briefes Nr. 162: Unteroffizier H. T. Er fiel am 3. September 1942 vor Stalingrad

Abb. 24: Straßenkämpfe in Stalingrad am 11. Oktober 1942

Westdeutscher Beobachter

Köln-Stadt

Amtliches Organ der NSDAP. und sämtlicher Behörden

Nr. 63 Jahrgang 19 — Morgen-Ausgabe, Donnerstag, 4. Februar 1943 — Preis 10 Pf.

Stalingrad – Fanal zur Volkserhebung!

Der Kampf um Stalingrad zu Ende – Getreu dem Fahneneid bis zur letzten Patrone ausgehalten – Zweimalige Übergabe-Forderung abgelehnt – Generale, Offiziere, Unteroffiziere und Mannschaften standen Schulter an Schulter

Ueber Gräber vorwärts!

Von Martin Schwaebe

Der Londoner Rundfunk warnte gestern die Engländer davor, auf die Auswirkungen der Tragödie von Stalingrad innerhalb des deutschen Volkes falsche Hoffnungen zu setzen. Es sei nicht zu leugnen, sagte der Brite, daß die Deutschen in den letzten zehn Jahren unvorstellbar hart geworden seien. Hitler sei es gelungen, die soldatischen Tugenden seiner Nation auch auf das zivile Leben zu übertragen. Wer etwa vor zehn oder zwanzig Jahren in Deutschland gewesen sei und seine psychologischen Schlüsse aus damaligen Eindrücken ziehe, werde sich bitter täuschen. Aus den Träumern und Denkern seien Massen geworden, vor deren Fanatismus man sich fürchten müsse.

Diese Stimme aus dem Lager unserer Gegner steht nicht allein. Während sogenannte Neutrale noch fasziniert auf die sowjetischen Erfolge blicken, haben die Engländer schon seit einer Woche erkannt, daß die Krise im Osten für die deutsche Krieg-

Neue 6. Armee im Entstehen

Aus dem Führerhauptquartier, 3. Februar

Das Oberkommando der Wehrmacht gibt bekannt

Der Kampf um Stalingrad ist zu Ende. Ihrem Fahneneid bis zum letzten Atemzug getreu ist die 6. Armee unter der vorbildlichen Führung des Generalfeldmarschalls Paulus der Uebermacht des Feindes und der Ungunst der Verhältnisse erlegen. Ihr Schicksal wird von einer Flakdivision der deutschen Luftwaffe, zwei rumänischen Divisionen und einem kroatischen Regiment geteilt, die in treuer Waffenbrüderschaft mit den Kameraden des deutschen Heeres ihre Pflicht bis zum Aeußersten getan haben.

Noch ist es nicht an der Zeit, den Verlauf der Operationen zu schildern, die zu dieser Entwicklung geführt haben. Eines aber kann schon heute gesagt werden: das Opfer der Armee war nicht umsonst. Als Bollwerk der historischen Mission hat sie viele Wochen hindurch den Ansturm von sechs sowjetischen Armeen gebrochen. Vom Feinde völlig eingeschlossen, hielt sie in weiteren Wochen schwersten Ringens und härtester Entbehrungen starke Kräfte des Gegners gebunden. Sie gab damit der deutschen Führung die Zeit und die Möglichkeit zu Gegenmaßnahmen, von deren Durchführung das Schick-

Die letzte Bewährung

j. k. **Berlin, 4. Februar**

Gestern erhielt das deutsche Volk im Rahmen einer Sondermeldung die Kunde vom Ende des Heldenkampfes in Stalingrad. Es erfuhr auch den Sinn des großen Ringens und weiß, was von der Durchführung dieses heroischen Widerstandes abhing. Aus den letzten Nachrichten, die die Heimat aus der Stadt an der Wolga erreichten, formt sich ein Bild dessen, was dort in diesen Wochen und Tagen vor sich ging. Es klingt wie die Strophen eines ergreifenden Heldenliedes, ergreifender und größer als alles, was uns bis heute bekannt ist.

Was die Führung der sechsten Armee wußte, das war jedem der deutschen Soldaten, die in Stalingrad fochten, klar geworden: Jeder Tag, an dem sie die Flut der bolschewistischen Armeen aufhielten und sie fesseln konnten, war kostbar und verhinderte den Einbruch der feindlichen Massen nach Südwesten, wo die neue deutsche Widerstandslinie erstand. Dieses Wissen um ihre große Aufgabe führte zu einer der ergreifendsten Szenen in diesem Heldenkampf. Als die Sowjets die Uebergabe forderten, da riefen deutsche Soldaten aus ihren zerschossenen

Abb. 25: Meldung des Westdeutschen Beobachters vom 4. Februar 1943

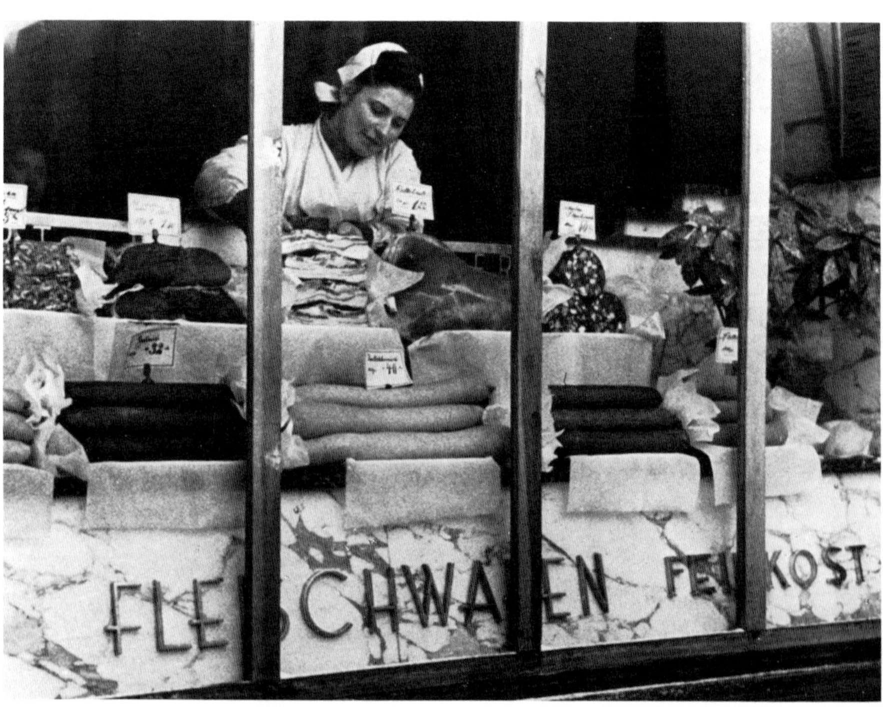

Abb. 26: Propaganda und Wirklichkeit: „Deutschlands gesicherte Ernährungslage: Blick in ein Berliner Fleischwarengeschäft im Januar 1945" (Offizielle Bildunterschrift)

Abb. 27: „Arbeit der Heimat für die Front: Pausenlos entstehen Panzer auf Panzer!“ (Offizielle Bildunterschrift)

Abb. 28: Sparaufruf im Westdeutschen Beobachter, Ausgabe Nr. 270 vom Samstag, den 29. Mai 1943

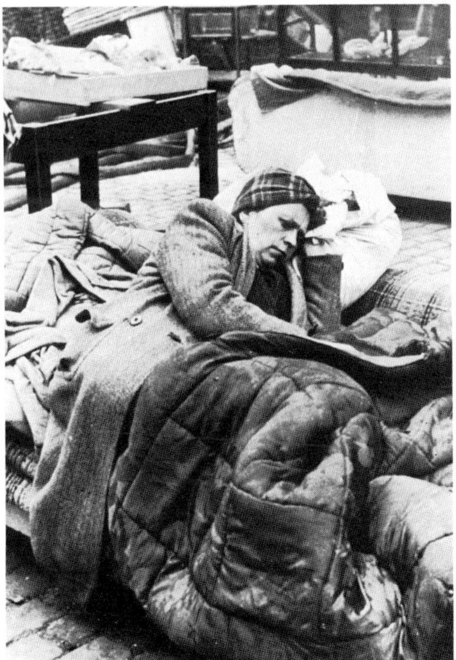

Abb. 29: Am Morgen nach dem Bombenangriff

– 6 –

der Tommys namenloses Elend sowie
bittere Not innerhalb weiter Kreise
der westdeutschen Bevölkerung verur-
sacht haben. Daß hiebei sogar
unschuldige deutsche Menschen, Frauen
und Kinder in der barbarischsten
Weise getötet wurden, vervollstän-
digt nur noch die ganze Grausamkeit
und Rücksichtslosigkeit der briti-
schen Kriegführung – der brutalen
Angriffsmethoden eines Raubstaates,
der einmal Repräsentant der soge-
nannten „zivilisierten Welt" (!)
sein wollte. Nun wissen wir tat-
sächlich zur Genüge, was Churchill
und die infame Clique britischer
Kriegshetzer und Kriegsverbrecher

– 7 –

Abb. 30: Vorderseite des englischen Flugblatts E.H. 513: abgeworfen in der Zeit vom 22. Juni bis 15. Juli 1941

Abb. 31: Faksimile von Seite 6 des Briefes Nr. 231

wärts, und Petersburg ist der andere große Schritt, der jetzt gemacht wird. Man nimmt allgemein an, daß der dritte Schritt Moskau gelten wird. Gott bewahre uns vor einem Winterfeldzug im Osten. Schon jetzt ist es hier sehr kalt, und fast täglich regnet es. Die Wege sind fürchterlich. Man kann sich immer wieder gar nicht vorstellen, wie arm und primitiv das rote Paradies ist. Und da müßtest Du mal seine Flugblätter lesen, mit denen er uns hier in der letzten Zeit bedenkt. Plump und dumm. Dagegen haben unsere Flugblätter vorzügliche Erfolge. Ich habe z.Zt. auch ein paar Ukrainer als Arbeiter beschäftigt, die heilfroh sind, den Roten entkommen zu sein ..."

(126) Frau E. D., Schwarzenbach b. Nürnberg 22. September 1941, Montag

„... Heute ist wieder eine Sondermeldung gekommen, daß bei Kiew die Russen in Auflösung seien und 50 Divisionen vernichtet sind. Vater sagt, das wäre schon ein großer Schlag, weil doch viel Ausrüstung dabei ist. An Menschen fühlen es die Russen nicht, weil sie große Massen haben, aber die Ausrüstung können sie nicht so schnell beschaffen ..."

(127) Gefreiter H. K., 13. Kp./Inf.Rgt. 105, 72. Inf.Div.

„Heute vor drei Monaten hat der Feldzug gegen Rußland begonnen. Man hat damals allgemein angenommen, daß die Bolschewiken in wenigstens acht bis zehn Wochen zur Kapitulation reif sind. Diese Auffassung war jedoch aus einer allgemein vertretenen Unkenntnis über das russische Kriegsmaterial geboren. Aber nicht alleine das. Wir sind durch die vorhergegangenen Blitzkriege verwöhnt und glauben, es müsse hier genauso schnell gehen wie z.B. in Frankreich. Aber wenn wir uns einmal das russische Aufgebot an Menschen und Material und zum anderen an Raum vor Augen halten, müssen wir doch feststellen, daß der Feldzug bis jetzt nochmal so schnell verlaufen ist wie der Frankreichfeldzug. Gerade heute morgen hörten wir durch Zufall, daß z.B. bei Kiew 600 Geschütze vernichtet und 150000 Mann gefangen worden sind. Was sind das für Zahlen! – Rußland ist fast unerschöpflich ...

Nehmen wir vergleichsweise Frankreich oder Griechenland. Diese beiden Staaten haben nach der Niederringung ihrer Befestigungslinien und nach der Einkesselung ihrer Armeen eingesehen, daß weiterer Widerstand ein sinnloses Völkermorden bedeutet. Sie haben sich ergeben, um ihr Volk zu retten. Wie anders hier. Wir kämpfen ja nicht gegen das russische Volk, sondern gegen den Weltfeind Bolschewismus, der sich die Russen zu seinen Söldnern gemacht hat. Den Bolschewiken ist es gleichgültig, ob sich das russische Volk verblutet. Sie haben ja keine Verantwortung. Ich glaube auch nicht, daß es je zu einem Waffenstillstand mit Rußland kommen wird. Es wird uns gelingen, die russische Wehrmacht zu zerschlagen. Aber Stalin und seine Genossen werden immer neuen

Widerstand organisieren, auch wenn es noch so viele Opfer fordert und noch so aussichtslos ist ..."

(128) Unteroffizier H. G.,
7. Kp./Inf.Rgt. 208, 79. Inf.Div. 24. September 1941, Mittwoch

„... Habe die Kesselschlacht ostwärts Kiew gut überstanden. Ich nahm an, daß wir nach dieser Schlacht herausgezogen würden, aber leider kommt es nicht in Frage, obwohl wir zu einem ganz besonders kleinen Haufen zusammengeschrumpft sind. Wir marschieren nun zum nächsten Kessel um Charkow. Ob es in Rußland dieses Jahr noch ein Ende gibt, bezweifle ich sehr stark. Die militärische Macht ist wohl gebrochen, aber das Land ist zu groß, und ein Kapitulieren gibt es für die Russen nicht. Es ist eben nicht ein Kampf Land gegen Land, sondern um zwei grundverschiedene Weltanschauungen. Weil sich zwei Männer wegen ihrer Ideen streiten, müssen Millionen von Menschen verbluten ..."

(129) Leutnant H. T.,
2. Kp./Inf.Rgt. 46, 30. Inf.Div. 30. September 1941, Dienstag

„... Aller Wahrscheinlichkeit nach werden wir wohl noch einige Zeit hierbleiben müssen, denn der Widerstand des Russen ist doch noch recht erheblich. Andererseits leben wir in der Zeit der Überraschungen, und vielleicht überrascht man uns auch einmal nach der angenehmen Seite hin. Der Fall Leningrads, der doch nur noch eine Frage der Zeit ist, kann auch für uns von entscheidender Bedeutung sein. Aber das sind Zukunftsgedanken, die eigentlich fehl am Platze sind, und man hat sie auch nur ganz selten, denn im allgemeinen fordert die Härte der Zeit unser restloses Dasein in der Gegenwart ..."

(130) Unteroffizier E. N.,
12. Kp./Inf.Rgt. 18, 6. Inf.Div. 9. Oktober 1941, Donnerstag

„Soeben erfahren wir, daß das Radio eine Sondermeldung gegeben hat, wonach die Einkesselung der drei noch kampffähigen Armeen des Herrn Timoschenko (ich schreibe den Namen jetzt zum ersten Mal) den endgültigen Sieg über die Sowjet-Armee bedeutet. Hoffentlich hat nicht ein allzu Eifriger diese Meldung übertrieben. Und wenn es tatsächlich im Radio gesagt worden ist, dann ist alles in bester Ordnung. Was macht es denn aus, wenn wir hier ab und zu noch mal mit dem Feind zusammenstoßen. Als wir am 2. Oktober angriffen, da haben wir einen entscheidenden Beitrag zum Fortgang der Ostoperationen in der Mitte geleistet. Der Russe war sich der Wichtigkeit dieses Angriffs auch bewußt gewesen, denn er hat sich zäh verteidigt. Merkwürdigerweise sind die Stellungen weiter hinter der damaligen Front nicht verteidigt oder nach ganz kurzem Widerstand geräumt worden. Heute haben wir kampflos den

Dnjepr überschritten und anerkennend vor den angelegten Stellungen und sonstigen Abwehrmaßnahmen gestanden. Ein Glück, daß wir diese Stellungen nicht im Kampf zu nehmen brauchten. Es hätte bestimmt allerlei Verluste gekostet ...

Gestern bekamen wir den ersten Schnee. Es war natürlich hauptsächlich Regen, was wieder den Nachteil hat, daß die Wege aufweichen. Der Dreck ist fürchterlich. Ein Glück, daß die Sache nicht mehr lange dauern kann. Jetzt bleibt nur noch die große Hoffnung, daß man uns nicht als Besatzungstruppe in Rußland behält ..."

(131) Leutnant K. S.,
Rgts.Stab/Inf.Rgt. 418, 123. Inf.Div. 10. Oktober 1941, Freitag

„... In Kürze: Sieg und Heil! *Rotfront* ist geschlagen. Es gibt nur noch einen sowjetischen *Gegner*. Ein tiefes Glücksgefühl hat uns alle erfaßt. Die Siegesfreude rückt in greifbare Nähe. Die Aufmarschleitung sucht nach Juristen im Heer – für die Aufbauarbeit im Osten! Neue Hoffnung auf Ablösung nach Beendigung der großen Operationen, der wir – am Flügel – zunächst wohl folgen werden ..."

(132) Gefreiter J. B., 2. Bttr./Art.Rgt. 59, 23. Inf.Div.

„... Seit dem 2. Oktober geht es hier lustig vorwärts, nachdem wir fast zwei Monate bloß die Front gehalten haben. Doch jetzt geht es wieder weiter und das im Sturmschritt. Wenn auch der Russe sich zäh verteidigen will, so ist doch die Moral so tief, daß am gestrigen Tag unsere Abteilung allein 1200 Gefangene gemacht hat. Wie es bei uns zugeht, kannst Du alleine schon daraus ersehen, daß ich seit dem 2. Oktober nicht mehr zum Waschen und Rasieren gekommen bin. In den Wochen vor dem 2. Oktober haben wir nach russischen Bombern und Jägern gesehen, doch jetzt sind sie wie weggeblasen. Entweder haben die Angst, oder es gibt keine mehr, und die paar letzten brauchen die Herren im Kreml zum Türmen. Unser Gefühl sagt uns, es ist bald aus mit dem russischen Widerstand. Was dann noch kämpft, sind versprengte Reste, und damit ist man schnell fertig ..."

(133) Frau S., Eldagsen/Deister 14. Oktober 1941, Dienstag

„... Lieber Fritz! Schreibe mir doch mal, wann es in Rußland wohl fertig ist. Große Angst und Sorgen muß ich immer ausstehen, denke dann an Dich und Hermann. Wie froh wäre ich, wenn ich hörte, in Rußland ist die Sache zu Ende, und Ihr beide würdet wieder gesund in die Heimat zurückkehren. Ach lieber Fritz, ich weiß noch, wie Du am Anfang des Krieges immer sagtest, der Krieg dauert nicht lange, Du müßtest schnell weg, wenn Du noch etwas abhaben wolltest. Du hast doch jetzt bestimmt die Nase voll und weißt auch, was Krieg heißt. Typisch Mutter, nicht wahr? ..."

(134) Unteroffizier H. B., 11. Bttr./Art.Rgt. 125, 125. Inf.Div.

„... Wir liegen in Ruhe, und vom bösen Feind ist nicht mehr viel zu sehen und zu hören. Bald ist es uns so, als ob der Krieg schon zu Ende sei. Ich nehme ja an, daß, wenn dieser Brief in Deinen Händen ist, die Glokken im ganzen deutschen Lande den Sieg über den mächtigsten Feind der Zivilisation verkündet haben. Denn lange kann es nicht mehr dauern, und für uns sind die Führerworte ein Evangelium. Wir sind nun am Raten, was man jetzt mit uns hier vor hat. Kommen wir nach Deutschland, oder bleiben wir hier als Besatzung? ..."

(135) Unteroffizier H. H.,
2. Kp./Inf.Div.Nachr.Abt. 6, 6. Inf.Div. 15. Oktober 1941, Mittwoch

„... Im Augenblick rollt alles, riesige Ströme an Menschen und Material auf dem Lande und in der Luft. Du kannst es Dir nicht vorstellen. Daneben unsere Stukaflieger. Manchmal ein grausig schönes Bild, wenn sie aus großer Höhe heulend herabstürzen und den Gegner zermürben. Wir haben es kurz vor uns oft beobachtet: Die Welt in Rauch, Flammen und Donner. Oft kommen uns die Gefangenen entgegen – einzeln oder in Massen, stumpf, tierisch und zerlumpt – und doch oft heimtückisch. Manche kommen auch schon freiwillig: Zeichen der zunehmenden Auflösung. Und die Meldungen belegen es ja: Die Vernichtung steht kurz bevor! ..."

(136) Unteroffizier W. W., 2. Bttr./Flak-Rgt. 231 21. Oktober 1941, Dienstag

„... Seit Wochen befinden wir uns wieder auf dem Vormarsch. Die Wege werden immer katastrophaler, da wir hier bereits ein rein winterliches Wetter haben. Hatten schon mal tagelang ziemliche Kälte (minus acht Grad). Jetzt regnet und schneit es meist zu gleicher Zeit. Das geht schon tagelang. Was da jeder einzelne Mann leisten muß, ist unbeschreiblich. Vor allem nicht zu vergessen die Leistungen der Pferde unserer bespannten Truppen. Was man von diesen braven Tieren verlangt, ist ein Heldentum für sich. Wie lange wir noch hier sein werden, wird von dem Verlauf der jetzigen Operation abhängen. Die größte Freude wäre natürlich für uns, verladen, und ab nach Deutschland. Aber vielleicht müssen wir auch den Winter hier verbringen. Wir wissen es noch nicht ..."

(137) Wachtmeister A. R.,
4. Kp./Korps-Nachr.Abt. 427 23. Oktober 1941, Donnerstag

„Das mit dem Krieg hier stellst Du Dir zu einfach vor! Du meinst, wir sind nur zur Besatzung hierhergekommen. Da muß ich Dir allerdings widersprechen und das Gegenteil behaupten, denn wir sind seit unserem Eintreffen hier an den vom Führer in seiner Rede erwähnten großen

Operationen im Osten beteiligt. Es ist hier vor allem mit Banditen- und Kleinkrieg zu rechnen. Erst gestern wurde in einem Nachbarort ein deutscher Offizier von Russen in Zivil erschossen. Dafür wurde aber dann das ganze Dorf in Brand gesteckt. Es ist in diesem Ostfeldzug gar vieles anders als im Westfeldzug ..."

(138) Leutnant J. H.,
Rgts.Stab/Art.Rgt. 131, 131. Inf.Div. 25. Oktober 1941, Samstag

„... Als weniger schön wird von uns der Hurrapatriotismus der Heimat, wie er bisweilen in Rundfunk und Presse zum Ausdruck kommt, empfunden. Bei manchen Hörspielen oder P.K.-Berichten kann man nur den Kopf schütteln. Solche Mistwege können uns zwar unsere gute Stimmung nicht nehmen, aber zum Singen ist uns dann doch nicht zumute. Es gibt doch hier bloß ausgefahrene Feldwege, auf denen man gar keinen Tritt halten kann, sondern beim Ziehen oder Schieben der Wagen mithelfen muß. Ebenso ist es falsch, den russischen Soldaten als einen leicht zu besiegenden Gegner hinzustellen. Der Russe ist nun mal ein zäher Kämpfer und läßt sich eher in Stücke hauen als zu weichen, ganz abgesehen von der guten Bewaffnung, die allen modernen Ansprüchen gerecht wird. – Ganz im Gegenteil dazu steht die Lebensweise, Kleidung, Wohnung, usw. der Bevölkerung. Diese Primitivität übertrifft jede Begriffe. Es gibt zum Vergleich keinen Maßstab dafür. Für uns ist es ein ganz eigenartiges Gefühl, mal im Radio Tanzmusik zu hören (vorausgesetzt, wir haben Gelegenheit dazu). Dann fällt einem ein, Herrgott, es gibt ja auch noch Musik, Tanz, Theater, und hier ... nur Dreck und Verfall – das ist das Sowjetparadies. Seit über vier Monaten ‚macht' man nun schon aus der Hocke ..."

(139) Unteroffizier L. K.,
10. Kp./Inf.Rgt. 351, 183. Inf.Div. 29. Oktober 1941, Mittwoch

„... Nun sind auch wir im letzten großen Kampf vor Moskau mit dabei. Hoffentlich gelingt es, die bolschewistische Hauptstadt noch vor Einbruch der großen Kälte zu bezwingen. Der Krieg hier in Rußland ist ein ganz anderer als sonst mit einem Staat. Das sind keine Menschen mehr, sondern wilde Horden und Bestien, die durch den Bolschewismus in den letzten 20 Jahren so gezüchtet wurden. Ein Mitleid mit diesen Menschen darf man nicht aufkommen lassen, denn sie sind alle sehr feige und hinterlistig ..."

(140) Oberfeldwebel E. K.,
11. Kp./Inf.Rgt. 480, 260. Inf.Div. 5. November 1941, Mittwoch

„... Wir haben in der Kompanie bis jetzt 49 Tote und 91 Verwundete. Ich glaube, da kann man schon sehen, daß wir ganz schön im Kampf waren. Die Kompanie ist in jedem Kampf in vorderster Linie. Aber immer Kopf hoch, wenn es auch schwer fällt. Einmal werden wir den Russen doch vernichten. Wir liegen 80 Kilometer südlich Moskau. Die Russen sind soweit, daß die Kommissare die Soldaten mit der Pistole nach vorn treiben müssen, sonst würden sie überhaupt nicht kämpfen ..."

(141) Soldat P. W., 10. Kp./Schtz.Rgt. 6, 7. Pz.Div. 9. November 1941, Sonntag

„... Bei der letzten großen Umfassungsschlacht vor Moskau waren wir auch dabei. Nach harten Kämpfen wurden vier feindliche Armeen vernichtet. 350000 Gefangene gerieten in unsere Hände. Fast drei Wochen war ich Tag und Nacht als Melder mit meinem Krad unterwegs. Nun haben wir endlich wieder etwas Ruhe. Die Kampfstätte liegt bereits wieder 250 Kilometer hinter uns. Wir sind schon in die Nähe nördlich von Moskau gezogen. Vor ein paar Tagen hat die Kälte ihren Einzug gehalten, und auf den Feldern liegt bereits Schnee. Zwei Meter hoch soll im letzten Jahr hier der Schnee gelegen haben. Dann hört das Leben für uns Kradmelder aber auf. Zum Glück hat die russische Fliegertätigkeit hier aufgehört. Ab und zu kommt noch ein Flieger und fordert uns in lächerlichen Flugblättern zum Überlaufen auf. Sonst herrscht am Himmel Ruhe bis auf unsere Verbände, welche gegen Moskau fliegen ..."

(142) Gefreiter L. B., 3. Kp./Nachsch.Btl. 563 11. November 1941, Dienstag

„... Man kann ja wahrhaft nicht begreifen, warum wir keine Wintersachen bekommen. Wenn das so weitergeht, geht es napoleonisch, daß soundsoviel erfrieren. Aber ich glaube, daß sie 1812 besser gegen den Winter gerüstet waren als wir. Fast jeder hat kaputte Socken, keiner hat Ohrenschützer (nur wer Privatsachen hat). Das ist auch bei anderen Einheiten so. So wenig sorgt man für uns! Im Jahre 1941! (nicht 1812!) Das kann man oben doch kaum wissen, sonst würde man dem doch sicher abhelfen. Beim Barras müssen eben erst eine Portion verrecken, ehe man nur das Notwendigste für die Truppe tut. Die Wirklichkeit ist eben doch etwas anderes als Radiovorträge über die Unterbringung und Verpflegung der Truppe. Wenn ich nicht selbst beim Militär wäre, und mir würde einer so etwas erzählen, würde ich glatt sagen, das glaube ich nicht. Aber so gesehen und selbst erlebt im Jahre 1941! ..."

(143) Unteroffizier W. F.,
Rgts.Stab/Inf.Rgt. 459, 251. Inf.Div. 17. November 1941, Montag

„... Unsere Front ist hier starr geworden. Es scheint wenigstens so. Wahrscheinlich müssen wir den Winter hier verbringen. Die russische Artillerie treibt uns ab und zu in unsere Erdlöcher. Sonst wohnen wir in russischen Wanzenbuden. Draußen kann man es ja nicht mehr aushalten.

Wir haben heute um 11 Uhr vormittags minus 20 Grad gehabt. Bei dieser Witterung in einem Panzerdeckungsloch zu stehen, macht kein besonderes Vergnügen. Wie die Sache nun weiterläuft, weiß ich nicht. Hier ist man allgemein der Ansicht, daß es im nächsten Frühjahr weitergeht bis zum Ural. Mit einer halben Sache will man sich ja wahrscheinlich nicht abgeben. Eine restlose Vernichtung ist alleine schon erforderlich, um dem russischen Elendsvolk bessere Lebensbedingungen zu geben. Wer das nicht gesehen hat, kann sich gar keinen Begriff davon machen. Wenn diese vertierten Soldatenhaufen über Deutschland hergefallen wären, es wäre vorbei gewesen mit allem, was deutsch ist ..."

(144) Soldat (ohne Absenderangabe) 19. November 1941, Mittwoch

„... Warum kämpfen die Russen bis zur völligen Vernichtung, fragen wir uns. Warum gibt es bei ihnen so viele Märtyrer für die bolschewistische Idee, die eine gewaltige Macht ausübt? – Etwas Diabolisches ist ihr eigen. – Warum lassen sich Tausende in den Tod treiben, als gingen sie zu einem Festessen? Warum existiert hier weder Humanität noch Kultur, noch soziale Gerechtigkeit? Fragen bringen keine genügende Lösung. Diese Tatsachen sind einfach hinzunehmen als gegebene, wir können nichts daran ändern. Nach den Ursachen vermögen wir zu forschen wie nach jedem geschichtlichen Ereignis, warum dies geschehen muß, wissen wir nicht ..."

(145) Unteroffizier E. K.,
6. Kp./Inf.Rgt. 290, 98. Inf.Div. 21. November 1941, Freitag

„... Wir liegen z. Zt. in Verteidigungsstellung etwa 80 Kilometer nördlich vor Moskau. Ich schreibe diesen Brief in einem Schützenloch, was gerade jetzt im Winter unangenehm ist. Habe meine Füße schon halb erfroren. Wir wenig übriggebliebenen Soldaten unserer Division sehnen uns so arg nach der aussichtslosen Ablösung. In unserer Kompanie waren noch am 26. Oktober 20 Mann. Da in jedem Regiment unserer Division fast so wenig übriggeblieben sind, so ist in jedem Regiment ein Bataillon aufgelöst worden. So hat jetzt jedes Regiment zwei Bataillone und jedes Bataillon zwei Schützenkompanien, Stärke 65 Mann ..."

(146) Unteroffizier W. P.,
11. Kp./Inf.Rgt. 339, 167. Inf.Div. 26. November 1941, Mittwoch

„... Z. Zt. gehen wieder diverse Gerüchte um mit den verschiedensten Inhalten. Die einen wollen wissen, daß wir vor Weihnachten noch rauskommen, die anderen, daß wir in Riesana, 150 Kilometer von Tula entfernt, unsere Winterquartiere beziehen und vor Ostern überhaupt weder in Urlaub noch nach Hause kommen. Auf jeden Fall hat das letztere die größeren Aussichten, leider ... Außerdem soll ja der General gesagt haben, die Division marschiert, und wenn sie nur mehr aus zwei Feldküchen ißt ..."

(147) Gefreiter H. T., Ldschtz.Kp.d.Lw. 7/XIII 28. November 1941, Freitag

„... Täglich laufen neue Meldungen von ermordet aufgefundenen deutschen Soldaten und Offizieren ein, die in ihren Fahrzeugen zerschnitten oder erschossen aufgefunden wurden. So auch ein Oberst mit zwei braven Pionieren. Was bei Nacht in Wäldern oder auf der Landstraße sich ohne Ausweis der zuständigen Behörden umhertreibt oder nächtigt, wird ... Die Wehrmacht darf nur die belebtesten Straßen aufsuchen ..."

(148) Soldat (ohne Absenderangabe) 4. Dezember 1941, Donnerstag

„... Ohne jetzt auf unsere Lage eingehen zu wollen, kann ich nur sagen, daß die ganzen Kriegsunannehmlichkeiten, obwohl sie für uns unbestritten schwerer sind als für Euch, für uns nicht so zu Bewußtsein kommen, weil wir von dem Soldatengott mit einem Allheilmittel ausgestattet und gewappnet sind, das uns mit unendlicher Geduld und Dickfelligkeit durch all den Dreck leitet: mit der Sturheit ..."

7. Die sowjetische Winteroffensive 1941/42

„Keiner von uns hat die Russen für so gut eingeschätzt ..."

Am 7. Dezember 1941 greifen japanische Trägerflugzeuge den amerikanischen Flottenstützpunkt Pearl Harbour auf Hawaii an. Der Krieg im Pazifik hat begonnen. Am selben Tag notieren die OKW-Lageberichte zur Feindlage bei der Heeresgruppe Mitte: „An der ganzen Front Angriffe des Feindes, die er mit Artillerie- und Raketengeschütz-Unterstützung durchführte. Auch Bomben- und Schlachtflieger setzte er mehrfach ein."

Das Oberkommando der Wehrmacht registrierte die ersten Schläge der Großoffensive, die die sowjetische Westfront am 6. Dezember unter Armeegeneral Shukow mit 10 Armeen und rund 100 Divisionen eröffnete. Stalin hatte am 30. November den Operationsentwurf des Chefs des sowjetischen Generalstabes, Marschall Schapownikow, für diese Gegenoffensive gebilligt. Unbemerkt von der deutschen Aufklärung war es dem sowjetischen Oberkommando gelungen, aus seinen strategischen Reserven hervorragende für den Winterkrieg ausgerüstete sibirische Verbände an die Westfront zu verlegen.

Die Wucht der völlig überraschenden Offensive traf die deutschen Divisionen schwer. Vor dem Hintergrund der sowjetischen Fronteinbrü-

che erteilte Hitler am 16. Dezember den Befehl, keinen Fußbreit Bodens aufzugeben. In seiner Weisung an die Heeresgruppe Mitte vom 20. 12. 1941 heißt es kategorisch: „Der fanatische Wille zur Verteidigung des Bodens, auf dem die Truppe steht, muß mit allen, auch den schärfsten Mitteln der Truppe eingeimpft werden."

In der Zwischenzeit entwickelte sich die Lage im Mittelabschnitt für die 68 schwer angeschlagenen Divisionen bedrohlich. Der russische Winter mit 40 Grad Minustemperaturen und mehr forderte zusätzlich seine Opfer. Die ungenügende Ausstattung der deutschen Truppen mit Winterbekleidung zeigte nun ihre katastrophalen Folgen. Die dezimierten Divisionen mußten ohne Winterstellung die Front stützpunktartig halten. Erst im Januar 1942 durften Absetzbewegungen durchgeführt werden. Am 8. Januar weiteten die Sowjets ihre Angriffe nach Norden aus. Der Schwerpunkt zielte auf die Nahtstelle zwischen der Heeresgruppe Nord und Mitte. Sowjetische Verbände stießen bis zum Unterlauf des Lowat durch. Auf den Waldaihöhen geriet Demjansk mit 100 000 deutschen Soldaten in einen Kessel, der erst Anfang Mai 1942 aufgebrochen werden konnte.

Die Winterkrise im Osten weitete sich zu einer deutschen Führungskrise aus. Oberbefehlshaber von Heeresgruppen und Armeen, die Kommandierenden Generale von mindestens sechs Armee- und Panzerkorps wurden von Hitler ihrer Ämter enthoben oder traten zurück. Unter ihnen befanden sich prominente Heerführer wie GFM Ritter von Leeb, GFM von Bock und die Generalobersten Guderian und Hoepner. Der Oberbefehlshaber des Heeres, GFM von Brauchitsch, legte seinen Oberbefehl nieder, den Hitler am 19. Dezember 1941 selbst übernahm.

Die Winteroffensive der Roten Armee führte zu einer Steigerung der sowjetischen Propaganda, die in ihrer Intensität und eindrucksvollen Argumentation vor dem Hintergrund einer chaotischen Frontsituation in dieser Form für die deutschen Truppen neu war. Ihr Hauptinhalt bestand in ständigen Hinweisen auf den Rückzug Napoleons von 1812, auf das grausige Sterben der deutschen Soldaten in Eis und Schnee und auf die ungebrochene Stärke der sowjetischen Divisionen.

Doch die deutschen Truppen hielten stand. Das Schicksal der Grande Armée Napoleons blieb ihnen vorerst erspart. Als die Schlammperiode im Frühjahr 1942 alle Aktivitäten bremste, konnte die Front wieder stabilisiert werden.

Die Verluste der Wehrmacht während der Abwehrkämpfe im Osten betrugen 88 977 Gefallene und 23 319 Vermißte. Wenn man berücksichtigt, daß in den fünf Sommermonaten des Jahres 1941 mit ihren ständigen Offensiven die Wehrmacht insgesamt 162 314 Gefallene und 33 334 Vermißte eingebüßt hatte, so waren die Verluste im Winter äußerst schwer.

(149) Leutnant H. H.,
Stab/Inf.Div.Nachsch.Führer 258, 258. Inf.Div. 7. Dezember 1941, Sonntag

„... Es war seit längerer Zeit beabsichtigt, nochmal einen großen Angriff durchzuführen. Seit wann und in welchem Umfang, das kann ich allerdings nicht schreiben, denn auch meine Wissenschaft stützt sich größtenteils auf das, was unter dem Decknamen ‚Latrine' umher läuft. Na, jedenfalls wurde des öfteren verschoben, aber am 1. Dezember ging es dann wirklich los. Ziel war mutmaßlich eine geplante Verkürzung der Front, Einschließung Moskaus, und dann vor allem Moskau in den Feuerbereich unserer schweren Artillerie zu bekommen. Die Voraussetzungen zum Angriff waren aber sehr ungünstig, denn seit dem 10. November herrschte grimmige Kälte (die Temperaturen um minus 20 Grad), und außerdem waren auf der Russenseite neue, kampfbereite sibirische Divisionen eingesetzt, die bis dahin keine Zeichen der Feigheit hatten erkennen lassen. Weiterhin hatte der Russe umfangreiche Verteidigungsanlagen geschaffen wie Minensperren und Feldbefestigungen, die erst überwunden sein mußten. Dabei sei geschwiegen von den natürlichen Hindernissen, die das Vorland von Moskau aufzuweisen hat, Riesenwälder und Flüsse. Das ungünstige Angriffswetter schloß einen planmäßigen Einsatz der Luftwaffe von vornherein aus. Eisiger Schneesturm fegte über das Land und erschwerte die Sicht. Der Boden war so glatt, daß die Pferde Mühe hatten, sich aufrecht zu halten. Die Maschinengewehre funktionierten bei der Kälte nicht.

Wenn trotz all dieser unglücklichen Begleitumstände der Angriff durchschlug und die Spitze unserer Regimenter (das von Oberst Wolff) bis 30 Kilometer an Moskau herankam, so ist das ein Beweis für den Heldenmut, die Einsatzbereitschaft und die Leistungsfähigkeit unserer Truppe. Es ist natürlich klar, daß solch ein Unternehmen Opfer kostet. Die wurden mehr gebracht, als allen lieb war.

Wenn dann am Ende der Angriff nicht ausgenutzt werden konnte, so ist das eine Sache für sich. Darüber kann ich kleiner Geist kein Urteil abgeben, aber trotzdem ist es eben sehr schade. Leider!

Endeffekt war der, daß man am 3. Dezember nachts wieder in die Ausgangsstellungen zurückkehrte, teilweise waren es nur mehr kleine Reste von ehemals starken Kompanien ..."

(150) Soldat (ohne Absenderangabe) 14. Dezember 1941, Sonntag

„... Wir stehen jetzt in dem großen Kreis vor Moskau. Ich habe nur noch 40–50 Kilometer nach Moskau. Dann kurz etwas von unserem Krieg in Rußland: Die Kampfhandlung bei uns ist etwas ruhiger geworden vor Moskau. Wir alle haben geglaubt, wir werden dieses Jahr mit Rußland fertig werden und kommen wieder nach Deutschland in unsere Heimat, aber der Winter hat zu bald hier angefangen. So gibt es halt jetzt einen Stellungskrieg über Winter für uns. Wir haben schon sehr viele harte Kämpfe hinter uns, und es werden auch noch viele harte Kämpfe kommen, bis es soweit ist, daß Rußland zu Boden geworfen ist. Der Russe ist ein sehr guter, harter Soldat. Keiner von uns hat den Russen für so gut eingeschätzt, wie er ist. In der Waffe ist er so stark wie wir, nur die Führung fehlt ihm. Die stärksten Waffen wurden von uns gebrochen, die er hatte. Sehr viel Blut hat es auch gekostet bei uns ..."

(151) Gefreiter H. D., Flgh.Kdtr.(E) 260/III 16. Dezember 1941, Dienstag

„... Trotz des Stellungskrieges ist keine Ruhe. Jetzt glauben die Russen nämlich ihre Zeit für gekommen. Dauernde Angriffe zeigen, daß man auf der Hut sein muß. Unsere Flugzeuge müssen in allen Wetterlagen starten, um die feindlichen Angriffe abwehren zu helfen. Es ist allerhand los, und gerade hier im Mittelabschnitt wird erbittert gekämpft. Ich glaube nicht, daß sie uns an Weihnachten in Ruhe lassen. Gerade in diesen Tagen versuchen sie, uns möglichst zu stören ..."

(152) Gefreiter H. M.,
5. Kp./Inf.Rgt. 486, 262. Inf.Div. 18. Dezember 1941, Donnerstag

„... Nun ist der Durchbruch der Russen vereitelt. Neue Divisionen sind eingesetzt, die eingekreisten Truppenteile hauen sich laufend heraus, und wir werden diese Brüder einkapseln. Denn diese Elitetruppen werden wir uns nicht entgehen lassen. Der Rückzug hat uns schwer fertig gemacht, die dauernd überanstrengten Nerven wollten manchmal nicht mehr. Nun hoffen wir, daß wir in Ruhe Weihnachten feiern können. Denn die Advents- und Vorweihnachtsgedanken sind uns vergangen. Aber jetzt freuen wir uns wieder auf Weihnachten. Und hoffentlich kommt Post!!

Meine Lieben! Harte, sehr harte Tage liegen hinter uns, aber nun haben wir sie überstanden. Und wie wird es Euch ergehen? Ich habe lange nicht schreiben können, das war mir eine große Sorge. Wir selbst sollen bald Post kriegen, dann werde ich von Euch wieder Nachricht haben. Ich wollte so viele Weihnachtsbriefe schreiben und konnte nicht. Ich will es aber nachholen. Wenn Ihr diesen Brief bekommt, ist schon das Jahr 1942 angebrochen. Die politische Lage ist ja nun ganz klar, und es kann nur noch eines geben, Sieg! ..."

(153) Obergefreiter F. T.,
2. Bttr./Art.Rgt. 98, 45. Inf.Div. 5. Januar 1942, Montag

„... Wir waren schon ostwärts Jelez. Aber zu unserem Schrecken erfuhren wir dort, daß wir eingeschlossen sind. Volle 14 Tage irrten wir in der Gegend umher, ständig von den Russen angegriffen. Viele Nächte mußten wir opfern, ich werde es nicht vergessen, was wir in dieser Zeit mitmachten. Das kann sich niemand zu Hause vorstellen. Momentan haben wir 35–40 Grad Kälte täglich. Viele haben sich Hände, Wangen, Füße usw. erfroren, bei manchem muß sogar der Fuß abgenommen werden. Ich habe mir bis jetzt noch nichts erfroren. Habe mir von den Russen manche warmen Sachen angeeignet ..."

(154) Soldat K. (ohne weitere Absenderangabe) 16. Januar 1942, Freitag

„... Der Russe setzt jetzt im Winter alles nochmals auf eine Karte. Greift immer mit sehr starken Kräften an. Vom 22. 11. bis 30. 11. hatte unser Bataillon den Auftrag, Timm bei Kursk zu halten. Uns stand eine Division gegenüber. Es waren sehr harte Tage. Zu jeder Tageszeit griff der Russe an. Er wurde aber jedesmal mit seinen ganzen Kräften aufgerieben. Nach sieben Tagen war die ganze Division aufgerieben. Ewig denken wir an die Weihnachtstage und Neujahr. Der Feind griff mit sehr schweren Panzern an. Wir hatten keine panzerbrechenden Waffen bei uns und mußten uns deshalb zurückziehen. Der Rückzug ist das Schlimmste, das es geben kann im Krieg, dazu noch bei Tage. Der Russe legte sein ganzes Feuer auf uns. Artillerie, Granatwerfer, Pak, Panzer, MG und dann noch die Infanterie dazu. Es mußten viele Kameraden ihr Leben lassen. Viele sind verwundet und dem Russen in die Hände gefallen. Manche Kompanien sind nur noch 30–40 Mann stark ..."

(155) Feldwebel W. H.,
2. Kp./Fla-Btl. 55 30. Januar 1942, Freitag

„... Das Soldatenglück hat unsere Kompanie auch schwer verlassen. Mit 200 Mann sind wir ausgerückt, und jetzt ist die Kompanie noch 140 Mann stark. Genau so ging es mit unseren Geschützen und Fahrzeugen. Weit mehr als die Hälfte sind uns verlorengegangen. Jetzt könnt Ihr Euch ja vorstellen, daß es kein Spaziergang ist, hier in Rußland Krieg zu führen, sondern daß es hart auf hart geht. Ich selbst sah mein Leben schon mehr als einmal an einem Faden hängen, und doch hatte ich bis jetzt immer Glück. Allerdings war ich jederzeit auf alles gefaßt und vorbereitet, genau so wie ich es heute noch bin. Besser gesagt, ich habe schon oft abgeschlossen mit meinem Leben. Und gerade diese Brücke vom Leben in den Tod als junger Mensch zu überwinden, kostet innerliche Kraft, die nichts mit Mut oder Tapferkeit zu tun hat, sondern diese Kraft baut sich auf den Glauben an das ewige Leben. Ich schreibe Euch diese Zeilen nicht deshalb, weil Ihr Euch unnötige Sorgen um mich macht. Die Hoffnung auf ein gesundes und frohes Wiedersehen in der Heimat bleibt doch in einem jeden von uns ..."

(156) Wachtmeister K. H.,
1. Kp./Inf.Div.Nachr.Abt. 157, 57. Inf.Div. 3. Februar 1942, Dienstag

„... Nun liegen wir wieder seit dem 23. Januar am Feind. Ohne Rücksicht auf menschliche Verluste setzt er Tag für Tag mit einer Unmasse von Menschen zum Durchbruch an, wo er bei uns, ich muß schon sagen, seinen gottlosen Schädel einrennt. Aber auch die Natur zeigt hier ihre unerbittliche Strenge. Schneestürme, Schneegestöber und die große Kälte bis zu 45 Grad zeigen hier ihr wahres, todbringendes Gesicht. Leider gibt es viele Menschen, die keine Energie aufbringen, sich der Strenge des Winters zu widersetzen und dadurch dem sicheren Tod entgegengehen ..."

(157) Obergefreiter R. M., Feldeisb.Masch.Abt. 6

„... Stalin sucht in der Winteroffensive eine Entscheidung zu seinen Gunsten herbeizuführen. Er denkt dabei an den Napoleon-Feldzug von 1812, dessen Strategie und Erfolg er zu wiederholen sucht ...

Nun haben wir einen tapferen Verbündeten, der herrlich zu kämpfen und zu siegen weiß, Japan! Man muß diesen Schachzug richtig zu deuten wissen. In dem Augenblick, als die Fronten im Osten durch den frühen Einbruch des Winters zum Stehen kamen, handelte der Japaner im Pazifik! Damit sperrte er den Nachschub unserer Gegner, sodaß der Russe sich wohl schlecht auf das Frühjahr erholen dürfte ...

Die weiteren Operationsziele unserer Führung denke ich mir so: Die Südarmee durchstößt den Kaukasus bis zum Kaspischen Meer und teilt sich in zwei Fronten. Die eine zur Wolgamündung, die andere durch den Kaukasus in südliche Richtung. In dem Augenblick, wo wir die türkische Grenze erreicht haben, dürfte die Türkei aus ihrer bis jetzt streng neutralen Haltung zu unseren Gunsten heraustreten und mit den Waffen den Sieg erzwingen helfen. Deutsche Landser werden im Iran, Irak, Syrien und Palästina gegen unsere Widersacher stürmen. In Afrika wird zu einem geeigneten Zeitpunkt eine Großoffensive starten mit dem Ziele, sich mit den Kameraden, aus dem Süden über Palästina kommend, zu verbinden. Eine Invasion nach England wird kommen im Laufe des Sommers 1942. Damit hat die Stunde Spaniens geschlagen. Im gleichen Zuge mit der Invasion dürfte der Angriff auf Gibraltar von der spanischen Landseite her, verbunden mit einer Blockade zur See, erfolgen! Irland kann dabei nicht neutral bleiben, wenn es nicht schon früher durch den Druck der Amerikaner und Engländer vergewaltigt wird. Inwieweit wir in diesem Falle imstande sind, militärisch einzugreifen, liegt offen. Wir könnten die Marinebasen und Kriegshäfen sowie die Flugplätze besetzen. Das wäre natürlich nur möglich auf gegenseitigen Abmachungen! Zwischen diesen Ereignissen und Schlachten dürfte Japan inzwischen den Engländern und Amerikanern im Pazifik und Indien den Todesstoß versetzt haben. Inwieweit die diplomatischen Verhandlungen der Achsenmächte sowie Japan selbst mit der Tschungking-Regierung gedeihen werden, um den Krieg mit China zu schlichten, liegt offen! Doch während Japan durch seine Erfolge gestärkt wird und sie wirtschaftlich sichert, verliert China an Kampfkraft, da seine ehemaligen Lieferanten ihre Kriegslieferungen einstellen mußten.

So sehe ich den Sieg reifen, der wahrhaftig gigantisch ist..."

(158) Leutnant R. K.,
2. Kp./Inf.Div.Nachr.Abt. 292, 292. Inf.Div. 25. Februar 1942, Mittwoch

„... Es ist ein Glück, daß wir jetzt nach langer Zeit mal wieder einigermaßen in Ruhe liegen, damit man alles richtig verdauen kann. Die Wochen im Januar waren für uns eine einzige Strapaze und lassen sich im Brief gar nicht schildern. Man kann tatsächlich von Glück sagen, wenn man alles ohne Schaden überstanden hat. Gott sei Dank bin ich gesund und munter darüberhinweggekommen und fühle mich bis jetzt immer ziemlich wohl. Leider gab es während dieser Zeit sehr viele Erfrierungen, aber 48 Grad sind für uns eben auch keine Kleinigkeit. Ich werde diese Wochen mein ganzes Leben lang nicht vergessen, sie sind bestimmt das Schwerste, was der Krieg bis jetzt von uns gefordert hat, und wieviel stilles Heldentum wurde gebracht. Man kann sich keine Vorstellung davon machen, wenn man's nicht erlebt hat. Geb's Gott, daß uns das ein zweitesmal erspart bleibt. –

Über die Wollsachenspende haben wir uns sehr gefreut, leider kommen die Sachen ein bißchen spät zu uns. Aber das ist ja kein Wunder bei diesem weiten, weiten Weg. – Das Schlimmste haben wir nun wohl hier überstanden ..."

(159) Unteroffizier H. B.,
11. Bttr./Art.Rgt. 125, 125. Inf.Div. 15. März 1942, Sonntag

„... Wir haben hier in der vergangenen Woche einen Großangriff abwehren müssen, der mit riesigen russischen Truppen durchgeführt wurde, unterstützt von Panzern und Fliegern. Es war ein Ringen bis zur Messerspitze, immer neue Regimenter setzte der Russe ein, Welle auf Welle. Der erste Tag war der schlimmste, es ging von morgens 4 bis 14 Uhr ununterbrochen. Während dieser Zeit haben wir ungefähr 35 Tonnen Eisen herübergeschickt, und grausam war die Wirkung. Immer wieder rannten sie gegen unsere Stellungen, aber vergebens. Als dann deutsche Panzer und Stukas kamen, war die Lage entschieden ..."

(160) Unteroffizier L. D.,
Stabs-Bttr./Art.Rgt. 103, 4. Pz.Div. 31. März 1942, Dienstag

„... Ich nehme an, daß jetzt auch bei Eurem Frontabschnitt keine besonderen Änderungen mehr eintreten und die Russen jederzeit abgewehrt werden. Bei uns ist das jetzt jedenfalls so, viel ist im großen und ganzen nicht mehr los. Im Januar war hier viel los, da wollten die Russen unbedingt durchbrechen und die große Stadt, die wir bekanntlich

Anfang Oktober eingenommen hatten, einkreisen und zurückerobern. Aber daraus ist nichts geworden, die Sowjets wurden wieder zurückgeworfen, allerdings unter starken Verlusten für uns. Sonst haben die Russen hier unheimlich blutige Verluste erlitten. In der Hoffnung, daß das so weiterläuft und die ganze Scheiße hier im Osten heuer noch ihren Abschluß findet, grüßt Dich ..."

8. Stalingrad

„Der Russe weiß, um was es geht ..."

Am 28. Juni um 02.15 Uhr begann die deutsche Sommeroffensive an der Ostfront („Fall Blau"). In der „Führerweisung Nr. 45" vom 23. Juli 1942 erhielt die Heeresgruppe B den Befehl, „im Vorstoß gegen Stalingrad die dort im Aufbau befindlichen feindlichen Kräfte zu zerschlagen, die Stadt selbst zu besetzen". Die Heeresgruppe A sollte zum Kaspischen Meer vorstoßen und schließlich die Ölfelder von Baku nehmen.

Am 7. August griff die 6. Armee unter Generaloberst Paulus sowjetische Verbände westlich Kalatsch an, die den wichtigen Donübergang großräumig sicherten. Sie wurden eingekesselt und vernichtet. Nun war der Weg nach dem 60 Kilometer entfernten Stalingrad frei. Bereits am 24. August stieß eine Vorausabteilung des XIV. Panzerkorps bis zu den Außenbezirken von Stalingrad vor.

Die nur langsam folgenden Verbände der 6. Armee erreichten am 19. September eine Stadt, die die Sowjets inzwischen festungsartig ausgebaut hatten. Jägerbataillone und Arbeitermilizen aus den Stalingrader Fabriken sowie Teile der 62. sowjetischen Armee verteidigten sich bis zur letzten Patrone. Die Kämpfe der nächsten Wochen waren die blutigsten und härtesten des gesamten Krieges. Straße um Straße, Häuserblock um Häuserblock mußten erobert werden. Stukas griffen in die Erdkämpfe ein und legten ganze Stadtteile in Trümmer. Zeitweilig flogen 100 bis 150 Maschinen Sturzangriffe auf schwer zu nehmende Bastionen des Gegners, auf die Großanlagen der Fabrik „Roter Oktober" oder auf das Traktorenwerk „Dserschinski". Fabrikneue T-34 Panzer, zum Teil ohne Anstrich und Optik, rollten aus der Produktion des Traktorenwerkes direkt in den Einsatz, oft von Arbeitern als Kampfbesatzung besetzt. Über die Wolga erreichte ein ständiger Nachschub die sowjetischen Verteidiger, der von den deutschen Angreifern nicht unterbrochen werden konnte. Doch trotz des erbitterten Widerstandes besetzte die 6. Armee nach und nach das gesamte Stadtgebiet. Ende Oktober verteidigten die Sowjets nur noch wenige Fabrikanlagen.

Die deutsche Aufklärung meldete Anfang November sowjetische Truppenmassierungen nördlich und südlich von Stalingrad vor den Frontabschnitten, die die 3. rumänische Armee unter Generaloberst Dumitrescu hielt. Am 19. November durchbrachen die Sowjets mit vier Armeen und einem Panzerkorps die rumänischen Frontabschnitte an der Nord- und Südflanke der 6. Armee und stürmten nach Kalatsch. Dort trafen sich die beiden sowjetischen Angriffszangen am 22. November: die 6. Armee mit 250 000 Mann, 1000 Panzern und 10 000 Kraftfahrzeugen war eingeschlossen!

Hitler verbot grundsätzlich einen Ausbruchsversuch der 6. Armee. Der Entschluß, Stalingrad aus der Luft zu versorgen, fiel am 24. November. Unter ungünstigsten Bedingungen flog das VIII. Fliegerkorps ab 25. November Versorgungsgüter in den Kessel. Anstelle der zugesagten 300 Tonnen konnten jedoch täglich nur etwa 90 Tonnen transportiert werden. Die Luftwaffe verlor bei diesen Flügen 488 Flugzeuge und 1000 Mann fliegendes Personal, Verluste, die der Stärke eines gesamten Fliegerkorps entsprachen.

Als ein Durchbruchsversuch der Armeegruppe Hoth im Dezember 1942 mißlang, entwickelte sich die Lage um Stalingrad immer kritischer. 42 000 Verwundete, Kranke und Spezialisten konnten vom VIII. Fliegerkorps ausgeflogen werden, bis die beiden Flugplätze Gumrak und Pitomnik in sowjetische Hand fielen. Der Ring um Stalingrad schloß sich unter der Wucht der sowjetischen Angriffe immer mehr. Ein Kapitulationsangebot der Russen vom 9. Januar 1943 lehnte Paulus ab, da Hitler auch eine Kapitulation kategorisch verboten hatte.

Die deutsche Öffentlichkeit traf die Nachricht von der Einschließung der 6. Armee in Stalingrad völlig überraschend. Die offizielle Sprachversion lautete, daß die deutschen Verbände „seit Wochen in einem heldenmütigem Abwehrkampf" ständen. Sie wurde erst am 16. Januar 1943 veröffentlicht.

Am 31. Januar 1943 ging der ungleiche Kampf seinem Ende entgegen. Um 06.15 Uhr morgens setzte der Nordkessel seinen letzten Funkspruch ab: „Russen vor der Tür, wir bereiten Zerstörung vor!" Paulus kapitulierte, der Südkessel folgte am 2. Februar.

91 000 deutsche Soldaten gerieten in Gefangenschaft. Nur 6000 von ihnen sollten die Heimat wiedersehen. 80 500 Tote blieben auf dem Schlachtfeld zurück.

(161) Gefreiter B. G., 6. Kp./Fla-Btl. 55 — 24. August 1942, Montag

„... Bald können wir mit Recht das Lied singen: ‚Es steht ein Soldat am Wolgastrand', denn nur noch eine vom Russen besetzte und zäh verteidigte Hügelkette trennt uns von der Wolga, und bis Stalingrad sind es auch nur noch 45 Kilometer. Unsere Division liegt nun schon zwei

Tage weit im hügeligen Gelände auseinandergezogen, denn erst muß die Artillerie und die Luftwaffe den Weg einigermaßen frei machen. Und das tun sie wieder mit deutscher Gründlichkeit. Gestern konnten wir mit einem Fernglas sehen, wie die Russen mit ihrer Artillerie türmten. Es wird noch einige Tage dauern, bis der eigentliche Angriff auf Stalingrad beginnt. Die Infanterie-Divisionen sind halt noch nicht so weit wie wir, und wir müssen anscheinend auf diese hier warten. Auf Stalingrad hat ja der Russe alles gesetzt. Davon hängt sicher viel von dem Ausgang des Rußlandfeldzuges ab. Stalin soll selbst die Verteidigung der Stadt in Händen haben. Aber das wird das Schicksal der Stadt auch nicht wenden, und wenn es wie Woronesch in Rauch und Flammen aufgeht ..."

(162) Unteroffizier H. T.,
5. Kp./Inf.Rgt. 194, 71. Inf.Div. 31. August 1942, Montag

„...Wann sie unseren dezimierten Haufen wohl einmal in Ruhe lassen? In wenigen Tagen sind wir vier Monate im dauernden Einsatz, Angriff auf Angriff, Strapazen, keine Ablösung, sowas gab es ja nicht mal im Weltkrieg. Und dann bei diesem Gegner. Ja, die ruhmreich-bescheidene Waffe: Infanterie. Nun haben wir schon Decken empfangen. Vorgestern hat es den ganzen Tag und Nacht geregnet, und alle Gebrechen sind nun zutage gekommen: Rheuma, Reißen und vor allem, was sich auf letzteres reimt ..."

(163) Frau A. T., Bad Reichenhall 6. September 1942, Sonntag

„... Nun ist wieder eine Pause eingetreten mit Deinen lieben Nachrichten, und ich höre nur die Berichte von den furchtbaren Kämpfen. Wie Ihr das nur so durchmachen könnt, was für eine Macht von Energie und Mut gehört doch dazu. Wie alle, alle das bewundern, und alle und ich besonders wünschen, es möge doch endlich Schluß sein! Neulich erzählte jemand, daß mit der Eroberung Stalingrads so eine große Entscheidung herbeigeführt sei, weil die Russen von ihren Ölquellen abgeschnitten sind, und wenn auch noch manche Industriegebiete im Ural liegen, auf das Südgebiet sind sie angewiesen. Man spricht ja von einem nicht zu fern liegenden Ende. Jeder, der es hört – atmet auf. Und ich erst! Wäre es nur erst schon so weit ..."

(164) Soldat H. R., Vers.Einh. 389, 389. Inf.Div. 12. September 1942, Samstag

„... Hoffentlich dauert es hier im Südosten Rußlands nicht mehr all zu lange. An Fertigwerden hier im Osten ist anscheinend nicht zu denken in diesem Jahr. Auch sieht es aus, als wenn wir hier zwischen Don und Wolga Winterstellungen beziehen wollten. Es werden große Lager für die Pferde an Heu und Stroh hier gemacht. Das Heu wird schon angefahren ...

Bei unserer Infanterie tobt der Entscheidungskampf des Südabschnitts. Der Russe weiß, um was es jetzt geht. Unsere Flieger, so viele könnt Ihr Lieben Euch gar nicht denken, fliegen Wolke auf Wolke jetzt fast acht Tage ununterbrochen nach Stalingrad. Der Kampf ist jetzt in das entscheidende Stadium getreten. Es kostet natürlich von uns vielen braven Leuten das Leben. Bei uns sind die Jahrgänge 1918–1922 vor 14 Tagen herausgezogen worden und zur Infanterie gekommen ..."

(165) Unteroffizier J. S.,
6. Kp./Inf.Rgt. 226, 79. Inf.Div. 1. Oktober 1942, Donnerstag

„... Wir liegen nordwestlich Stalingrad in Stellung, den Don haben wir selbst noch nicht überschritten. Ich freue mich, daß mir das harte Ringen um Stalingrad erspart wurde. Da geht es wirklich hart auf hart. Stalingrad ist die Lieblingsstadt vom Genossen Stalin und für den Russen auch sehr wichtig. Deshalb setzt der Russe alles daran, diese Stadt nicht zu verlieren. Das Schicksal Stalingrads dürfte heute aber schon besiegelt sein.

Wo wir liegen ist eine sehr arme Gegend, sehr dünn bevölkert, meistens nur Steppe. Bei uns versucht der Russe auch durchzubrechen, um den Nachschub nach Stalingrad abzuschneiden. Die Stellung wurde von uns immer gehalten, der Feind hatte große Verluste an Menschen. So haben wir in wenigen Tagen sechs russische Divisionen zerschlagen. Eine Leistung, wo wir doch schon ziemlich abgekämpft sind. Seit Juli 1941 ist meine Division nun ununterbrochen im Einsatz ..."

(166) Frau E. R., Bettenhausen/Krs. Gießen 11. Oktober 1942, Sonntag

„... Wenn man aber jetzt von den schweren Kämpfen um Stalingrad hört, da vergeht einem aller Mut, da Ihr so nahe dabei sein müßt, und wie lange wird es noch dauern, bis sie die Stadt haben? Am Montag ist die erste traurige Nachricht hier eingetroffen, daß Heinrich S. in Stalingrad gefallen ist. Wer wird ihm nachfolgen, und was wird es da unten noch für Blut kosten? Er hat vor einiger Zeit noch geschrieben, daß fast alle Kameraden gefallen wären und jetzt auch die Reihe an ihn kommen würde. Diesen Häuserkampf könnten sie sich nicht vorstellen ..."

(167) Soldat K. H., Aufkl.Abt. 113, 113. Inf.Div. 27. Oktober 1942, Dienstag

„... Wir haben hier nördlich Stalingrad vor acht Tagen Winterstellung bezogen. Es ist kein verlockendes Bild hier in dieser Steppe. Weit und breit kein Dorf, kein Wald, kein Baum, kein Strauch und kein Tropfen Wasser. Jeden Tag greift der Russe an. Die Stadt selbst ist ja ganz zertrümmert und brennt noch überall und beleuchtet zur Nachtzeit die weite Steppe. Hier paßt ein Wort aus dem Evangelium, an das ich schon oft gedacht habe: Kein Stein soll auf dem anderen bleiben. Hier ist die Wirklichkeit so. Die Küche holt das Wasser für Kaffee und Tee stundenweit mit dem Auto heran. Stunde um Stunde und Tag für Tag brausen die deutschen Bomber über der restlichen Stadt, um das Werk zu vollenden. Doch ich hoffe und habe den festen Glauben, daß ich auch diese Zeit wieder überstehe, wie ich in diesem Sommer schon so manche große Gefahr überstanden habe. Man darf den Mut und das Gottvertrauen nicht verlieren, auch wenn die Maschinengewehre noch so böllern und die Bomben und Granaten krachen. Sollte es das Schicksal bestimmt haben, daß ich nicht mehr aus diesem Hexenkessel herauskommen sollte, dann ist es eben Gottes Wille ..."

(168) Soldat K. P., Nachsch.Tr. 367, 367. Inf.Div. 14. Dezember 1942, Montag

„... Die ganze Zeit haben wir nicht schreiben können. Seit dem 22. November sind wir eingekesselt. Die schlimmste Lage ist jetzt vorbei. Wir hoffen alle, daß wir bis Weihnachten aus dem Kessel heraus sind. Wir sind noch z.Zt. eingekesselt, aber der Russe ist schon wieder eingekesselt von deutschen Truppen. General von Manstein ist noch 30 km von uns entfernt. Wir haben schon schwere Stunden mitmachen müssen, das könnt Ihr mir schon glauben. Ich habe das Lachen verlernt. Mein Wagen hat vor acht Tagen einen Bombenvolltreffer erhalten. Ich selber war Gott sei Dank zehn Meter davon entfernt. Wo man hinfährt, bekommt man Artilleriefeuer. Ihr könnt mir schon glauben, ich habe mir eingebildet, es ist nicht so schlimm, aber es kann noch schlimmer kommen.

Ihr müßt schon entschuldigen, wenn ich so schlecht schreibe und ohne Zusammenhang. Wenn Ihr sehen würdet, wo ich schreibe, dann könntet Ihr es verstehen. Ich sitze hier in einem Erdbunker, links und rechts Einschläge, hinten und vorne. Ich muß schnell schreiben, ich weiß nicht, wann ich hier wieder flüchten muß. An dem Brief schreibe ich schon das vierte Mal. Jetzt muß ich aufhören, es ist Essenempfang.

Liebe Eltern, der Krieg wird jetzt auch bald ein Ende nehmen. Wenn die Einkreisungsschlacht vorbei ist, wird der Krieg in Rußland fertig sein ..."

(169) Soldat (unleserlich),
Stab III/Art.Rgt. 3 (mot.), 3. Inf.Div. (mot.) 23. Dezember 1942, Mittwoch

„... Nun steht das Weihnachtsfest vor der Tür. Wenn man an die Zeit vor dem Kriege zurückdenkt, was war das doch für eine Spannung und auch Freude. Wir werden nun in diesem Jahr eine ähnliche ‚Feld-Kriegsweihnacht' wie im vorigen Jahr erleben, bescheiden und still, wie es im vierten Kriegsjahr nun so ist. Morgen früh fahre ich mit dem Hauptmann zum Gefechtsstand, und wir werden denen dann die kleinen Weihnachtspäckchen überbringen, damit sie sich den Wams richtig vollschlagen können und dadurch merken, daß es nun doch schon Weihnachten geworden ist. Auf der Rückfahrt wollen wir dann noch versuchen, ob wir noch Post beim Feldpostamt bekommen, und anschließend soll dann auch für uns Weihnachten sein. Und im übrigen wollen wir hoffen, daß der Russe einige Tage Ruhe gibt, damit auch wirklich zu merken ist, daß Weihnachten das Fest des Friedens und der Eintracht ist. Sonst ist die Lage weiterhin noch unverändert. Die Flieger lassen uns Gott sei Dank jetzt wieder in Ruhe ..."

(170) Unteroffizier H. B.,
12. Kp./Gren.Rgt. 671, 371. Inf.Div. 27. Dezember 1942, Sonntag

„Nun sind auch die Weihnachtsfeiertage vorbei, genauso vorbei wie jeder andere Tag. Eine trostlose Weihnacht. Kein Brief, kein Päckchen, nichts. Nur die Gedanken kreisen unablässig in der Heimat bei den Lieben. Aber hat es einen Zweck, den Kopf hängen zu lassen? Von all dem geht die Welt nicht unter, wenn auch die Stimmung bei uns Landsern alles andere als gut war. Die Kompanie hat sich ja mächtig angestrengt, was man bei unserer augenblicklichen Lage hoch anrechnen muß, aber das ist ja nur für einen Augenblick. Ich will Dir meine augenblickliche Lage nicht schildern, Du würdest weinen. Für mich und die Kameraden ist es aber ein eisernes ‚Muß', das bis zum Äußersten durchgehalten wird ..."

(171) Sonderführer H.,
Wirtschafts-Erfassungs-Kdo. 6 1. Januar 1943, Freitag

„... Ich bin dem Schicksal nicht gram, daß es mich hierher stellte. Die harte Not, die noch Monate dauern kann, aber nach Möglichkeit nicht dauern sollte, ist uns nur ein Gebot erhöhter Pflichterfüllung, erhöhten Dienens an der Gemeinschaft. Unter dem Donnern der Geschütze, dem Tacken der MG, dem Stottern der Motoren zerging gestern ein Angriff der Roten, der ihnen noch im alten Jahr die Stadt Stalingrad wiedergeben sollte. Als Antwort klang um 24 Uhr der Leuthener Choral zu den Russen über die Wolga, wo der Lautsprecherwagen der Bolschewiken in großer Geschmacklosigkeit sang: ‚Morgenrot, Morgenrot, morgen gibt es noch kein Brot!' Mit diesen Dingen fängt man keinen Landser mehr, dessen Antlitz hier so geprägt wird, wie es im Weltkrieg war, und wie es uns aus vielen Bildern entgegenleuchtet, zur Hälfte schon dem Irdischen entrückt und in die Ewigkeit gewachsen. Die traurigen Flugblatteinlagen, nun endlich nutzlosen Widerstand aufzugeben, beantworteten deutsche Soldaten um 24 Uhr mit einem Neujahrsfeuer, das den Roten endgültig beigebracht hat, daß es für ihre Propaganda keinen Raum im Hirn des Landsers gibt ...

Wieder wird der Russe den Winter dazu benutzt haben, um uns das ‚napoleonische Schicksal' zu bereiten, was ihm im vorigen Winter nicht glückte. Und ebenso wie bei uns, wird es auch woanders wieder hart auf hart gehen, nur erfrieren wird man unter den gewöhnlichen und normalen Umständen nicht mehr. Wieder ist Toropez ein Angelpunkt, wieder geht's um Ilmensee und Wolchowfront. Wann hat das Ringen ein Ende? Ich glaube und hoffe, und das ist auch ein Neujahrswunsch, daß der Kampf um unsere Lage hier sich letzten Endes auswächst zu einer Angelegenheit von wichtigster Bedeutung, ja vielleicht entscheidenden Ausmaßes für die Beendigung des Krieges überhaupt. Man muß doch zwischen den Zeilen lesen können. Der Russe bittet in seinen Lithos geradezu die deutschen Offiziere, sich doch nun endlich gefangen zu geben, gegen den eisernen ‚Ring der Roten' (Wagner!) gebe es keinen Widerstand mehr. Ja, da fragt man sich nur ‚Warum drückt ihr alsdann nicht unseren Ballon ein, wie wir es bislang immer getan haben?' ..."

(172) * Gefreiter B. L., Feldgend.Tr. 414 12. Januar 1943, Dienstag

„... Wie Ihr ja sicher aus vielen Schilderungen der Presse gehört habt, ist der Kampf um Stalingrad wohl der schwerste dieses ganzen Ringens, vor allem dadurch, daß er so lange anhält. Und zum Kampf um diese Stadt gehörten ja auch die vorhergehenden Kämpfe, da nur dadurch die Stadt erreicht werden konnte. Und da von beiden Seiten dieser Kampf wohl als kriegsentscheidend angesehen wurde, ist er auch entsprechend hartnäckig geführt worden. Ende August haben auch wir den Don überschritten und haben dann in dieser Keilstellung mit drin gelegen. Ende Oktober haben dann alle überflüssigen Teile unserer Abteilung und auch unseres Feldgendarmerie-Trupps weiter zurückliegende Quartiere bezogen, lediglich fünf Kameraden und ich sind als stehendes Kommando zurückgeblieben. Im Verlauf unseres Einsatzes sind wir dann auch in Stalingrad gewesen, die Wolga, diesen Schicksalsstrom, habe ich also auch zu sehen bekommen. Bis zu diesem Zeitpunkt ist es immer sehr heiß hier hergegangen, vielleicht habt Ihr das auch erfahren. Leider sind die Verluste auch bei unserer Abteilung, die dort noch nicht einmal im Kampf lag, verhältnismäßig groß. Mitte November wurden die Kämpfe dann immer stärker, die führten dazu, daß wir ab 22. November ohne Verbindung mit unseren rückwärtigen Verbindungen sind. Das werdet Ihr vielleicht nicht wissen. Wir sind daher mit unserer Versorgung auf Flugzeuge angewiesen. Wie schwierig diese Versorgung ist, werdet Ihr Euch vorstellen können. Setzte doch im Dezember der Winter mit schlechtem Flugwetter ein und erschwerte die Versorgung. Die erste Folge war eine radikale Schmälerung der Verpflegung, die zweite schlechte Postverbindung. Erst einmal, am 22. Dezember, haben wir nur Post, und zwar Briefpost und Eure Päckchen bekommen. Leider konnte der Russe noch weitere Fortschritte machen, vor allem wieder begünstigt durch das Wetter. Angeblich herangeführte starke deutsche Kräfte haben noch zu keinem Entsatz geführt, wir hoffen, daß es ihnen noch gelingt. Daß wir im Verlauf dieser Zeit einiges erlebt haben, von dem man im Briefe nichts sagen kann, ist wohl verständlich. Nun ist die Lage in den letzten Tagen gerade bei uns noch kritischer geworden, so daß die weitere Entwicklung nicht abzusehen ist. Ich habe von alledem noch nie etwas erwähnt, um keinen von Euch zu beunruhigen, ich möchte aber doch, daß jetzt jemand erfährt, wie es um uns aussieht ..."

(173) * Unteroffizier T.,
Stab/Radfahr-Abt. 169, 69. Inf.Div. 13. Januar 1943, Mittwoch

„... Sicher wartet Ihr schon sehnsüchtig auf ein Lebenszeichen, und so will ich Euch eins senden, vielleicht ist es vorläufig das letzte. Wir wollen uns nichts vormachen, denn wir befinden uns in einer sehr unangenehmen Lage, die Lage scheint aber nicht hoffnungslos. Ich vertraue auf Gott und alle guten Geister, daß wir aus dem Mist noch herauskommen. Wenn nicht, so wißt Ihr, wo ich bin, und braucht Euch um mich nicht mehr zu sorgen. Ich weiß, daß diese Zeilen Dir schwere Stunden des Wartens bringen werden, aber es ist besser, Du weißt, wie es aussieht. Wie gesagt, lasse ich aber die Hoffnung noch nicht sinken. Denn noch bin ich gesund und munter und habe noch einige Schuß im Lauf ..."

(174) * Hauptmann H., 3. Kp./Korps-Nachr.Abt. 60

„... Bitte traure und weine nicht um mich, wenn Du dieses mein letztes Lebenszeichen erhältst. Ich stehe hier draußen in eisigem Sturm auf verlorenem Posten in der Schicksalsstadt Stalingrad. Seit Monaten eingeschlossen, werden wir morgen zum letzten Kampf Mann gegen Mann antreten, und ich bin sehr stolz, bei diesem einzigartigen Heldenepos der Geschichte als deutscher Offizier teilhaben zu dürfen. Ich verabschiede mich also von Dir, die Du mir eine liebe Kameradin warst ..."

(175) * Generalleutnant S., Kdo. 3. Inf.Div. (mot.)

„... Gestern schrieb ich Dir, daß voraussichtlich die Post längere Zeit ausbleiben wird. Keine Sorge – alles wohlauf – meine Jungens stehen treu zu mir – fabelhaft alles in Haltung und Gesinnung. Wirklich, bei aller Schwere – das Soldatenherz ist erfüllt von Dank und Anerkennung ..."

(176) * Obergefreiter H., Gen.Kdo. XIV. Pz.K.

„... Du wirst Dich wundern, daß ich Dir schreibe, aber in so einer Lage kann ich nur an Dich schreiben, denn Du warst ja selbst im Krieg und bist über den Ernst und die Gefahr, die ein Krieg mit sich bringt, im

Bilde. Lieber Vater, Lotte wird es Dir schon erzählt haben, daß wir bei Stalingrad eingeschlossen sind und nur durch Flugzeuge versorgt werden können. Bis jetzt ging es ganz gut, es gab zwar nicht all zu viel zu essen, aber man hätte es aushalten können. Aber, lieber Vater, seit Sonntag ist die Sache sehr ernst geworden. Der Russe hat den Ring noch enger eingedrückt, aber jetzt können wir nicht mehr weg, wo wollen wir noch hin, entweder in russische Gefangenschaft oder in den Tod. Wir wollen zwar beides nicht hoffen, aber es ist sehr ernst, und jetzt hat jeder den Befehl bekommen, nochmal nach Hause zu schreiben, muß aber bis 17 Uhr abgegeben sein. Lieber Vater, da ich schon als Sicherung eingeteilt worden bin, als Verteidigung, denn es wird damit gerechnet, daß der Russe heut' abend kommt, so bitte ich Dich, lieber Vater, wenn es das Schicksal schlecht will mit mir, meiner lieben Frau viele Grüße und viele Küsse zu übermitteln, und sie soll sich nicht grämen um mich, sie soll noch recht lange gesund bleiben, und Euch, liebe Eltern, viele Grüße und vielen Dank für all Eure Mühe, die Ihr an mir hattet, aber wir wollen hoffen, daß es Gott im letzten Moment doch noch gut meint mit mir. Darum bitte ich Dich, lieber Vater, halte den Brief geheim für Dich, und wenn Du neue Post von mir bekommst, daß alles gut gegangen ist, bitte ich Dich, den Brief zu vernichten, aber wenn es das Schicksal will, daß ich die Heimat, Euch liebe Eltern und meine heißgeliebte Frau, die ich treu liebte bis zum letzten Tag, nicht wiedersehen sollte, so sag' bitte meiner Frau die letzten Grüße ...

Lieber Vater, ich wünsche Dir und Mutter noch recht viele gesunde Lebenstage, und macht Euch bitte keine Sorge um mich, denn es sind ja so viele, die dasselbe Schicksal trifft ..."

(177) Frau A. T., Bad Reichenhall

„... Nachmittag war Irene und ihr Mann da. Ist in Charkow gewesen und recht zufrieden. Er erzählte, daß durch den russischen Ring um Stalingrad bereits – wie er sich ausdrückte – ein Schlauch gebildet ist, sodaß anzunehmen ist, daß Eure Division nach und nach befreit wird. Mit Flugzeugen werden sie versorgt mit Essen und Munition. Es soll deshalb kein Flugzeug zu haben sein ..."

(178) Unteroffizier K. A., Feldbahn-Betr.Kp. 609 19. Januar 1943, Dienstag

„... Meine letzten beiden Briefe aus dem Kessel, wo wir von den Russen eingeschlossen waren, hast Du hoffentlich bekommen. Gott sei gedankt, daß alles überstanden ist. Wir wurden durch die Ju truppweise herausgeholt und sind jetzt in Charkow in Sicherheit. Wer weiß, wo wir nun eingesetzt werden. Es waren furchtbare Tage, besonders der Heilige Abend und der erste Feiertag. Viele gute Kameraden sind an meiner Seite gefallen. An mir ist der Tod diesmal vorbeigegangen. Es ist wohl das erstemal in der Weltgeschichte, daß sich eine Truppe durch Flugzeuge vom Feinde löste. Den genauen Verlauf der Kämpfe schreibe ich Dir noch, wenn es etwas ruhiger geworden ist ...“

(179) Oberleutnant H. H.,
Kdr./Inf.Div.Nachsch.Tr. 258, 258. Inf.Div. 28. Januar 1943, Donnerstag

„... Vorhin erhielt ich das erste Mal seit langer Zeit den Wehrmachtbericht ausgehändigt. Er war aber vom 7. Januar 1943. Er beginnt mit folgendem Wortlaut: ‚Die große Winterschlacht an der Ostfront dauert mit unverminderter Stärke an und weitet sich auf neue Räume aus. Die noch kampffähigen Teile der 6. Armee verkrallen sich in die Trümmer der Stadt Stalingrad.‘ usw.

Dieses Geständnis will mir fast als die Todesanzeige der letzten Reste der stolzen Panzerarmee Paulus erscheinen. Ich muß sagen, daß der verzweifelte Widerstand, den dort unten ein kläglicher Haufen deutscher Soldaten leistet, doch etwas Erhebendes ist. Es schneidet einem das Herz ab, wenn man darüber nachdenkt. Aber es kommt mir vor, daß gerade das die Stunde der Bewährung sein muß, denn während guter und schöner Zeiten Begeisterung für eine Sache aufzubringen, erfordert im großen und ganzen oft nicht mehr als ein Glas Schnaps. Deine Treue mit dem Tod vor Augen zu halten, ist ein Dienst, dem wir uns würdig erweisen müssen. Das ist wohl die Verpflichtung, die uns die Männer auferlegen, die sich in den Stunden der Gefahr herauslösen aus irdischer Bedrängnis und über ihren eigenen Körper siegend zu Helden wurden. Möchte es uns wie ihnen gelingen, wenn uns die Stunde der Prüfung kommen sollte. Jetzt in der Gefahr ist der ein elender Knecht, der sein Leben in den Vordergrund wegen eitler Freude zu erhalten versucht. Und so bete ich im stillen manchem tapferen Soldaten dort unten vieles ab. Sie sind oft mit all den menschlichen Lastern behaftet gewesen und haben ihnen gefrönt, aber der Opfertod sühnt alles. Er zwingt uns zu einer Verehrung. So glaube ich, daß viele Menschen so in meiner Lage denken könnten. Und wenn ich der allgemeinen Gefahr auch nicht ausgesetzt bin, so könnte auch für mich die Stunde der Bewährung kommen.

Siehst Du, und die Gewißheit, daß in der höchsten Gefahr auch viele Schwache teils stark, teils den Weg in ihr Volk zurückfanden, ist für uns alle erhebend. Das klopft an unser Herz, und so bitte ich Dich, nicht vielleicht eine Trostlosigkeit über Dich Herr werden zu lassen. Es wäre der schlechteste Dienst, den Du mir und uns allen erweisen könntest. Dabei will ich jetzt auch nicht im Unterbewußtsein irgendeine Äußerung im Brief von Dir als Grund zu einer Ermahnung betrachten. Ich bitte Dich nur darum. Selbst glaube ich, daß Dir meine Haltung keine Sorge bereiten dürfte. Ich fühle auf einmal eine große Festigkeit. In Zeiten der Not gibt es nur ein Gebot. Was ist der einzelne, wenn es um das Leben eines Volkes geht? Sei also auch Du tapfer und bekämpfe trübe Gedanken, die sich Dir aufdrängen, wenn sie so geäußert werden. Das ist bestimmt ein gutes Werk ..."

(180) Frau S. K., Borken/Westfalen

„... Im übrigen dreht sich die Unterhaltung bei allen fast ausschließlich um die Politik. Die Gedanken können auch nicht anders sein als bei unseren Soldaten an der Front, vor allem in diesen Tagen in Stalingrad. Unmenschliches müssen diese Helden doch dort leisten. Frau Scholz ist sehr aufgeregt, weil sie ihren Sohn auch dabei weiß (Rudi), Ellis Mann liegt ebenfalls dort ..."

(181) Leutnant P. G.,
Rgts.Stab/Gren.Rgt. 721, 714. Inf.Div. 1. Februar 1943, Montag

„... Schwermütig und niedergeschlagen vernahm ich heute im Wehrmachtbericht die erwartete Tatsache, daß Stalingrad mit einem Teil vom Gegner erreicht worden ist. Daß das so kommen muß, das war doch klar, erst recht, nachdem Göring in knappen, bestimmenden Worten das verlorene Schicksal dieser Tapfersten aller Tapferen deutete. Ja, dieses Ringen ums Leben, den Tod vor Augen sehend, ist etwas unmenschlich Heroisches! Hier in Stalingrad wogt nun ein Meer besten deutschen Blutes, auf der anderen Seite aber fließen Ströme auf Ströme und nochmals Ströme auf Ströme qualvollster Tränen in der Heimat. Noch nie ist in diesem Krieg ein derartiger Heldenkampf gekämpft worden. Aus diesem wütenden Kessel wird nun niemand mehr seine Heimat sehen!! Es ist wohl wahr, daß wir diesen unvergänglichen Stalingradkämpfern überhaupt nicht gleichkommen. Es sind ganz andere Menschen. Und deshalb begreifen wir auch nicht dieses Ringen bis in den Tod. Ich glaube, noch nie wird das nationalsozialistische Deutschland so ernst gewesen sein wie jetzt. Denn wohl jede zweite Familie wird einen Vater, Sohn, Mann oder Bräutigam in diesem todbringenden Kessel gehabt haben. Wir leben in einer Zeit, deren wirklicher Wert erst von vielen viele Jahre später erkannt werden wird. Hier kommt es nicht mehr auf den einzelnen an, hier geht's ums Ganze. Nur solange wir uns dessen bewußt sind, können wir zum Siege kommen! Und glaube mir, die Heimat hat es hierbei viel schwerer als die Front! Wer hat denn mehr zu leiden!? Der Kämpfer stirbt draußen den Heldentod. Er stirbt für den Sieg! Die Angehörigen aber können ihn nicht vergessen. Es ist ihnen ein Stück ihres Lebens genommen! ..."

(182) Frau I. J., Coburg 3. Februar 1943, Mittwoch

„... Stalingrad ist gefallen! Eine ganze Armee – Deine 6. Armee – blutend, leidend, sterbend – vernichtet. Ich kann jetzt keinen anderen, keinen frohen Gedanken fassen – nicht für Dich, nicht für uns beide; dazu steht dieses entsetzliche Geschehen zu tief, zu miterlebt und miterlitten über diesem Augenblick. Und doch weiß ich dieses: Daß mir das Schicksal viel geschenkt und alles erhalten hat: Dich! Und daß ich unendlich dankbar bin – dafür – und Dir Kameradin sein will – immer – Du! ..."

(183) Soldat (unleserlich), Gen.Kdo. I. A.K.

„... Wer im Vaterlande ist heute noch ohne Trauer und Sorge – so ist es wie ein Tribut, den man dieser grausamen Zeit abstattet – und leider Gottes noch entfernt nicht der letzte. Inzwischen ist nun auch der kleine Sohn meiner Schwester Christa bei Stalingrad geblieben und mit zu der großen Armee getreten, die die größte der Geschichte – diesmal wirklich – zu werden sich anschickt. Manchmal scheint's mir, man muß direkt ein schlechtes Gewissen haben, heil zu bleiben – vorläufig wenigstens – und vielleicht eines fernen Tages heimzukehren, und das angesichts all der Mütter, Frauen und Kinder, die ihr Leben verloren haben. Man selbst ist schließlich in einem Alter, wo man ruhig abtreten könnte – aber all diese Jungens, die noch gar nicht wissen, was Leben heißt – das belastet einen schwer, so stumpf und gefühllos wie man geworden ist in diesen Jahren. Doch all dies Schlimme – wir können's nicht wenden ..."

(184) Frau E. S., Vratza/Bulgarien 7. Februar 1943, Sonntag

„... Ob Du Nachricht von Erich hast? Vor zehn Tagen bekam ich einen Brief von ihm, abgesandt am 19. November. Inzwischen ist das Schlimmste geschehen, es hat mich ganz krank gemacht. Erich ist in ‚Stalingrab', und ob da für ihn ein Wunder geschah, ich glaube es nicht. Total fertig bin ich mal wieder, kann nichts mehr lesen oder hören von dem Stalingrad, im Kino bei der Wochenschau wird mir schlecht. Und Mutter, wie wird es der erst zumute sein, um vier Söhne weint sie sich die Augen blind ...

Hier hörst und siehst Du nichts wie dieses unheimliche „Stalingrab!" Man erzählt, daß dort eine Viertel Million Deutscher, die Besten der Besten, verloren gingen. Und ich meine, man hätte halt beizeiten die Stadt räumen müssen. Mit diesem Heer und so guten Soldaten, die jetzt nicht mehr da sind, hätte man die Front doch halten können, auch hinter dem Don, wo ja noch immer die härtesten Kämpfe sind. Wie lange noch wird der brave Soldat diesem verfluchten Russenansturm, der in so großen Massen geführt wird, noch standhalten? Trotz des felsenfesten Vertrauens auf die deutsche Führung bekomme ich es doch mit der Angst zu tun, nur bei dem Gedanken, der Kommunist könnte doch noch siegen ...

Wollen sehen, was das nahende Frühjahr bringt. Der heißeste Wunsch jedes Menschen wäre Frieden, wenigstens soll es den Soldaten und Hitler gelingen, im Osten endgültig aufzuräumen. Dann sind die Opfer von Stalingrad doch nicht umsonst gewesen ..."

9. Die „Heimatfront"

„Gott gebe uns die Kraft zum Durchhalten!"

Am 10. Mai 1942 erklärte der britische Premierminister Churchill alle deutschen Städte, in denen sich Rüstungsfabriken befanden, zum Kriegsgebiet. Die Royal Air Force warf in der Nacht zum 3. Juli 1943 über dem Reichsgebiet ein Flugblatt (G 41) ab, in dem die „Zivilbevölkerung der deutschen Rüstungsgebiete" aufgefordert wurde, diese Bereiche zu räumen: „Was die Frauen und Kinder betrifft, so haben sie auf einem Schlachtfeld nichts zu suchen. Was die Belegschaft der Rüstungswerke selbst betrifft, so sind sie in der Lage von Soldaten einer Armee, deren Verteidigung zusammengebrochen und deren Vernichtung unvermeidlich ist."

Das englische Flugblatt nutzte für seine Argumentation die Tatsache, daß die deutsche Binnenpropaganda ständig die Zusammengehörigkeit zwischen Front und Heimat betonte. Nicht nur das Schlagwort „Heimatfront", sondern auch die Parole „Dein Arbeitsplatz gehört zur Front!" und eine ganze Reihe anderer sprachlicher Varianten gehörten zum festen Vokabular der deutschen Propagandaorgane.

Goebbels verlangte immer wieder, daß die Presse die Stimmungseinbrüche bei der Bevölkerung, die durch die verheerenden Folgen des Luftkrieges entstanden, durch anerkennende Berichte über ihre heroische Haltung auffangen sollte. Eine seiner Presseanweisungen vom 13. August 1942 lautete: „In Zukunft würdigen wir vor allem die tapfere Haltung der Bevölkerung unserer bombardierten Städte. Die Bevölkerung soll nicht bemitleidet, sondern ihr Heldentum bewundert werden."

Die deutsche Rüstungsindustrie lief trotz Flächenbombardements und trotz der massiven alliierten Propaganda auf Hochtouren. Setzt man den Index 100 für den Rüstungsausstoß Anfang 1942, so lag er bereits Ende 1942 auf 181. Er stieg im Oktober 1943 auf 282 und schnellte sogar im Juli 1944 auf die sensationelle Marke von 382. Selbst unmittelbar vor dem totalen Zusammenbruch im Januar 1945 produzierte die „Heimatfront" trotz Bombenkrieg und Dauerrationierung einen Index von 227. Erst als die Alliierten im Jahre 1944 ihre Taktik im Luftkrieg änderten und gezielt die deutschen Schlüsselindustrieen (Treibstoffproduktion) durch ihre Bomberverbände zerschlugen, war der Krieg auch produktionstechnisch für Deutschland verloren. So betrug die Produktion von

Flugzeugbenzin im März 1945 nur noch 40 Tonnen, während die Geschwader für die Reichsverteidigung monatlich 175 000 Tonnen dringend benötigten.

Als 1943 nach der Sportpalastrede von Goebbels die einschneidenden Maßnahmen des totalen Kriegseinsatzes alle Kräfte mobilisieren sollte, war die Stimmung der Betroffenen starken Schwankungen ausgesetzt. Sie stieg und fiel besonders mit der allgemeinen Versorgungslage. Im Gegensatz zu den ungünstigen Verhältnissen während des Ersten Weltkrieges war die Versorgung der Bevölkerung mit Grundnahrungsmitteln in der Kriegszeit relativ gesichert. Trotz der einschneidenden Rationierungsmaßnahmen und trotz der endlosen Schlangen vor Läden konnte ein Hungern verhindert werden. Der tägliche Kalorienverbrauch des „Normalverbrauchers" betrug kurz vor Kriegsausbruch 3000 Kalorien, 1940/41 noch 2445 und fiel dann bis 1945 auf 1671 Kalorien.

Deutschland entwickelte sich zu einem Land des „Ersatzes", des „Behelfs", des Sammelns und Improvisierens. Selbst Särge waren von der Rationierung nicht ausgeschlossen. Am 15. März 1945 erging schließlich die letzte der zahllosen Anordnungen und Verfügungen eines totalen Rationierungssystems: „Wegen Verknappung der Spinnstofflage können Ehegatten, Eltern und Kinder eines Verstorbenen jetzt nur noch je einen Bezugsschein für einen Trauerflor beantragen."

(185) Soldat S. D.,
8. Kp./Inf.Rgt. 331, 167. Inf.Div. 8. April 1940, Montag

„... Bei Euch gibt es ja auch wieder eine Überraschung daheim. Haben's geschrieben, daß Ihr Kirchenglocken abliefern müßt. Da meine ich, wird es nicht so, wie alle gehofft haben, daß der Krieg zu Ende geht. Ich glaube, daß es schon wieder eine hübsche Zeit dauert, bis wir wieder einen Frieden erleben ..."

(186) Frau H. T., Berlin 11. April 1940, Donnerstag

„... Das Einholen und Anstehen ist ekelhaft. Da bist Du sicher besser dran. Nur ein Beispiel: Hier stehen die Leute Schlange in wirren Reihen um eine viertel Schokolade. Da wäre mir die Zeit zu schade. Wegen Schokolade würde ich mich nie anstellen ..."

(187) Frau A. H., Hochberg/Krs. Ludwigsburg 17. Mai 1941, Samstag

„... Was uns die Zukunft bringen wird? Jedenfalls sieht der Horizont nicht gerade rosig aus für uns. Im täglichen Leben wird der Krieg auch immer spürbarer. Die Fleischration wird um 100 Gramm gekürzt, und das Mehl ist so grau, daß man garnicht damit backen kann. In Hochberg gehen die Landjäger ein und aus, um die Eier- und Geflügelhamsterei zu unterbinden. Sonntags stehen sie in Zivil an der Omnibushaltestelle und untersuchen alles Gepäck. So sehr die Maßnahme an sich zu begrüßen ist, so viel böses Blut macht sie auch ...

Mit dem Gemüse ist es furchtbar schwierig. Der Gärtner an der Nekkarbrücke hat nicht mal Kopfsalat oder Rettich. Beim K. ist es noch schlimmer. Setzlinge zu erhalten ist ein schier aussichtsloses Unternehmen ..."

(188) Bauer W., Breitendorf/Oberbayern 25. November 1941, Dienstag

„... In Nonnberg haben's die Rührkübeln schon lange abliefern müssen. Sie müssen den gesamten Rahm abliefern und die Butter von der Molkerei kaufen. Daß da auch wieder ein großer Schwindel geht, kannst' Dir denken. Die meisten haben doch noch einen zweiten Kübel zum Ausrühren, und die Molkereibutter, die natürlich gekauft werden muß, wird dann verhamstert und geht reißend weg. Bei uns ist's jetzt noch immer abgelehnt worden von der Kreisbauernschaft, wissen aber nicht, wie lange es noch so geht. Wenn der Krieg noch länger dauert, werden wir noch allerhand erleben. Man wird auch uns den Brotkorb noch hoch hängen ..."

(189) Herr H. H., Sonnberg/Oberbayern 8. Februar 1942, Sonntag

„... Gestern haben sie auch bei uns die Glocken abgeholt. Die kleinste haben sie uns dagelassen. Jetzt hängen wir dem Göring seine Ritterkreuze und seine Brillanten und alle möglichen Auszeichnungen hinauf, da könnt Ihr es in Brannenburg noch hören ..."

(190) Bauer W., Breitendorf/Oberbayern 23. Februar 1942, Montag

„... Heute kommen in Geratskirchen die Glocken runter. Es sind die letzten vom Kreis Eggenfelden. Da können wir den Frieden auch nicht mehr einläuten, wenn er einmal kommt. Und daß er kommt, hoffen wir ja fest. Wir können doch nicht ewig Krieg führen. Ich glaube, daß doch der Himmelsvater einmal einen Strich dazwischen macht. Wenn wir nicht felsenfestes Gottvertrauen hätten, wäre es ja überhaupt zum Verzweifeln. Doch in unserem Glauben finden wir immer wieder Halt und Trost. Der Herrgott prüft uns halt manchmal schwer, aber er läßt uns nicht untergehen. Die Soldaten, die jetzt seit Kriegsbeginn dabei sind, wären sonst schon lange verzweifelt. Also immer den Mut nicht verlieren, wenn's auch manchmal noch so schwer fällt ..."

(191) Herr E. K., Ludwigshafen 24. Februar 1942, Dienstag

„... Ein Krieg wie der gegenwärtige ist weniger die Auswirkung der wirtschaftlichen Lage, nein, er ist fast ganz das Ergebnis unserer Seelennot, unserer schrecklichen Heimatlosigkeit. Ein ruhiges Volk, das seine

Herde weidet, seinen Acker bestellt, führt keinen Krieg, es sei denn, es wird angegriffen, der Feind bricht in seine Grenzen ein. Aber in den Großstädten, da fiebern die arg unzufriedenen Massen, die sich ballen lassen und dann das Furchtbare geradezu fordern! Mir haben sie 1918 schon den Abgrund gezeigt, in den wir stürzen können oder – in den sich zu stürzen *sie* jederzeit bereit sind. An den Grundelementen unserer Zeit hat sich seitdem nicht viel geändert ...“

(192) Gefreiter W. P., II. Abt./Ln.Rgt. 12 22. März 1942, Sonntag

„... Was mir heute Anlaß zum Schreiben gibt, ist nicht alleine Deine Karte, sondern zwei Artikel aus dem Wochenblatt. Erstens ein Artikel vom 21. Februar 1942: ‚Schöner Erfolg der Sonderspende der deutschen Landwirtschaft für das Kriegs-WHW 1941–42‘. Habt Ihr Euch wohl diese Bauern gemerkt, die sich aus der Gemeinschaft ausgeschlossen haben und keine Spende gaben? Es sind doch schäbige Kreaturen, die durch ihre ablehnende Haltung in diesem Weltringen uns Soldaten im Stich lassen und damit an Führer und Volk Verrat üben. Wer sich bei uns Soldaten aus der Kameradschaft ausschließt, gehört nicht zu uns und wird verstoßen und öffentlich angeprangert vor der ganzen Kompanie, und so solltet Ihr es auch machen. Das ganze Volk soll solche Menschen kennen, damit sie wissen, wer ihre Feinde sind ...“

(193) Frau B., Nürnberg 3. Mai 1942, Sonntag

„... Das dritte Jahr Krieg, ein Krieg, den kein Volk gewollt hat! Ich habe schon längst Sonntag keinen Kuchen mehr, man hat nichts mehr dazu, es braucht's ja auch nicht, unsere Soldaten draußen haben oft nicht das Nötigste zum Hungerstillen. Da wollen wir zu Hause gewiß bescheiden sein; wir haben dies Fürchterliche auch erst durchzumachen. Hoffentlich tun sie Dich nicht wieder raus, es langt für Dich. Offen sagen darf man's natürlich nicht, sei also vorsichtig, gelt, brauchst nicht das Herz auf die Zunge legen ...“

(194) Frau D. B., Berlin-Kleinmanchow 15. Mai 1942, Freitag

„... Ich wollte mit den Kindern im Sommer eigentlich für einige Zeit an die See, mir wurde jedoch sehr abgeraten, da man an der See förmlich verhungern soll. So fahre ich allein, eventuell mal etwas in den Harz und lasse die Kinder hier, denn ich brauche mal etwas Erholung, wer weiß, wie es nächsten Winter wird. Die Ernährung wird ja bei Euch sehr viel besser sein. Hier ist es wirklich katastrophal. Nach Gemüse steht man immer zwei Stunden an und bekommt dann etwas für eine Mahlzeit, und das vielleicht dreimal in der Woche. Jetzt hatten wir aber 14 Tage mal gar kein Gemüse. Was das bedeutet, kannst Du Dir gar nicht vorstellen. Ich habe doch kaum etwas eingekocht, da es ja im Vorjahre auch nichts gab. Von Fett und Fleisch darf man nicht reden, das wird in die Länge gezogen. Wir haben wenigstens genügend Kartoffeln ...“

(195) Frau G. K., Bremen 18. Juni 1942, Donnerstag

„... Unser Gemüse-Einkauf überschritt heute an Ausdauer alles bisher Erlebte. Um 8 Uhr zog Amanda los zu Saupe, um 9 Uhr ging ich hin, um sie abzulösen, da stand sie noch in der Höhe von Hachmann in der Schlange! Um ½ 11 Uhr kam Amanda wieder, und um ½ 12 Uhr kehrte sie glücklich mit ihrer Beute heim, die nur aus Salat, Rhabarber und Radieschen bestand, das Gemüse war bereits ausverkauft. Um 7 Uhr haben die ersten Leute schon dagestanden, um 9 Uhr wird der Laden geöffnet. Viele Frauen sind weinend nach Hause gezogen, weil sie nach vierstündigem Anstehen überhaupt nichts mehr bekamen. Was wollen die Leute auch noch auf den Tisch bringen? ...“

(196) Frau P. G., Wien 14. Juli 1942, Dienstag

„... Deine Meinung, daß die Operationen in Südrußland und in Afrika Hand in Hand gehen, stimmt zuverlässig, und die Russen sind dann vollständig von jeder Rohölzufuhr abgeschnitten. Hoffentlich halten wir mit den Lebensmitteln durch; für die Bauern soll jetzt das Schlachtverbot kommen; sie bekommen genauso Karten wie alle anderen und müssen das Vieh lebend abgeben; gedroschen wird auf dem Feld – das Getreide in Säcke gefüllt, welche plombiert werden – Du kannst Dir vorstellen, wie die Bauern gut aufgelegt sind ...“

(197) Frau G., Saig/Schwarzwald 17. August 1942, Montag

„... In Saig soll das Hamsterwesen gründlich unterbunden werden. In den Gasthöfen sind Anschläge angebracht. Auch das Preiselbeerpflücken vor dem 1. September wird strengstens bestraft. Wer erwischt wird, hat den Ort zu verlassen und wird streng bestraft. Die Kurgäste haben es z. T. auch toll getrieben ...“

(198) Herr G. S., Heidelberg 28. Oktober 1942, Mittwoch

„... Die Kupferaktion im Lande geht unentwegt weiter. Das mit den Kabeln kennst Du ja, und nun wurde uns letzte Woche unser Scheffel von der Schloßterrasse heruntergeholt. Weißt Du noch, wie Ihr als Buben um den Scheffel herumgesprungen seid und Euch richtig ausgetobt habt, und nun – jetzt werdet Ihr ihn in Form von Granaten gegen den Feind verschießen, damit die Heimat frei bleibt!! Ja, ja, das ist Geschichte. Ferner haben heute die Wirte die Kupferkessel und Kupfertöpfe abliefern müssen. Die Glocken haben sie ja schon längst geholt. Es wird ja vieles als Reserve vorerst liegen bleiben, aber immerhin sieht man, was so ein langer Krieg doch alles erfordert ...“

(199) Leutnant H. B., Stab/Pz.Rgt. 29, 12. Pz.Div. 29. Januar 1943, Freitag

„... Gestern und heute gibt der Rundfunk den Befehl zur allgemeinen Dienstpflicht aller Deutschen von 16–65 (17–45) Jahren durch. Geistliche sind *nicht* davon betroffen. Soll das doch ein Stück Anerkennung sein, daß man ihre Arbeit mindestens jetzt im Krieg nicht entbehren will oder kann? Die andere Lösung wäre: man will sie links liegen lassen: euch brauchen wir nicht! Aber – ich halte das *nicht* für den Grund. – Und Frauen mit vier Kindern, davon drei unter sechs Jahren sind auch ganz befreit! ...

Es ist ja doch wirklich eine gewaltige Aufgabe, die Herzen der Heimat jetzt fest zu machen, die wahrscheinlich unter dem Eindruck dieses Winters stärker zittert als wir hier (Stalingrad, Terek, Afrika!). Das sind alles Dinge, die Euch wohl die Herzen schwer machen können – und solch Meckerern wie unseren Husumern bestimmt den Mut nehmen. Ja, mit dem Blitzkrieg ist's vorbei, und es ist tatsächlich der Mut nötig und die Härte, bis 12.15 Uhr durchzuhalten! Auch dieser Krieg zwingt uns wieder durch die *tiefste* Anspannung *aller* Kräfte hindurch, durch die Augenblicke, wo man wohl meint: es geht *über* unsere Kräfte. Da ist's nötig, dann immer wieder ‚Trotzdem!' zu sagen. Und wenn's nur aus dem Grunde wäre, weil die Fortsetzung des Krieges uns sicher *keine* größere Not und Belastung bringt, als wenn wir jetzt die Waffen streckten. Ich möchte nicht ausdenken, was dann geschähe! Dann schon lieber weiterkämpfen! Es ist dann doch jedenfalls eine *kleine* Chance da, daß es *vielleicht* doch noch *gut* ausgeht! Aber das ist nur eine Begründung zum Durchhalten, für *kaltherzige* Rechner. Aber wir wollen doch durchhalten, weil wir wissen: es *muß* sein um unser, um unserer Kinder und unseres Volkes Zukunft willen. Und weil wir den Glauben haben, daß unser Volk noch nicht verbraucht ist, noch gesunde Kräfte hat, die ihm ein Recht auf Zukunft geben. Und es ist *jetzt* die Probe auf's Exempel: Halten wir jetzt durch, dann haben wir eine Zukunft. Halten wir *nicht* durch – dann sind wir keine Zukunft wert, dann ist's nicht schade um uns. Es ist grausig, daß solche Opfer von uns verlangt werden wie da bei Stalingrad. Aber der Führer wird wissen, warum sie nötig sind. Gott gebe uns die Kraft zum Durchhalten. Wenn wir diesen Kampf bestehen – hier draußen *und* in der Heimat – dann ist's mir auch nicht angst um die Kräfte für den späteren Aufbau! ..."

(200) Leutnant W. T., 2. Kp./Pz.Jäg.Abt. 563 1. Februar 1943, Montag

„... Ich hoffe, daß der Heimat nun endlich ganz langsam ein Talglicht darüber aufgeht, was hier eigentlich gespielt wird. Der Eindruck, den ich im letzten Urlaub hatte, war erschütternd. Von wenigen Einsichtigen abgesehen, ist die Menge propagandabenebelt und lebt in einem Reich der Träume, das durch nichts gerechtfertigt ist. Weiter ist der Abstand zwischen drinnen und da draußen im Laufe der Jahre so groß geworden, daß es kaum noch eine Brücke gibt. Ich habe mich nur am laufenden Band gewundert. Nach der Hälfte der Zeit klappte ich zusammen und habe mich dann so ganz allmählich wieder aufgerappelt. Heilfroh reiste ich ab. Wenn im bisherigen Stiebel weitergewirtschaftet wird, sehe ich schwarz für uns. Und anstatt sich an die Nation zu wenden und sie zum Existenzkampf zu mobilisieren, denn es geht nur noch um das nackte Leben, tönt es weiter in alter Weise von Saalschlacht und Kampf um die Macht und so. Die letzten Kräfte des Volkes, die jetzt gesammelt werden müssen, wenn wir uns halten wollen, kann man nicht unter der Fahne einer Doktrin vereinen.

Letztlich Schuld daran hat das ganze Volk freilich, das – wie schon vor anno 14 – ruhig und gemächlich zugesehen hat, wie es auf falschen Wegen vorwärts ging.

Obwohl es nicht so aussieht, hoffe ich nichts sehnlicher, als daß meine seit Jahren gehegten Hoffnungen falsch sind ...“

(201) Frau J. H., Konstanz — 8. Februar 1943, Montag

„... Heute ist jede Frau froh, die ein Kind erwartet, sie müssen jetzt nämlich alle arbeiten. Was meinst', wie manche, die uns ausgelacht haben, weil wir Kinder in die Welt setzten, froh wären, sie könnten. Ja, so ändern sich die Zeiten ...“

(202) Frau S. K., Goslar — 13. Februar 1943, Samstag

„... Hier ist man allgemein der Ansicht, daß wir doch in diesem Jahr noch mit Rußland fertig würden bei der totalen Mobilmachung. Das bringt ja auch wirklich allerhand Leute an. Ich bin mal gespannt, wer in Goslar schließen muß. Es wird in manchen Betrieben und auch Familien eine Umwälzung geben. Wenn wir's aber dadurch schaffen, soll's gut sein. Die Hauptsache ist, daß bald Schluß kommt ...“

(203) Hauptmann E. P., Ortskdtr. (II) 351 — 15. Februar 1943, Montag

„... Tatsächlich liegt jetzt alles an der Heimat, jetzt müssen alle ausnahmslos in der Heimat zugreifen, um der Front die Kräfte und Material zu geben, die sie braucht, um dem an Menschen und Material überlegenen Gegner standzuhalten. Der Soldat hier im Osten leistet Unglaubliches, die Heimat muß sich ihm würdig erweisen. Ich habe in der Zeitung gelesen, daß jeder einzelne vom Arbeitsamt befragt wird. Sollte die Sache auch an Dich herantreten, so gibt es für Dich verschiedene Möglichkeiten: Lehrerberuf, Maschinenschreiben, Fürsorge ... Du wirst ja sehen. Ich glaube nicht, daß das für Dich vorläufig spruchreif wird. Gebe Gott, daß das deutsche Volk jetzt jene Seelenruhe und Kraft aufbringt, um dem Führer das Werkzeug zu geben, das er braucht, um das Abendland vor dem Untergang zu bewahren, denn was die asiatischen Horden nicht zerstören würden, das würde jüdischer Haß und Rache vernichten. Der Glaube hier an der Front ist unerschütterlich, wir alle hoffen, so wie Göring sagte, daß mit der steigenden Sonne das Kriegsglück wieder an unsere Seite zurückkehren wird. Ohne die äußerste Kraftanstrengung kann man aber nicht auf Erfolg hoffen ..."

(204) Gefreiter K. B.,
Rgts.Stab/Gren.Rgt. 754, 334. Inf.Div. 16. Februar 1943, Dienstag

„... Das kann ich mir denken, daß jetzt nur mehr der Begriff ‚Arbeit' in Deutschland gilt. Von Kameraden hörte ich, daß Schulklassen geschlossen militärische Ausbildung erhalten. Jetzt sieht man wahrscheinlich nur mehr wenige rüstige Männer rumlaufen ..."

(205) Frau A. T., Kleeberg 19. Februar 1943, Freitag

„... Gestern war eine große, lange Rede von Goebbels, die zum völligen Einsatz aufruft, Absage an das bisherige Leben und nur alle Kräfte konzentrieren zur Verteidigung des Landes. Er stellte am Schluß zehn Fragen nach der Art, wie sie bei der Taufe gestellt wurden. Kundgebungen folgten ..."

(206) Gefreiter H. W.,
Stab/Feld-Ers.Btl. 84, 4. Pz.Div. 27. Februar 1943, Samstag

„... Was bei Euch zuhaus los ist, kann ich mir gut vorstellen. Daß das ganze weibliche Personal des Großdeutschen Reiches in Unruhe ist, ist verständlich nach der Rede von Goebbels. Ich habe sie gehört und kann nicht verstehen, daß das Volk bei so einer Gelegenheit noch so schreien kann. So z. B. ‚Wollt ihr, daß der totale Krieg mit aller Schärfe weitergeführt wird?' Alles ruft ‚Ja, ja, ja'. Oh, ich habe bloß gedacht, Ihr solltet mal so einen Rückmarsch sehen, wie er heuer der Fall ist, Ihr könnt Euch keine Vorstellung machen. Wenn ich jetzt nach Hause käme, was gäbe es da zu erzählen. Ich möchte Euch bloß mal schildern, was ich z. Zt. für Gepäck habe: einen Tornister, zwei Wäschetaschen, eine Kiste und ein Bündel. Die Hälfte davon sind Beutesachen ..."

(207) Soldat O. A.,
3. Kp./Lw.Jäg.Rgt. 27, Lw.Feld-Div. 14 1. März 1943, Montag

„... Soweit es geht, verfolge ich das Zeitgeschehen, und ich muß schon sagen, jetzt wird die Heimat ganz ordentlich angespannt bei der totalen Kriegführung. Auch in unserer Familie zeichnet sich das ab: Du versetzt, Ernst als Luftwaffenhelfer. Mir scheint, man will auch in der Heimat mit dem bequemen Leben aufräumen. Ich selbst entsinne mich noch, wie ich im Vorjahre nach eben bestandenen schriftlichen Arbeiten noch kurz vor

Torschluß das Studium unter Dach und Fach bringen konnte; wird es dem Ernst auch gelingen? ...“

(208) Frau E. P., München 3. März 1943, Mittwoch

„... Die letzten Tage brachten wieder unheimlich viele Einberufungen mit sich, vielleicht geht der Krieg nun doch bald seinem Ende entgegen. Gestern wurde uns in einem Vortrag gesagt, daß unser Geschäft nun endgültig geöffnet bleibt, nur müssen wir im Hause einige Stockwerke räumen. Wir haben nur noch Parterre und ersten Stock samt den Büroräumen, zweiter, dritter und vierter Stock muß anderen Unternehmungen zur Verfügung gestellt werden. Voraussichtlich wird die Firma Hertie die leidtragende sein. Ein endgültiges Ergebnis wird erst die nächsten Tage herauskommen. Anny muß sich diese Woche zum Arbeitsdienst melden, da sie wöchentlich keine 48 Stunden arbeitet. Bei uns wird es in Kürze sicher auch wieder Abstellungen geben, denn wenn die Lager zusammenkommen, da ist ja das Personal doch wieder zu viel. Heute ist mir das auch gleich, denn wenn es zum Sieg beiträgt, soll es an mir auch nicht fehlen. Wir sind zwar am Wollstofflager zu dritt, Hiller und Stodollnik wurden versetzt, aber das sagt selbst heute auch nichts mehr ...“

(209) Eisenbahner W. M.,
Reichsbahn-Verwaltungsamt Nikitowka 6. März 1943, Samstag

„... Heute fand ich eine ‚Wiener Zeitung‘ vom 22. Februar, in der Dr. Goebbels an das gesamte deutsche Volk einen Appell gerichtet hat, für den Krieg zu arbeiten. In erster Linie Rüstungsarbeiter. Viele Männer sollen aus dem Arbeitsprozeß herausgezogen werden, um an die Front zu gelangen. Ich nehme an, daß im Sommer die Entscheidungsschlacht kommt, die Sieg oder Niederlage heißt. Da wollen wir hoffen, daß diesmal wir die Glücklicheren sind, die den Sieg davontragen ...“

(210) Leutnant P. G.,
Rgts.Stab/Gren.Rgt. 721, 714. Inf.Div. 9. März 1943, Dienstag

„... Weißt Du auch, daß das ‚Reichssportblatt‘ bis zum ‚Ausbruch‘ des Friedens nicht mehr erscheinen wird? Obwohl ich viel Interesse daran gehabt habe, muß ich sagen: ‚Richtig‘, denn unbedingt lebens- und kriegsnotwendig ist doch das Blatt nicht! Ist es nicht so? Überhaupt sollte man auch noch eine ganze Reihe anderer Illustrierten und sonstigen Zeitschriften nicht mehr kommen lassen und das Personal in Uniform stecken. Wie ich von Offizieren in der Heimat hörte, ist dort ja allerhand im Gange. Tatsächlich sind Divisionen und Aberdivisionen im Entstehen begriffen. Ein bekannter, tatkräftiger Mann in dieser Beziehung ist ja der General Unruh, der allein schon für seine Aufgabe den richtigen Namen trägt ...“

(211) Soldat (ohne Absenderangabe) 12. März 1943, Freitag

„... Eine kleine Beruhigung ist uns, daß manche jetzt auch die hohe Ehre haben, Soldat und Kämpfer des Ostens sein zu dürfen, die bis jetzt nur an der Heimatfront sein mußten, weil doch Goebbels gesagt haben soll, drei Millionen Mann kommen im März neu an die Front. Denn wenn man schon von einem Volksheer spricht, soll *jeder* mal in den Genuß dieser hohen Ehre kommen. Wir glauben, daß wir lange genug im Osten sind, als daß wir das nicht auch mal anderen gönnen. Wenn wir mal wieder Post bekommen, werden wir eines manchen Einberufung lesen, der noch keinen Kasernenhof von innen gesehen hat, geschweige denn Rußland ..."

(212) Frau H. M., Voitsberg/Steiermark 20. März 1943, Samstag

„... Und nun zur Total-Mobilmachung. In der ersten Zeit nach der Verlautbarung der verschiedenen Anordnungen und Gesetze, besonders nach der Ansprache Dr. Goebbels im Sportpalast, gab es bei den meisten Volksgenossen, die bisher schon fleißig waren, das Gefühl der Genugtuung, daß nun alle einmal dran kommen, die sich bisher mehr oder weniger gedrückt haben. Dann gab es mit den einzelnen Fachgruppen Sitzungen wegen der Sperre. Nun sind die Sperrbescheide heraus und – viele können sich damit nicht abfinden und klappern nun alle Türen ab: Gauwirtschaftskammer, Kreisleiter usw. Das ist lästig und kostet Zeit, und immer gelingt es mir nicht, diese Leute, die zu 95% ‚schräge Vögel' sind, vom Kreisleiter fernzuhalten. Das Arbeitsamt arbeitet täglich bis 9 Uhr abends an der Erfassung und Vermittlung bzw. Dienstverpflichtung der durch die Sperre und die Meldepflicht einzusetzenden Arbeitskräfte ..."

(213) Rechtsanwalt G.,
Freiburg/Breisgau 21. März 1943, Sonntag (Heldengedenktag)

„... Wir haben heute die Führerrede aus dem Zeughaus mit der frohen Botschaft gehört, daß der Urlaub aus dem Osten wieder geöffnet sei ...

Politisch hat der Führer heute die Lage im Osten wieder als gefestigt bezeichnet, und dann wird das stimmen. Über die vorangegangene Zeit hast Du uns einmal Deine Ansicht geschrieben, und die hat auch gestimmt. Die Verschiedenheit unserer Ansichten lag daher lediglich in dem Glauben an die Aussicht für die Zukunft, und im Westen schaffen es die U-Boote sowie später die Flieger. Was hast Du jetzt auf Grund der Totalität des Krieges für eine Meinung für den Totalisator des Krieges? Was sagt die Front? Ich habe Dir, glaube ich, schon einmal geschrieben, daß man im Innern die Totalität vernünftig und ruhig beurteilt, man sieht doch schon manche herabgelassene Läden; selbst meinen Beruf will man rationieren, bei mir selbst ist aber noch nichts zu merken ..."

(214) Gefreiter H. J., 2. Bttr./le.Flak-Abt. 74 2. Juni 1943, Mittwoch

„... Wir werden und müssen diesen dämlichen Krieg beenden und zwar so, daß wir vorläufig nicht wieder in irgendeinen Konflikt kommen. Das, was wir nach diesem Kriege zu bauen haben, alleine, um wieder alles Zerstörte aufzubauen, wird Jahre dauern ...

Sage jedem, der darüber spricht, daß es unbedingt nötig ist, daß nicht das Geringste über den Krieg verloren wird – denn – jeder Soldat, der hier draußen nun schon zwei Jahre im Graben steht, hat viel mehr, als man sich überhaupt vorstellen kann, hinter sich. – Verbrecher ist jeder, der den geringsten Unwillen öffentlich kundtut ...“

(215) Frau A. N., Hausberge/Porta 6. Juni 1943, Sonntag

„... Hast du gestern abend die Rede von Goebbels gehört? Es hat uns richtig wohl getan, und ich glaube, so mancher Meckerer wird wohl den Mund jetzt halten. Aber es muß auch sein, daß da mit eiserner Hand zugegriffen wird, sonst ständen wir in Kürze vor dem Chaos. Gelächelt habe ich zwar, als er sagte, daß so viele letzthin zu den Fahnen *geeilt* wären. Wenn der gute Mann ahnte, wie die geeilt sind, die wir hier hatten, oh weh. Wie die gerne in entgegengesetzte Richtung eilen würden. Der eine meinte, er wolle gerne 15 000 RM in bar auf den Tisch legen; der andere wollte jeden Sonntag gerne Pflichtschicht machen usw., usw. ...“

(216) Obergefreiter H. H.,
1. Kp./Geb.Div.Nachr.Abt. 91, 6. Geb.Div. 12. Juni 1943, Samstag

„... Es freut mich, daß Du tüchtig essen tust, soweit man in der Heimat das überhaupt noch kann. Hat man nicht die Fleischration wieder herabgesetzt? Bei uns hat ja auch das Essen stark nachgelassen. Kraut und Kartoffeln stehen täglich auf dem Speisezettel ...

Die Sache mit der Spinnstoffsammlung und dem Appell nimmt mich nicht wunder. Es geht nun bald ins fünfte Kriegsjahr, und an ein Ende ist nicht zu denken. In den Leuten wird allmählich eben ein Gleichgültigkeitsgefühl großgezogen. Bei der Besichtigung bei uns hat der Chef feststellen müssen, daß mehr als die Hälfte der Männer nicht wußte, wann der Führer im Reich die Macht übernommen hatte. Es kümmert sich eben keiner mehr drum. Unter uns Kameraden darf man auch alles reden. Die Zeit des Fanatismus und der Nichtduldung anderer Ansichten ist vorbei, und allmählich beginnt man klarer und nüchterner zu denken. Wollen wir den Krieg gewinnen, dann müssen wir auch vernünftiger werden und dürfen nicht mehr so großsprecherisch und prahlerisch alle Welt abstoßen. Das hast Du ja selber auf dem Appell gemerkt, daß man heute schon anders spricht als vor drei Jahren. Es ist richtig, wir müssen den Krieg gewinnen, um nicht der Rache der Juden ausgeliefert zu werden, aber die Träume von einer Weltherrschaft sind dahin ..."

10. Der alliierte Luftkrieg 1943

„Es ist etwas Fürchterliches über uns hereingebrochen"

Im Gegensatz zur tönenden Durchhaltepropaganda von Goebbels enthüllen die Tagebucheintragungen des Propagandaministers seine wirklichen Gedanken. Am 25. Mai 1943 notierte er: „Man kann über den Luftkrieg immer nur dasselbe sagen: wir befinden uns in einer fast hilflosen Unterlegenheit und müssen die Schläge der Engländer und Amerikaner mit verbissener Wut entgegennehmen. Diese Hölle ist auf die Dauer nur schwer zu ertragen."

Obwohl die englische Luftwaffe schon 1942 mit massierten Bombenangriffen die Vernichtung deutscher Städte eingeleitet hatte, sollte das Jahr 1943 noch eine Intensivierung des Luftkrieges bringen. Die Konferenz von Casablanca im Januar 1943 bildete den Wendepunkt. Die Westalliierten beschlossen nicht nur die folgenschwere Formel der „bedingungslosen Kapitulation" Deutschlands, sondern einigten sich auch auf ein strategisches Gesamtkonzept für ihre zukünftige gemeinsame Bomberoffensive gegen das Reichsgebiet: die totale Zerstörung und Zerschlagung des deutschen militärischen, industriellen und wirtschaftlichen Systems zu erreichen und die Moral seiner Bevölkerung so zu schwächen, daß der Widerstand zusammenbrechen mußte.

Ab 1943 erschien zusätzlich zur Royal Air Force die 8. (US) Luftflotte am deutschen Himmel. Die Alliierten begannen einen „Round-the-Clock" Luftkrieg: nachts warfen die Bomber der Lancaster ihre tödliche Last über den deutschen Städten ab, am Tag griffen die tiefgestaffelten viermotorigen B-17 Bomber der Amerikaner ihre Ziele im Reichsgebiet an. Zum Beispiel legten die Alliierten in der Zeit vom 25. bis 30. Juli 1943 durch fünf Bombenangriffe mit insgesamt 2381 Maschinen Hamburg in Schutt und Asche (Operation „Gomorrha"). Tausende kamen in den Feuerstürmen, die nach Phosphorangriffen in den Straßen Hamburgs tobten, ums Leben. Die Bilanz: 30482 Tote, darunter 5586 Kinder.

Die deutsche Luftwaffe verbuchte 1943 gegen die alliierten Bomberströme beachtliche Erfolge. Von September 1942 bis März 1943 schoß sie allein 2000 meist viermotorige Bomber ab. Die Materialüberlegenheit der Alliierten, die sich auch in ihrer Flugzeugproduktion niederschlug, entschied jedoch 1944 den Luftkrieg über Deutschland.

In Deutschland starben während des Krieges 410000 registrierte Bombenopfer. Die Zahl der Vermißten, mit deren Tod ebenfalls gerechnet werden muß, ging in die Hunderttausende. Bei einer Gedenkrede auf die Toten der Stadt Wuppertal nach dem Luftangriff vom 30. Mai 1943 tröstete Goebbels die Bevölkerung mit dem Versprechen, daß die zerstörten Dörfer und Städte „schöner denn je" wiederaufgebaut würden. Der Staat werde außerdem „die verbrannte Habe im vollen Umfang ersetzen". Obwohl der sich ständig verschärfende Luftkrieg mit seinen Schrecken diese Aussagen als Leerformeln entlarvte, erwies sich die nationalsozialistische Durchhaltepropaganda als erfolgreich. Einen moralischen Zusammenbruch der Zivilbevölkerung in Deutschland gab es während des Krieges nicht.

(217) Herr G. S., Heidelberg 7. März 1943, Sonntag

„... Ich bin nun noch zur ‚Stadtwache' eingeteilt. Muß mich am Mittwoch abend um 20 Uhr im Bezirkssaal melden, dort erfolgt die Einteilung. Wir sollen dann auch an der Flak ausgebildet werden, denn die Heimatflak wird ganz groß aufgezogen. Die Jungens von 16 und 17 Jahren, die sogenannten Luftwaffenhelfer, sollen sich überall gut anlassen. Kann ich mir denken, daß in der heutigen Zeit denen das Soldatenspiel besser gefällt als die Schulbank drücken ..."

(218) Frau H. T., Berlin 14. März 1943, Sonntag

„... Ich bin immer froh, wenn wieder eine Nacht ohne Alarm vorbei ist. Wenn man nämlich die Leute hier herumlaufen sieht, der eine mit einem Bündel Sachen unterm Arm und ein anderer wieder mit einem kleinen Handwagen, wo er noch ein paar Habseligkeiten drauf hat, und so kann man dauernd Leuten hier begegnen, dann kann einem schon die Angst packen vorm nächsten Angriff. Im Flur steht jetzt der Rohrplattenkoffer, der schwarze, große Koffer darauf und ein kleiner Koffer mit Jostis Sachen. Ich lege mir jeden Abend alles zurecht. In der Zeitung schrieben sie letztens, daß bei Totalverlust keinesfalls alles an Spinnstoffen ersetzt werden kann, darum soll man alles mit in den Keller nehmen. Das ist aber schön gesagt. Ich bin ja froh, wenn ich mit dem Kind und einigen Sachen zur Zeit hinunterkomme, meist geht ja dann schon die Schießerei los. Gestern war ein Herr bei uns, der unsere Wohnung aufgenommen hat, ob wir noch Geschädigte aufnehmen können. Der Saal unter uns wird die längste Zeit bestanden haben. An eine Wohnung ist überhaupt nicht zu denken, hat der Herr mir gesagt, als ich erwähnte, daß wir eine suchen, auch mit zwei Kindern. In einer Klinik werde ich wohl bis Ende September nur schwer unterkommen, alles wird für andere Zwecke gebraucht. Entbindungen sollen zu Hause gemacht werden ..."

(219) Obergefreiter K. S.,
Ers.Bttr./Flak-Ers.Abt. 97 19. März 1943, Freitag

„... In München müssen die Flieger ja ganz gemein gehaust haben. Hat sich Ma' in ihrem Bohlenkeller doch nicht recht geängstigt? In Essen muß es ganz miserabel aussehen. Sind halt mit unserer Luftwaffe vollkommen im Osten und in Afrika gebunden und können nichts anderes tun, als diese Ergüsse aus der Luft über uns ergehen zu lassen ..."

(220) Frau J. B., Berlin-Lichterade 23. März 1943, Dienstag

„... Wir haben schwere Tage hinter uns durch die Bombenangriffe. Uns ging es wieder gut, aber es sind wieder 1000 Menschen ums Leben gekommen und ebensoviele Verletzte, ungefähr 120000 Obdachlose. Sie können sich gar kein Bild machen von dem Jammer und der Not, wenn die Menschen vor ihren paar Habseligkeiten sitzen, die eben nur das nackte Leben gerettet haben. Selbst, wenn es einem nicht persönlich betrifft, so tut es einem bitter wehe in der Seele, wenn man dies alles mit ansieht. Jeden Abend beschleicht einen das unbehagliche Gefühl, ob man morgen wohl noch lebt oder ob man obdachlos ist, das nimmt die Nerven der Menschen schon mit. Ich bin froh, daß ich nicht so ängstlich bin, und ich sage mir immer, es passiert mir nichts ohne den Willen Gottes, und gegen dieses will ich mich gar nicht wehren, selbst, wenn es schwer fällt, denn das spürt man schon manchmal. Aber es hat doch keinen Wert, sich dagegen zu wehren ..."

(221) Herr H., Püttlingen/Saarland 24. März 1943, Mittwoch

„... Mit den Fliegern haben wir die letzten paar Tage wieder Ruhe gehabt. Das ist eine richtige Wohltat, denn da hat man morgens wenigstens ausgeschlafen, und man fühlt sich wieder als Mensch. Aber trotzdem haben wir noch nicht soviel zu spüren bekommen als verschiedene andere Städte oder Gegenden. Zu allem Unglück haben wir bis jetzt immer noch Glück gehabt. Schon so manchesmal, wenn es nachts gepoltert und gekracht hat und wir im Keller gesessen haben, haben wir an Euch in Weyhers gedacht, und wie Ihr jetzt in aller Ruhe schlafen könnt. Aber die Moral der Menschen hier ist ungebrochen. Alles ist bereit auszuhalten bis zum Äußersten. Der Tommy kann uns doch keinen spielen, wo wir doch selber Musiker sind ..."

(222) Frau G., Freiburg/Breisgau 31. März 1943, Mittwoch

„... Neulich, nachts um 12 Uhr, hat es heftig bei uns geklingelt, daß es mich nicht mehr im Bett hielt, denn mein erster Gedanke war natürlich, Deine Person könnte damit zusammenhängen; statt dessen entspann sich eine sehr heftige Unterhaltung zwischen mir und einigen Männern unten, die sich durch Dokumente erkenntlich machten (Polizei). Es sollte bei uns Licht gebrannt haben. Andern Tags hat sich die Sache aufgeklärt. Eri hatte vergessen, ihr Lämpchen zu verdunkeln, und da fiel ein Strahl durch die Ritzen des Rolladens, denn das Querfenster war nicht verdunkelt gewesen ..."

(223) Herr F. F., Nürnberg 18. April 1943, Sonntag

„...Viel Elend wurde Nürnberg und vielen Orten erspart durch ganz hervorragende Arbeit unserer Flak. Wir waren am Donnerstag nacht von 12.30 bis 3.30 Uhr im Keller. Die führenden Flugzeuge wurden restlos heruntergeholt, und keine Bombe ist gefallen. Die Flak entwickelte ein solches Feuer, wie wir es noch nicht erlebt haben. Kaum ist damit zu rechnen, daß die Bande vorerst wiederkommt. In hiesiger Gegend sollen neun heruntergeholt worden sein. Einen sah man in der Dutzendteichgegend abstürzen. 55 schwerste Bomber verlor der Feind an diesem Tage ..."

(224) Feldwebel K., (ohne weitere Absenderangabe) 3. Mai 1943, Montag

„... Am Ostersonntag lag ich in der Badehose mit einem Kameraden in der wärmenden Frühlingssonne, und wir erzählten uns gegenseitig, was wir tun würden, wenn wir zu Hause wären. Im Geiste zogen wir durch die blühenden Obstgärten an der Bergstraße, durch die Dörfer am Rhein, tranken in einer festlichen Gesellschaft eine Flasche Moselwein, tanzten irgendwo mit unseren lieben deutschen Mädchen usw.,usw.,usw. Der Krieg war fast vergessen.

Und vor einigen Tagen habe ich erfahren, daß nun zur gleichen Zeit, als wir von der Heimat träumten, in meiner Heimatstadt Mannheim die Trümmer rauchten. Welch eine bittere Ironie! Meine Geschwister zittern vielleicht noch von dem Eindruck des – für sie gottlob überstandenen – Terrorangriffs. Überall, wohin unsere Gedanken fliegen, sind sie begleitet von dieser furchtbaren Fratze des Krieges. Denkt man an die geliebte Heimat, so sieht man im Geiste die feindlichen Bomber darüber kreisen. Denkt man an seine Lieben, sieht man sie mit ernsten Gesichtern zur Arbeit gehen. Die Sonntagsglocken sind verstummt. Hier und da eine Mutter, eine Braut im schwarzen Kleid. Man könnte an der Welt und ihrer Ordnung irre werden. Manchmal beschleichen einen so komische Gedanken.

Wollte man aber diesen Gedanken nachhängen und sein weiteres Handeln danach richten, so hätte ja der Feind erreicht, was er wollte. Er hätte bei seinem Angriff gegen unsere Moral Erfolg gehabt. Aber das darf ja nicht sein. Wenn wir ihn bei seinem Angriff von außen mit Maschinengewehrfeuer und Kanone niederringen, so zwingen wir ihn bei seinem Angriff gegen innen mit einem eisernen: Jetzt-erst-recht. Jedenfalls kriegt er uns von keiner Seite klein ..."

(225) Frau F. K., Süchteln/Rheinland 14. Mai 1943, Freitag

„... Hier werden Witzchen erzählt, gut, daß hier keine Parteigenossen sind, denn dann wären wir morgen alle im Konzertlager. Da fällt mir gerade ein nettes Stückchen ein: Tünnes sagt zu Schäl: ‚Häs du jestern avend auch de Durene jehört?' Schäl darauf: ‚Durene, Tünn, dat hiet Sirene.' Meint Tünnes: ‚Menste ech seit für dat olle Ding och noch Sie?' So werden hier jeden Tag neue Witzchen erfunden, und wenn es nachts auch manchmal schlimm war, wenn morgens die Sonne wieder scheint, dann geht es weiter ..."

(226) Frau E. R., Langsdorf/Hessen 21. Mai 1943, Freitag

„... Hast Du es schon gehört von der Talsperre, deren Vernichtung durch Bomben? Die Zeitung schreibt 370 Deutsche und 341 Gefangene Tote. Das ist unbeschreiblich. Man darf ja nicht Worte machen, schreibe es auch nicht, mein lieber Heinrich, *sonst kommt man an die Wand* ..."

(227) Herr W. S., Mülheim/Ruhr 14. Juni 1943, Montag

„... Hier im Industriegebiet geht es in den Nächten wieder lebhaft zu. Die feindlichen Flieger zerstören immer mehr. Vorgestern hat Düsseldorf und gestern Bochum wieder viel Schaden erlitten. Die Bevölkerung ist noch sehr tapfer. Wen es nun trifft, der hat das Leid zu tragen. Heute erhielt ich die Nachricht, daß einer meiner Schwager in Düsseldorf auch alles verloren hat. Mein Schwiegervater hat vor drei Monaten in Essen auch alles verloren. Meine Schwester ist auch noch ohne Heim. Wir helfen uns gegenseitig. Es muß alles mutig ertragen werden ...

Nun, auch diese Zeit geht mal vorüber, und jeder muß das Beste hoffen. Wir müssen durchhalten und tapfer alles ertragen. Es wird hier nur erwartet, daß von unseren Fliegertruppen recht bald Vergeltung gegen England erfolgt. Unser Führer müßte jetzt auch den Befehl erteilen, in England ebenfalls die Großstädte systematisch zu zerstören. Aber wir wollen uns darüber kein Urteil erlauben. Wir vertrauen unserem Führer Adolf Hitler und befolgen, was er befiehlt. In hiesiger Rüstungsindustrie wird emsig geschafft, und es wird kein 1918 wieder eintreten ..."

(228) Herr X. M., Markt Oberdorf 16. Juni 1943, Mittwoch

„... Durch die ‚Bomben-Frischler' ist wirklich alles überfüllt, und auch hierin nimmt die Tatsache Platz, daß der wirklich Erholungsbedürftige keine Erholung finden kann, weil die bei uns so beliebten ‚neudeutschen Kollegen und Kampfgefährten' sich in erschreckendem Maße ausbreiten ..."

(229) Frau K. P., Düsseldorf 21. Juni 1943, Montag

„... Es ist etwas Fürchterliches über uns hereingebrochen, und immer wieder werden wir dieser Vernichtung ausgesetzt sein, und dankbar können wir unserem Schicksal sein, wenn wir lebend aus diesem Chaos herausfinden. Wir können es heute nicht begreifen, daß auch das Haus welches wir bewohnen, zu den Wundern der Innenstadt gehört, weil es noch steht. Ich übertreibe nicht, wenn ich sage, daß die Innenstadt vollständig vernichtet ist. Überall die Verschütteten und schreckensvolle Tage, in denen der Brand in unserer Stadt wütete, sich hinwegzusetzen, erfordert viel innere Kraft, und manchesmal meint man, es nicht mehr ertragen zu können. Es hilft nichts anderes, man muß versuchen, stumpf zu werden, um das seelische Gleichgewicht halten zu können. Nichts erinnert mehr an unsere so schöne Stadt, und all das, was uns das Leben verschönte, Konzertsäle, Theater, sind hin, nicht einmal ein Kino ist geblieben, in den Vororten nur! Und wie braucht man gerade etwas, das über dem Alltag steht, das uns einmal die Schwere für Stunden verwinden hilft. – Wir müssen's hinnehmen und ausharren, weil es eben nicht mehr anders geht. – ..."

(230) Soldat P. G.,
15. Kp./Geb.Jäg.Rgt. 138, 3. Geb.Div. 26. Juni 1943, Samstag

„... Zur Politik: Einstmals stritten wir uns über folgendes: Wer hat die Luftüberlegenheit über England? Heute frage ich, wer hat sie über Deutschland? Des nachts? (Kommentar überflüssig?) Daß der Reichsmarschall schon längst ‚Maier' heißt, wird Euch auch bekannt sein. Wo bleibt die Revolution in Rußland? Jeden Morgen suchen wir mit unseren Gläsern die weißen Fahnen! Lieber Vater, mit jedem neuen Friedenstermin ‚rumpelt' ein Kartenhaus Deiner Laienpolitik zusammen. Leider nur, ‚rumpeln' die bereits totgesagten politischen Systeme nicht zusammen. Ich glaube, in diesem Jahr sagen die zwei Worte ‚Igel' = ‚abwarten' alles, alles andere ist Verzierung. Ehrlich gesagt, ich wünsche mir dieses Jahr keine Sensationen, denn wenn jemand Sensationen bringen kann, so sind es unsere Gegner. Wir haben ja wohl wieder einige unübertreffliche neue Waffen, aber immer noch zu wenig Soldaten, und letzteres ist die Schuld der Igelstellung.

Der sehr redefreudige Hermann Maier hat ja bereits für fünf Jahre vorgesorgt, dann können sich unsere hiesigen Vorbereitungen nur auf das sechste Kriegsjahr beziehen (wenn man sich auf Zeitungspapier berufen will).

Hoffentlich sind Deine 19 Parteigenossen gläubiger als ich. Ich fühle mich weder zur HJ noch zur SA hingezogen, denn beide kümmern sich auch nicht mehr um mich ...

Zum Abschluß habe ich noch einen ‚Witz' auf Lager: Der Mensch ist ein Gewohnheitstier. Sollte er sich nicht auch an einen ewigen Krieg gewöhnen? Dann wäre ja das Problem des Sieges einfach gelöst. Die Natur strebt immer einen Gleichgewichtszustand an. Der Deutsche und der Russe liefern die Menschen, der Engländer liefert die Bomber, und der Amerikaner liefert die Rechnung und sackelt das Geld ein ...“

(231) Obergefreiter E. G.,
Stab II/Art.Rgt.(mot.) 3, 3. Pz.Gren.Div. 4. Juli 1943, Sonntag

„... Daß Sie dort (am Niederrhein) so unter den englischen Luftterroraktionen zu leiden haben, bedauere ich außerordentlich. Ich kann es Ihnen nachfühlen, daß Sie von vielen langen Sorgen und unruhigen Gedanken gequält werden, zumal doch auch die schöne Stadt Düsseldorf einem gemeinen britischen Terrorangriff zum Opfer gefallen ist, unermeßliche Kunst-, Kultur- und Sachwerte mit brutaler Gewalt vernichtet wurden und die verbrecherischen Kriegsmethoden der Tommies namenloses Elend sowie bittere Not innerhalb weiterer Kreise der westdeutschen Bevölkerung verursacht haben. Daß hierbei sogar unschuldige deutsche Menschen, Frauen und Kinder in der barbarischsten Weise getötet wurden, vervollständigt nur noch die ganze Grausamkeit und Rücksichtslosigkeit der britischen Kriegsführung – der brutalen Angriffsmethoden eines Raubstaates, der einmal Repräsentant der sogenannten ‚zivilisierten Welt‘ (!) sein wollte. Nun wissen wir tatsächlich zur Genüge, was Churchill und die infame Clique britischer Kriegshetzer und Kriegsverbrecher unter dem Begriff ‚Zivilisation‘ verstehen! –

Es muß sowohl für Sie als auch für alle anderen deutschen Menschen in ihrer Heimat als eine bedauerliche Tatsache angesehen werden, daß sich die frechen Überfälle der Engländer Nacht für Nacht wiederholen. Ich kann es voll und ganz verstehen, daß Ihnen und auch all den vielen Menschen in Westdeutschland angesichts der vorangedeuteten Umstände die Freude am Leben getrübt wird. Ihre derzeitige Gemütsverfassung kann ich voll und ganz begreifen ...“

(232) Krankenschwester L. D., Berlin-Tempelhof 20. August 1943, Freitag

„... Nachdem die schweren Angriffe auf Hamburg waren, haben sie hier fast sämtliche Lazarette geräumt und auch die Kinder zum größten Teil weggebracht. Viele von unseren Kameradinnen sind mitgekommen zu Transporten oder zum Fronteinsatz. Da aber unser Bunker einer der besten ist, hat man ihn uns mit den zurückgebliebenen Kindern wieder voll belegt, und wir brauchten darum nicht weg, weshalb ich auch froh bin, denn wer weiß, wie es sonst wieder ist. Hier bin ich nun eingearbeitet. Heute vor einem Jahr traten wir hier unseren Dienst an. Fliegerbesuch haben wir jede Nacht, gestern wieder über drei Stunden! Zum Glück haben sie nicht viel angerichtet ...“

(233) Herr H. W., Mannheim 26. August 1943, Donnerstag

„... In Mannheim Hauptbahnhof angekommen, regnete es durch das Hauptgebäude, es war von Bomben durchschlagen. Vom Hauptbahnhof bis zur Stadtmitte ist jedes Haus schwer beschädigt bis auf einige wenige. Vorgestern war ich mit Herrn Fuchs in Speyer, und wir fuhren die Rheinstadt (Vorort von Mannheim) sowie anschließend Mannheim-Neckarau entlang; es ist dort nicht mehr ein Haus, alles nur Ruinen bis zum Erdboden, viele Fabriken, also alle, die draußen sind, riesige, nur mehr ein Trümmerhaufen, große Stahlwerke, Gießereien, Lanz, einfach weggefegt! Dabei sind aber zwei Drittel der Bomben vor Mannheim auf freies Feld gefallen! 1½ Millionen kg Spreng- und Brandbomben sind gefallen, auf Hamburg 2½ Millionen. Das Wohnhaus von Herrn Fuchs hat auch was abbekommen, die Türen rausgerissen usw., Dachstuhl gebrannt, doch konnte es noch gelöscht werden. Kirchen sind sämtliche getroffen ..."

(234) R.A.D.-Maid H. F. 1. September 1943, Mittwoch

„... Ich stehe im Zug, übernächtigt. Stehplatz von Mannheim bis Göttingen. Fast alle Mitreisenden fahren nach Hamburg. Bombengeschädigte, die nachsehen wollen, ob sie noch etwas retten können. Man hört Klagen. Das Reich sorgt nicht genug für sie. Eine Familie haust in einem Zimmer. Die Hausfrau hat einen Kochtopf. Darin wäscht sie das Geschirr, kocht sie Kaffee und alles andere. Kann man sich dabei wohlfühlen in so primitiven Verhältnissen? Und trotzdem halten die Hamburger den Kopf oben. Ihr Humor wird immer siegen ...

Ich bin in Hamburg, in Hamburg, nein, es war einmal. Nichts als Trümmerfelder. Ausgebrannte Häuser. Alle Straßen gleich. Ähnlich wie die Stiftsruine sehen die großen ausgebrannten Warenhäuser aus. Ein Elend, daß man meint, daß die Menschheit verzweifeln möchte. Der Bahnhof zum Erschrecken. So etwas habe ich noch nicht gesehen. In zwei Stunden ist die Wohnfläche vieler, vieler Menschen vernichtet, dem Erdboden gleich. Nie werde ich den Anblick vergessen, der sich mir bei der Einfahrt nach Hamburg bot. Man muß die Hamburger nicht bewundern, sie halten aus, verzagen nicht. Nun haben sie kein Heim mehr, nur Brandstätten sind zu sehen. Hier muß eine Schlacht getobt haben. Niemals kann es etwas Schlimmeres geben als dieses Elend. Wissen die Bauern denn von diesem Unglück? Wer das nicht gesehen hat, kann es wohl kaum glauben. Ihnen müßten die Augen geöffnet werden ..."

(235) Gefreiter H. S., 7. Kp./Ln.Ausb.Rgt. 305 4. September 1943, Samstag

„... Die feindliche Luftwaffe beherrscht hier vollkommen den Luftraum, was nicht abzustreiten ist. In Exerzier-Formation kommen sie in Geschwadern an, wie bei einer harmlosen Übung. Jeden Tag, man möchte sagen von morgens bis abends, sind sie in der Luft, und von einer Abwehr sehe ich nichts. Joseph Goebbels hat ja einen Aufsatz in der Wochenzeitschrift (‚Das Reich') mit der Überschrift ‚Das Drama' veröffentlicht. Mein Kommentar: Das Drama läuft ab. Heil Hitler ..."

(236) Feldwebel (O.A.) H. K.,
v. Seeckt-Kaserne, Metz 8. September 1943, Mittwoch

„... Neulich las ich in der ‚Kölnischen Zeitung' eine Todesanzeige. Ein Mann betrauert den Tod seiner Frau, seiner zehn Kinder, seines in Stalingrad gebliebenen jüngeren Bruders und seines älteren Bruders mit Frau. Es ist auch nicht kriegsentscheidend, ob der Kölner Dom oder das Hans-Sachs-Haus in Trümmer geht. Nur um das Herz und die Not unserer Frauen und Kinder krampft sich das Herz. Denn für sie tut der Mensch ja alles. Diese Schweine – entschuldige bitte den Ausdruck – glauben nun, uns damit weich machen zu können. Aber Irrtum, Irrtum. Ach, wenn nur der Führer ein paar estnische, ostpreußische, fränkische Divisionen nach England schicken würde. Das gäbe einen Totentanz, bei dem der Teufel selbst das Gruseln bekommen würde. Oh, ich habe eine Wut, einen unbändigen Haß. Manchmal kenne ich mich selbst nicht wieder ..."

(237) Schülerin E. A., Mannheim 13. September 1943, Montag

„... Stünde ich nicht 1½ Jahre vor dem Abitur, so würde ich Mannheim lieber verlassen. Aber so sage ich mir doch immer wieder, solange ich noch ein Dach über dem Kopf habe und die Schule hier weitergeht, Mannheim nicht zu verlassen. Der Direktor meiner Schule sprach letzten Freitag von einem Wegkommen der Unterstufe (also erste bis vierte Klasse) ins Elsaß, die übrigen haben voraussichtlich weiter Unterricht, aber sollen gleichzeitig nebenher Kriegsdienst in der Fabrik oder einem Betrieb machen. Das wird sich auch auf die Dauer als kein haltbarer Zustand erweisen. Das werte Ministerium, das heißt, die geehrten Herren dort, scheinen sich darüber noch nicht klar zu sein ..."

(238) Feldwebel H. W.,
Einsatz-Kommando Nürnberg 17. September 1943, Freitag

„... Der Einsatz, bei dem ich positive Arbeit leisten darf, ist natürlich für mich immer befriedigend, obwohl man das viele Unglück und Elend mit ansehen und erleben muß. Der letzte Angriff war stark. Wenn alles in die Stadt gekommen wäre, was in der näheren Umgebung fiel, wäre in Nürnberg kein Stein mehr auf dem anderen geblieben. Die Schäden sind enorm. Anstrengend ist für unser Einsatz-Kommando der Dienst auch insofern, als wir bei jeder gemeldeten Luftgefahr sofort ausmarschieren auf unsere Plätze für den Luftschutz an historischen Gebäuden usw. Das kann in der Nacht mehrmals vorkommen, weshalb aber die Tagesarbeit nicht leiden bzw. verkürzt werden darf. Trotzdem bin ich geblieben in dem Bewußtsein, am richtigen Platze zu arbeiten und der schwergeprüften Bevölkerung helfen zu können ..."

(239) Unteroffizier E. B.,
Stab II/Art.Rgt. 654, 104. Jäg.Div. 18. Oktober 1943, Montag

„... Schließlich geht es ja heute um das nackte Leben, und ich bin halt der Meinung, daß man sich aus der Gefahr möglichst heraushalten sollte, wenn sich hierzu nur die geringste Möglichkeit bietet ...

Es ist ja zu hoffen, daß die schrecklichen Angriffe nach einigen Wochen doch endlich aufhören werden; bis zum Frühjahr hat sich die Lage hoffentlich und zu unseren Gunsten geändert. Sollte dies aber nicht der Fall sein, so mußt Du mir versprechen, zu Beginn des Frühjahrs mit Ursel die Stadt unbedingt zu verlassen, und wenn gottweiß für welche Unannehmlichkeiten damit verbunden sein sollten ..."

(240) Krankenschwester F. M.,
Berlin-Tempelhof 25. November 1943, Donnerstag

„... Sie werden von den zwei Terrorangriffen vom 23. und 24. auch im Radio gehört haben. Das gibt ein zweites Hamburg. Die ganzen Bahnhöfe sind zusammengehauen. Potsdamer Platz und Potsdamer Straße ein Trümmerhaufen. Kurfürstendamm bis Hallenser, die schöne Gedächtniskirche am Zoo mit ihren Kunstwerken, die ganze Innenstadt und Alexanderplatz vollständig vernichtet. Um 7 Uhr ging's schon an bis 11 Uhr. Das waren wirklich harte Stunden. Es dauerte gar nicht lange, da ging das Licht aus, und es kam ein Befehl, daß wir die Kinder alle anziehen müssen. Die Kinder waren im ersten Schlaf, und so können Sie sich vielleicht ein Bild machen von so 70 Kindern. Aber wir sind doch wieder heil davon gekommen. Bei uns in Tempelhof hat es auch ganz anständig gehaust. Es hörte sich noch so furchtbar an, hinter uns steht schwere Flak. Heute ist schon wieder seit 1 Uhr Voralarm, werden wohl wiederkommen. Wer weiß, wen es da wieder trifft. Versuchten gestern, nach Hause anzurufen, denn unsere Eltern werden sich auch Sorge um uns machen, aber es ist ja alles gesperrt ..."

(241) Rot-Kreuz-Schwester M. E., Kolomea 28. November 1943, Sonntag

„... Eben hielt Dr. Goebbels eine Ansprache. Nun scheint es bald mit England loszugehen. Er sprach von Haß, Rache, Vernichtung und Vergeltung, nur nicht von ‚Liebe'. So ist alles anders als in der Bibel, aber wir leben auch in einem anderen Zeitalter ..."

(242) Herr H. K., Berlin 19. Dezember 1943, Sonntag

„... Von dem sogenannten Eilnachrichtenverfahren, das die Post bei Fliegerangriffen eingerichtet hat, wirst Du ja gelesen haben. Das Rückfrageverfahren kann ja leider erst vier Tage nach dem gemeldeten Fliegerangriff einsetzen, und auch nur dann, wenn der betreffende Ort im Wehrmachtbericht genannt war. Also für Hamburg und Kiel, die kürzlich einen Großangriff erlebten, der aber nur als Angriff auf Norddeutschland gemeldet wurde, gälte es nicht ...

Aus dieser Stimmung heraus, die aus all unseren Briefen klingt – das wirst Du verstehen – haben wir keine Lust, an ein Begehen des Weihnachtsfestes zu denken. Es bedeutet nur eine Komplizierung der Lebensmittelbeschaffung, andererseits ein Freisein vom ungeliebten Dienst ..."

(243) Frau E. L., Innsbruck 25. Dezember 1943, Samstag

„... Der Christbaum brannte maximal fünf Minuten in der Angst, wenn Alarm kommt, steht der brennende Baum im Zimmer. Es kam so zu keiner richtigen Weihnachtsstimmung. Wir waren donnerstags schon öfter im Luftschutzkeller und befürchteten dasselbe auch abends. Wir aßen sehr hastig den Weihnachtskuchen und andere Kleinigkeiten. Wir waren Aug' und Ohr für den erwarteten Alarm. Bis ½12 Uhr wachten wir in der Küche, nachdem Erich im einzig brauchbaren Zimmer schlief. Heute, Heiliger Tag, ab 9 Uhr waren wir schon wieder wie auf Nudeln. Um ½11 Uhr Alarm. Zwei Stunden schwitzten wir im Keller. Nach einer Stunde nochmal 1½ Stunden Alarm. Es war sehr warm, neun Grad Wärme und alles eher als weihnachtliche Stimmung ..."

11. Das Warten auf die Invasion im Westen

„Die Nerven gehen langsam kaputt ..."

Seit 1943 erwartete die deutsche Seite eine Landung der Alliierten an der französischen Küste. Über Ort und Zeitpunkt der Landung gab es unterschiedliche Spekulationen. Dem Tagebuch von Goebbels ist am 10. September 1943 zu entnehmen, daß Hitler den „englisch-amerikanischen Invasionsversuch in den Niederlanden" erwartete: „Wir müssen also der Dinge harren, die da kommen. Immerhin zerrt das an den Nerven."

Die Propaganda behauptete, die Nervenkampagne um die Invasion sei vom Gegner eröffnet worden. Goebbels prägte in diesem Zusammenhang den Begriff der „Invasionitis", die behandelt werden müßte: die Angst vor der Invasion sollte kuriert werden.

Alle Medien, Presse, Rundfunk, Wochenschau, zeigten in eindrucksvollen Reportagen die Stärke der „Festung Europa". So lautete die Tagesparole für die deutsche Presse vom 11. Mai 1944: „... Es ist dem

Gedanken Ausdruck zu verleihen, daß wir den feindlichen Überfall, falls er wirklich gewagt werden sollte, sowohl mit den modernsten Mitteln der Kriegskunst als auch mit einem leidenschaftlichen Kampfeswillen begegnen werden."

Äußeres Zeichen dafür war der Atlantikwall. Seit 1942 baute ihn die Organisation Todt mit großem Aufwand an Menschen und Material als Küstenbefestigung von der Kanalküste bis zur Biscaya. Neben starken Verteidigungsanlagen, die zum Darstellungsobjekt der Propaganda wurden, waren weite Strecken jedoch nicht gesichert. Als GFM Rommel Ende 1943 den Atlantikwall inspizierte, war er über den geringen Verteidigungswert entsetzt. Der Oberbefehlshaber West, GFM von Rundstedt, nannte die Befestigung an der Nordküste Frankreichs sogar geringschätzig „Propagandawall". Goebbels selbst wurde ein Opfer seiner eigenen Propaganda: „Wenn ich mir beispielsweise die Aufnahmen vom Atlantikwall anschaue, so habe ich das Gefühl, als säßen wir in Europa in einer absolut sicheren Festung." (Tagebuch vom 19. 4. 1943) Noch am 5. Juni 1944 verkündete der Propagandaminister unter tosendem Beifall in einer Rede: „Wir sind bereit! Wenn der Feind kommt, so werden unsere Soldaten ihm eine Lektion erteilen."

Und der Feind kam. Bereits einen Tag später begann das größte Landeunternehmen der Kriegsgeschichte. Die Westalliierten landeten mit Luftunterstützung von 5112 Bombern, 5409 Jägern und einer Feuerunterstützung von 7 Schlachtschiffen, 23 Kreuzern und 105 Zerstörern 326000 Soldaten an fünf Strandabschnitten. Als trotz großer Anfangsverluste bis zum 19. Juli 1944 1,5 Millionen Mann an Land gingen, war „Operation Overlord" gelungen.

(244) Hauptmann P. H., Trsp.Kdtr. Nancy — 2. Januar 1944, Sonntag

„... Alles wartet jetzt auf den Angriff der Anglo-Amerikaner. Bin gespannt, wo sie anbeißen werden. Auf jeden Fall wird sich in diesem Frühjahr etwas tun. Es wird auch höchste Zeit für die anderen. Sie blasen sich auf wie die Frösche, quaken laut, springen aber nicht in das Wasser ..."

(245) Soldat A. S.,
5. Kp./Res.Pz.Jäg.Abt. 5, 155. Res.Div. — 4. Januar 1944, Dienstag

„... Hier ist die Marschkompanie in letzter Zeit ein ganz blöder Haufen geworden. Appell auf Appell und Dressur, noch schlimmer wie in einer Rekrutenkompanie. Glaubt mir, daß ich nur noch den Kopf schütteln muß. Werden halt auf Draht kommen müssen, wenn der Engländer hier kommen will. Glaube sicher, daß er kommt. Bei uns sind die Uniformen, Landungsschiffe, Ausweise, Soldbücher von Amerikanern und Engländern geknipst in Bildern aufgehängt und Unterricht darüber gemacht, auch wie man sich in Gefangenschaft verhalten soll. Ist also alles schon vorgesehen ..."

(246) Unteroffizier K. K.,
Stab/gem.Flak-Abt. 442 (v) 7. Januar 1944, Freitag

„... So schwarz auch das Jahr 1943 für uns war, so zuversichtlich gehen wir in das Jahr des Sieges. Sicher wird der Westen uns noch Sturm bringen, der dem vom Osten nicht zurückstehen wird, aber nicht von solcher Dauer sein. Dafür fällt mit ihm die Entscheidung, und da es nur eines gibt, siegen, kann sie nur für uns fallen. Wir haben wieder Stellungswechsel gemacht und sind für alle Eventualitäten bereit gestellt ..."

(247) Oberleutnant H. H.,
Heeres-Abnahmestelle 202, Peenemünde 20. Januar 1944, Donnerstag

„... Was meinst Du denn zur Invasion? In den Zeitungen steht manches darüber geschrieben, was zu denken Anlaß gibt. Kommen die Herren oder nicht? Und wo? Invasion und Vergeltung stehen einander gegenüber als Absichten zur Herbeiführung der Kriegsentscheidung. Ob es diesmal auch wieder ein Rennen um die letzten fünf Minuten gibt? Wer zuletzt dran ist, hat wohl ein Unterpfand für das Gelingen. Doch die Vorbereitungen lassen sich leider nicht überstürzen. Jeder ist sehr mißtrauisch und ängstigt sich um den Erfolg. Ob wir mit unserer Vergeltung in dem Augenblick einsetzen, in dem die Engländer sich zur Landung bereitstellen? Die Befürchtung, daß unsere Vergeltung erheblich gestört sein könnte, will mich nicht verlassen, denn wenn die Herren mit den gleichen Verbänden, die jetzt tief im Reichgebiet alles verheeren, unsere Vergeltungsbasis unter Bomben legen, dann dürfte dort auch mancher Schaden entstehen. – In nicht all zu ferner Zukunft werden wir den Ausklang des Kampfes am Kanal erleben. Für mein Empfinden dürfte darüber kaum ein Vierteljahr verfließen ..."

(248) Feldwebel A. N., Fliegerhorst Lyon 23. Februar 1944, Mittwoch

„... Zum gegenwärtigen Krieg weiß ich noch ein neues Märchen. Da hat mir doch neulich einer bei der Hochschulwoche auf den Kopf zugesagt, die vielversprochene Invasion komme bestimmt bis zum 15. März Vielleicht hatte dieser gute Mann mit Winston Churchill gesprochen. Aber ich glaube überhaupt nichts mehr von solchen Parolen. Und wenn die Herrschaften es diesmal doch wagen sollten – unsere Landser am Kanal und am Mittelmeer schmeißen nicht mit Erbsen oder Wattekugeln. Der Sprung auf das europäische Festland ist für Tommies und Yankies ungleich schwerer als eine Parade vor ihrem General Eisenhower ..."

(249) Gefreiter K. L., Kdo. 90. Pz.Gren.Div. 27. April 1944, Donnerstag

„... Zur Zeit geschieht in dem Kriegsverlauf eigentlich wenig – aber man fühlt eine gewisse Spannung der Atmosphäre, die nach Entladung drängt, die Ruhe vor dem Sturm. Hoffentlich laufen die Dinge, einmal in Fluß gekommen, rasch ab, möge eine Entscheidung dieses Krieges in greifbare Nähe rücken. Dieses Warten und Hoffen, Vermuten und Wünschen ist scheußlich. Die Nerven gehen langsam kaputt dabei. Möglicherweise, daß die Bombardierung der Städte, die als Einleitung der Invasion gedacht sein sollte, bei Einbrechen derselben eingestellt wird, sodaß die Zivilbevölkerung bald das Schlimmste hinter sich hätte ...“

(250) Obergefreiter W. H., Stab/Mar.Flak-Abt. 708 7. Mai 1944, Sonntag

„... Du hast Angst vor einer Invasion bei uns, aber das bessert die Sache auch nicht. Es ist möglich, daß sich in den nächsten 14 Tagen oder drei Wochen etwas tut, aber sicher ist das nicht, und dann muß es ja nicht gerade bei uns sein, wir müssen eben mal abwarten. Du darfst die Hoffnung nicht gleich aufgeben, auch wenn es soweit ist und der Rummel hier losgeht. Man muß eben Glück haben ...“

(251) Obergefreiter A. K., Stab/Sich.Btl. 772 17. Mai 1944, Mittwoch

„... Gestern und heute hatten wir mal keinen Alarm, und wir haben auch kein feindliches Flugzeug gehört. Glaube, daß dies bestimmt etwas zu bedeuten hat. Ich hasse in der momentanen Lage eine solch unheimliche Ruhe. Es mag nun darauf kommen, was will, mir ist in dieser Beziehung auch alles egal gewesen, wenn Dir und Euch nur nichts passiert. Mit dem, was hier kommen soll, werde ich schon fertig. Wie Du schreibst, ist man dort der Ansicht, daß hier etwas Großes bevorsteht. Manchmal glaube ich an eine Invasion, und dann nachher bin ich wieder im Zweifel. Im Moment glaube ich nun wieder, daß der Tommy kommt, da er vielleicht dieses mit der Offensive in Italien zusammen macht, um uns möglich stark zu fesseln. Wie weit uns nun eine Invasion betrifft, darüber kann ich nichts mitteilen. Lasse es auf alles darauf ankommen. Werde mich schon sehr stark bemühen, aus dieser Affaire herauszukommen und zwar mit heilen Knochen, denn ich möchte mir mein Leben nach dem Kriege nicht mit Betteln fristen und mit einer Orgel gehen ...“

(252) Oberleutnant K. N.,
Rgts.Stab/Art.Rgt. 265, 265. Inf.Div. 30. Mai 1944, Dienstag

„... Das Pfingstfest ist wieder vorüber, und noch lange ist's bis Weihnachten. Sicherlich sieht die Welt dann noch ebenso kriegerisch und grausig aus wie heute. Man erkennt noch aus keiner Himmelsrichtung einen friedlich nahenden Tag. Besonders aktuell ist für uns natürlich die Frage der Invasion, die wohl mehrmals am Tage von allen Seiten beleuchtet wird; vieles spricht dafür, mir scheint jedoch mehr für eine Herauszögerung, obgleich auch hier schon mal eine Bombe fällt. Der Invasionstermin wird vermutlich mit der militärischen Entwicklung in Italien Schritt halten. Und bis dahin leisten die Feindbomber Vorschub ..."

(253) Obergefreiter E. K.,
13. Kp./Gren.Rgt. 101, 14. Inf.Div. 6. Juni 1944, Dienstag

„... Endlich ist die Stunde der großen Entscheidung gekommen. Ich war ganz platt gewesen, als ich es heute mittag hörte im Radio. Wir waren ja auf diesen Angriff gefaßt und vorbereitet, und wir haben dem Feind schon schwere Schläge beigefügt. Jetzt wird in den nächsten Wochen und Monaten die Entscheidung dieses großen Krieges, wo es um Sein oder Nichtsein geht, endlich fallen. Diese Stunde haben wir alle uns schon herbeigesehnt. Mit größter Spannung höre ich jeden Nachrichtendienst ab, was da drüben im Westen geschieht. Diese Spannung wird auch bei Euch sehr groß sein, Du wirst wohl auch dauernd am Radio sitzen und hören, was es Neues gibt ..."

12. Der Einsatz der „Vergeltungs"-Waffen

„Nun sind wir wieder eine Hoffnung reicher ..."

Nachdem die britische Abwehr Informationen über deutsche Versuche mit Fernraketen in Peenemünde erhalten hatte, lief am 17./18. August 1943 das Unternehmen „Hydra" an: die Royal Air Force bombardierte die wissenschaftlichen Versuchsanstalten des Heeres für Gleitbomben und Raketenwaffen in Peenemünde. Es entstanden schwere Schäden, die die Produktion der neuen Waffen um Monate verzögerten.

Eine deutsche Offensive mit Gleitbomben war bereits für Mitte Dezember 1943 geplant. Das Flak-Rgt. 155, das die Flugkörper abfeuern sollte, traf im November 1943 an der Kanalküste ein. Doch bis zum Verschuß des Flugkörpers Fieseler Fi 103 „Kirschkern" oder des Fzg. 76 (= Flak-Zielgerät 76) vergingen Monate.

Der neue Flugkörper trug etwa 1 Tonne Sprengstoff 370 Kilometer weit und entwickelte eine Geschwindigkeit von 656 km/h. Am 16. Mai 1944 befahl Hitler: „Das Fernfeuer gegen England ist Mitte Juni zu eröffnen!" Hauptziel war der Großraum London.

12000 Bomben lagen bereit. Die in die Geschichte eingegangene Bezeichnung V-1 war eine Wortschöpfung von Goebbels, die Hitler sofort akzeptierte. Nach anfänglichen Schwierigkeiten konnten am 16. Juni

1944 in 24 Stunden 244 fliegende Bomben gestartet werden. Die lange erwartete und von der deutschen Propaganda immer wieder angekündigte „Vergeltung" hatte begonnen. Der OKW-Bericht meldete an diesem Tag: „Südengland und das Stadtgebiet von London wurden in der vergangenen Nacht und heute vormittag mit neuartigen Sprengkörpern schwersten Kalibers belegt."

Bis zum Verlust der V-1 Abschußrampen in Frankreich im September 1944 konnten insgesamt 8892 V-1 abgefeuert werden. Umgerüstete Bomber vom Typ He-111 verschossen von der Nordsee aus noch einmal 1600 Systeme. Rund 3000 V-1 versagten, die englische Luftabwehr vernichtete 4000, und 2491 Flugbomben detonierten im Großraum von London. Ihnen fielen 6184 Engländer zum Opfer.

Wirklich revolutionierend war allerdings erst die Entwicklung der ballistischen Fernrakete A-4, die die Bezeichnung V-2 erhielt. Am 8. September 1944 verschoß das Art.Rgt. 485 aus dem Raum nordöstlich von Den Haag die ersten Raketen. Die V-2 flog mit einer Geschwindigkeit von 5470 km/h etwa 400 Kilometer weit und transportierte 1 Tonne Sprengstoff. Es wurden 1115 V-2 auf England abgefeuert, die 2754 Personen töteten. Auch die Städte Antwerpen, Brüssel und Lüttich gerieten zeitweilig unter den Dauerbeschuß von V-2. Von Oktober 1944 bis März 1945 gingen 2448 V-1 und 1265 V-2 Raketen auf Antwerpen nieder. Die Explosion einer V-2 am 16. 12. 1944 tötete im Kino Rex 271 Besucher.

Der Einsatz der V-Waffen führte in Deutschland noch einmal zu einer spürbaren Stimmungsverbesserung. Durch die kämpfende Truppe ging zeitweilig ein „Aufatmen", da nun allgemein eine „Wende im Kriegsgeschehen" erwartet wurde, die die deutsche Propaganda schon seit längerer Zeit angekündigt hatte. Goebbels notierte in sein Tagebuch schon am 24. September 1943: „Unsere Raketenbomben sind ein Gegenstand sensationellster Berichterstattung und Gerüchtebildung in der ganzen Welt." Doch die von Hitler erwartete „Wende im Verhalten Englands" blieb aus. Die Engländer evakuierten als Gegenmaßnahme gegen den V-Waffen-Beschuß bis zum 5. September 1944 aus dem Großraum London 280000 Mütter und Kinder.

Entscheidend wirkte sich beim Einsatz der V-Waffen aus, daß sie wegen ihrer zu großen Streuung nicht gegen die Landeköpfe der Alliierten abgefeuert werden konnten. Die von Hitler immer wieder verkündete „kriegsentscheidende Wirkung" dieser Waffen blieb aus.

(254)* Frau K., Mannheim 15. Oktober 1943, Freitag

„... Wenn dieser Krieg nicht bald ein Ende nimmt, dann werden die Menschen noch wahnsinnig. Dabei werden wir immer wieder mit der

Vergeltung getröstet. Wenn sie wirklich kommt, hat sie doch ihren Sinn verloren. Denn dann sind unsere schönen Städte längst dem Erdboden gleich. Ob sich die Menschen den totalen Krieg so vorgestellt haben? Ob das Ende auch so total ist? ..."

(255)* Herr S., Lüneburg 19. November 1943, Freitag

„... Der Führer hat in seiner letzten Rede in München gesagt, daß die Vergeltung bestimmt kommt, und darauf warten wir. Jedenfalls werden wir dann die Genugtuung haben, daß das englische Volk dann noch mehr leiden muß. Überhaupt soll die Stimmung in England sehr schlecht sein, wie die Austauschgefangenen alle sagen. Wenn man das hört, dann hat man gleich wieder mehr Mut und erträgt die Unbill des Krieges viel leichter. Hier in Lüneburg sollen zum Winter noch 5000 Hamburger untergebracht werden, also heißt es schön dicht zusammenkriechen. Und den Raum wollen wir gerne abgeben, denn es geht doch nicht an, daß die armen Menschen im Winter kein Dach über dem Kopf haben ..."

(256)* Unteroffizier M.,
5. Kraftf.Kp./Pz.Div.Kol. 2, 12. Pz.Div. 28. November 1943, Sonntag

„... Berlin hat ja nun auch wieder einige schwere Nächte mitmachen müssen, aber die Vergeltung kommt, wenn es auch noch einige Zeit dauern sollte. Es wird nicht nur eine Vergeltung werden, sondern eine blutige Rache. Der Haß gegen den Engländer ist schon auf dem Höhepunkt angelangt, wer von denen dort noch großen Widerstand leistet, wenn es einmal so weit ist, wird sich über die Schlagkraft des deutschen Soldaten noch wundern müssen. Wir alle sind der Überzeugung, daß der große Schlag nicht mehr lange auf sich warten lassen wird, dann aber gnade Gott dem Engländer. Bis zu dem Zeitpunkt allerdings muß die Heimat noch die Schläge einstecken, es wird wohl auch noch manche schwere Nacht kommen, aber es muß durchgestanden werden. Danach haben wir für den Osten auch genügend Menschen und Waffen frei, und dann geht es wieder hinein bis zum endgültigen Sieg ..."

(257) Hauptmann E. P.,
Kdt. rückw. Armeegebiet 583 16. Juni 1944, Freitag

„... Heute wurde auch gemeldet, daß London und Südengland mit neuartigen Sprengkörpern schwersten Kalibers belegt werden. Der schwerste Kampf aller Zeiten ist im Gange. Jeder Teil bietet natürlich das Äußerste auf, um den anderen zu vernichten. Aber einmal wird auch dieses Ringen sein Ende finden, und ausgehen kann und darf es nur mit dem Siege Deutschlands. Das hofft ein jeder von uns an der Front und auch jeder im Heimatlande ..."

(258) Leutnant H. C., 8. Kp./Geb.Jäg.Rgt. 139

„... Heute hat nun also sozusagen die Vergeltung begonnen, und ich bin auf ihre Auswirkungen gespannt. Zu hoch darf man natürlich die Erwartungen nicht stellen, aber daß es wieder einen Wendepunkt in der Geschichte des Krieges darstellt, kann man wohl annehmen. – ..."

(259) Oberleutnant P. G., Rgts.Stab/Jäg.Rgt. 721, 114. Jäg.Div.

„... Ich habe immer an die Invasion geglaubt, und ich glaube auch an die Vergeltung. Wenn jetzt Division auf Division in Frankreich landet, und wir die noch nicht hinausgeworfen haben, dann sind das die ersten Punkte unseres epochemachenden ‚kriegerischen Programms'. Und wenn ich mich nicht täusche, dann gäbe heute der erste Satz im Wehrmachtbericht den Beginn der Vergeltung, die sowieso nicht in zehn Minuten beendet ist, bekannt! Hoffentlich versteht das auch die Heimat ..."

(260) Oberfeldwebel E. J.,
3. Kp./Pi.Btl. 348, 348. Inf.Div. 18. Juni 1944, Sonntag

„... Du wirst ja wohl auch schon vernommen haben, daß die Vergeltung begonnen hat. Nun sind wir wieder eine Hoffnung reicher, daß es doch mal ein Kriegsende gibt. Man ist hier sehr zuversichtlich. Man hört bei uns Tag und Nacht, wenn die Vergeltung über uns wegbraust, wir nennen die Dinger ‚Münchhausen'! Für das menschliche Hirn ist es kaum faßbar, was da durch die Luft fliegt. Einfach fantastisch. Hoffen wir weiter ..."

(261) Obergefreiter H. B.,
10. Kp./Fallsch.Pz.Rgt. ‚Hermann Göring', Fallsch.Pz.Div. ‚Hermann Göring'

„... Die Fliegertätigkeit ist hier auch ziemlich rege, jedoch bleiben die Kameraden heute zu Hause, denn es regnet fast ständig, und die Wolken ziehen ganz tief übers Land. Ich möchte nur wissen, was die Tommies jetzt für eine Stimmung haben. Hier unten (in Italien) kommen sie wohl vorwärts, doch wenn jetzt die Vergeltung im Gange ist, werden sie auch wohl ganz dumm aus der Wäsche schauen. Hoffentlich bekommen sie einen ordentlich auf den Deckel. Ich glaube, daß der Krieg dann bald zu Ende sein wird. Wie ist die Stimmung jetzt zu Hause? Die ganzen Bombengeschädigten werden sich doch gewiß sehr freuen ..."

(262) Oberfähnrich H. M.,
3. Kp./Pz.Gren.Rgt. 33, 4. Pz.Div. 19. Juni 1944, Montag

„... Nun hat ja auch die Vergeltung begonnen für die Engländer, und das Leid ist nun auch drüben eingekehrt. Vergessen wir eines nicht: Jedes Volk hat die Regierung, die es verdient. Darum kein Mitleid! Der Osten ist nach wie vor ruhig. Es scheint, als ob Stalin Englands Taktik anwendet, zwei verbluten zu lassen und dann den lachenden Dritten spielen.

Hoffentlich tut er das, umso gründlicher wird ihm dann das Lachen vergehen. Auf jeden Fall, wir schlafen nicht und werden zur gegebenen Stunde auf Draht sein. Der Führer wird schon richtig rechnen, wir haben nur zu glauben und unsere Pflicht zu tun ..."

(263) Gefreiter K. L., Kdo. 90. Pz.Gren.Div.

„... Es scheint ja nun in der Luft etwas ruhiger geworden zu sein – dafür kriegen jetzt die Engländer mächtig was auf's Dach! Was sagst Du zu dieser Sensation – Anwendung der neuen deutschen Geheimwaffe!? Seit gestern haben wir wieder die Möglichkeit, Radio zu hören, und diese Geschichte interessiert einen doch gewaltig. Möglicherweise kann dies eine entscheidende Wendung in der Kriegslage bedeuten und das Kriegsende herbeiführen. Es müßte gelingen, in Verbindung mit der Anwendung der neuen Waffe auf England selbst, auch gleichzeitig die Invasionsarmee vernichtend zu schlagen und nach England nachzustoßen und es zum Frieden zu zwingen, falls es nicht schon vorher weich würde. Aber noch heißt es abwarten, sollten nicht englischerseits Gegenmaßnahmen möglich bzw. zu erwarten sein? Es wird jedenfalls Schlag auf Schlag auf beiden Seiten fallen, bis eine Entscheidung kommt – und das kann nicht mehr allzu lange dauern, was erfreulich ist ..."

(264) Obergefreiter E. N., 4. Stffl./J.G. 3 — 20. Juni 1944, Dienstag

„... Der Einsatz der neuen Waffe hat wohl auch bei Euch zu Hause Begeisterung ausgelöst, die natürlich danach von skeptischer Beurteilung abgelöst wurde. Wir müssen uns darüber klar sein, daß diese neue Waffe weder kriegsentscheidend noch kriegsbeendend sein wird, sie ist lediglich das Gegengewicht gegen die Viermotorigen. Auf jeden Fall klappt es mit der Vergeltung, was sogar der Tommy zugeben muß ..."

(265) Oberzahlmeister Dr. K. W.,
OQu.d.HGr. Nordukraine — 23. Juni 1944, Freitag

„... Der Beginn der Vergeltung wurde auch bei uns an der Ostfront mit großer Befriedigung aufgenommen. Neben der militärischen Wirkung verspreche ich mir gute politische Auswirkungen. Die Sinnlosigkeit der Opfer, die das englische Volk bringt, wird dort hoffentlich immer mehr erkannt. Eine Regierungsumbildung in England müßte – auf lange Zeit gesehen – für uns gute Ergebnisse zeitigen können ..."

(266) Wachtmeister W. S.,
Aufkl.Schwadr. 1048, 148. Inf.Div. — 27. Juni 1944, Dienstag

„... Die ‚V 1' hat ja schon einen Mordserfolg drüben. London als Verkehrsknotenpunkt und Abspringhafen für weitere Invasions-Unternehmen ist so gut wie ausgeschaltet worden. Zudem werden bei der

Bekämpfung dieser ‚Flügel-Spreng-Körper' etliche Jagdgeschwader der Tommies gebunden. Du fragst, Vati, ob der Flak-Panzer auch zu den V-Waffen gehört. Ich glaube kaum, sonst hätte ich Euch nicht soviel davon erzählt. Bei den Geheimwaffen gibt es nur zwei Möglichkeiten: Entweder ‚Schweigen' oder ‚Die Rübe rollt' ..."

(267) Obergefreiter G. G., Pi.Brückenbau-Btl. 624 — 9. Juli 1944, Sonntag

„... Es wird nun, da sie mit dem Russen die Vereinbarung der Landung getroffen haben, für den Osten Deutschlands eine schwere Zeit kommen, denn die Feinde geben eher doch keine Ruhe, als bis alles ein Trümmerhaufen ist. Denn gegen diese Übermacht an Menschen und Material sind wir nicht eingestellt, wenn nicht gleich die Vergeltungswaffe mit eingreift in die Front. Von dem gegenwärtigen Beschuß, der ja sozusagen nicht die sofortige Wirkung erzielt, verspreche ich mir nicht viel, vor allem müssen die Landser entlastet werden ..."

(268) Herr F. F., Nürnberg — 31. Juli 1944, Montag

„... Ich glaube an eine europäische Entscheidung in diesem Jahr, wie ich auch an die kommenden großen Waffen glaube. Dr. Goebbels sagte, daß es für jede Waffe eine Abwehrwaffe gibt. Nun denke ich, wenn die Abwehr für V 1 fertig ist, beginnen wir mit V 2, und die, die dieses V erwischt, müssen zusammenbrechen. Revolution in England, und der erste Krieg, den dieses Lumpengesindel verloren hat, hat sein Ende. Churchill und Genossen werden ausgerissen sein, aber England wird am Konferenztisch sitzen und leger und human vom Führer behandelt werden, denn es sind dann keine Juden und Judenknechte mehr, sondern nationale Engländer ..."

(269)* Obergefreiter H. P.,
3. Kp./Korps-Nachr.Abt. 46 — 18. August 1944, Freitag

„... Heute hörte ich im Wehrmachtbericht, daß Orleans in der Hand der Amerikaner ist. Ja, ich weiß auch nicht, wie wir bei derartigen Niederlagen den Krieg noch gewinnen können ...

... aber wenn die deutsche Regierung der Lage noch Herr werden will, dann muß bald, sehr bald etwas geschehen, und es müssen schon neue Waffen eingesetzt werden, die den Krieg grundlegend umgestalten. Waffen von der Art der V 1, die in der Ferne erst nach Monaten wirken, können uns nicht mehr viel nützen. Unsere Chancen bei den Neutralen und den besetzten Gebieten sinken immer mehr, wie der neue Kurs der Türkei zeigt. Man muß eigentlich immer noch hoffen, daß die Regierung noch etwas Besonderes auf Lager hat, denn sonst wäre es doch unverantwortlich, den Krieg bei unseren dauernden Niederlagen noch weiter fortzusetzen ..."

(270)* Oberleutnant S.,
Res.Gren.Rgt. 56, 154. Res.Div. 2. September 1944, Samstag

„... Viel Sorge macht wohl auch unsere Lage. Aber es bleibt uns nichts anderes übrig, als den Kopf hochzuhalten. Wenn wir uns mit der Lage im Weltkrieg vergleichen, so geht ja immer noch daraus hervor, daß es uns besser geht – in jeder Beziehung, nicht nur auf dem Ernährungssektor, sondern auch auf militärischen Gebieten. Die Ankündigung der neuen Waffen ist auch nicht aus der Luft gegriffen, das kann ich Euch ganz positiv sagen. Und wenn die Amerikaner und Engländer im Westen so gewaltig drücken und im selben Tempo Frankreich durcheilen, wie wir es 1940 taten, dann doch vor allem aus der Furcht heraus, daß es für sie keine Zeit zu verlieren gilt. Ansonsten würden sie sich doch etwas vorsichtiger bewegen, ihre Verluste sind tatsächlich außergewöhnlich hoch. Der Feind hat nun einmal die materielle Überlegenheit, mit gleichen Mitteln können wir ihn nicht schlagen, es muß etwas völlig Neues herkommen. Bis dahin gilt es, uns soviel Kräfte wie möglich zu ersparen. Im Osten ist durch den neuen rumänischen Verrat eine völlig neue Lage entstanden. Auch hier sind wir ja die Gelackmeierten. Aber können wir nicht stolz sein, daß sich die Lage trotzdem nicht zu einer Katastrophe ausgewachsen hat? Wir müssen eben auch hier auf Weltkriegsterrain zurückgehen. Wie nahe haben wir im Weltkrieg oft am Sieg gestanden! Und diesmal sollte er uns entgehen? Das glaube ich nicht. Das letzte Wort ist noch nicht gesprochen. Auch bleibt uns ja gar nichts anderes als Kampf bis zum Letzten. Italien, Rumänien sollten doch allen Kulturnationen zu denken geben. Und wenn diese Staaten schon so ein Los haben, welches würden erst wir, die in der Welt ach so geliebten Deutschen erfahren! ...“

(271)* Gefreiter W. P.,
Stabs-Bttr./Heeres-Art.Brig. 88 9. September 1944, Samstag

„... Ich höre mir den Wehrmachtbericht an. Was ich da in den letzten Tagen hörte, ist allerdings beschissen. Der Zeiger nähert sich bedenklich auf fünf Minuten vor zwölf. Man tröstet uns, daß neue Waffen in der Fertigung seien, die das Kriegsglück wieder für uns wenden sollen. An das Wunder dieser neuen Waffen wollen wir glauben, oder man hat uns wissentlich (90 Millionen Volk) belogen und betrogen. Diese Waffen dürfen nicht mehr lange auf sich warten lassen, sonst ist es zu spät ...“

(272)* Soldat F. S., Kfz-Abschleppzug 738 14. September 1944, Donnerstag

„... Offiziere, die aus dem Führerhauptquartier zur Besprechung von unserer Heeresgruppe zurückkamen, berichteten, der Führer wäre auf einer Seite gelähmt und schneeweiß geworden, aber er wäre voller Siegeszuversicht. Unter anderem hätte er gesagt, in den nächsten Tagen würde V 2 bis V 6 eingesetzt. V 2 hätte eine Wirkung wie 100 amerikanische Großbomber. Der gesamte amerikanische Nachschub würde abgestoppt, das englische Volk würde verschwinden, und auch das französische Volk hätte bitter zu büßen dafür, daß es mit seinen Banditen unseren Truppen in den Rücken gefallen wäre. V 3 soll ein Abwehrmittel gegen die feindlichen Flugzeuge sein. Der Führer soll wörtlich gesagt haben: ‚Gott möge mir verzeihen, wenn ich gezwungen werde, diese fürchterlichen Waffen einzusetzen, durch die es so viele Menschenleben kosten wird!' Unsere Truppenzurücknehmung im Westen steht im Einklang mit dem Einsatz der neuen Waffen ..."

(273) Oberleutnant H. H.,
Heeres-Bezugs-Abnahmestelle f. d. Niederlande 17. September 1944, Sonntag

„... Gestern unterhielt ich mich mit einem Major im Kasino. Es war ganz interessant, was er vorbrachte. Sein Vertrauen auf den Einsatz neuer Waffen ist unerschütterlich. Ich konnte ihn darin nur teilweise bestärken. Daß wir an der Fliegerabwehr mit aller Kraft arbeiten, um dem Wirken der Engländer und Amerikaner Einhalt zu gebieten, ist ja selbstverständlich. Und daß hierbei eine Reihe von neuen, umwälzenden Mitteln zur Anwendung kommen werden, das ist sicher. Hoffentlich geschieht das so bald, wie es ständig angekündigt wird. ‚In aller Kürze' ist leider ein zeitlich nicht festgelegter und auch in den Händen der Propagandisten sehr dehnbarer Begriff. – Daß es um die Vergeltung ruhig geworden ist, das wollte der gute Mann nicht glauben. Als ich aber anführte, daß für die Vergeltung der Boden schon lange entzogen sei, war er schließlich ruhig. Er dachte, die Vergeltung könne von jeder Entfernung aus durchgeführt werden, und ich sagte darauf, daß das vielleicht in fünf Jahren möglich sei. Der Ausspruch des Führers, daß nur ein Land greifbar nahe läge und er sich an dieses halten werde, gibt doch zu denken. Ich fragte, ob er England jetzt noch als greifbar nahe ansehen könnte. Ich kann es jedenfalls nicht ..."

(274)* Hilfszollassistent L. F.,
Zollgrenzschutz M 3 (Krakau) 18. September 1944, Montag

„... Uns sagte man auch, am 30. September wird die V 2 eingesetzt, und da dauert der Krieg nicht mehr Monate oder Wochen, nicht einmal mehr Tage, sondern Stunden. So etwas wird uns an die Nase gebunden, wer glaubt es aber? Dann wurde uns gesagt, zu Weihnachten können wir die Siegeslieder singen, da sagte ich dazu, ich denke am 2. oder 3. Oktober gehen wir nach Hause, da ist der Krieg zu Ende. Da sagte er, so schnell geht es nun wieder nicht, und da mußte ich denjenigen auslachen.

So werden wir bloß verblödet, dabei kannst Du Dir so manches denken ...“

(275) Feldwebel H. B.,
2. Bttr./Luftschutz-Abt. 50 d.Lw. 8. November 1944, Mittwoch

„... Heute wurde durch das Radio bekannt, daß die V 2 jetzt in Tätigkeit gekommen ist. Hoffentlich ist die Wirkung so groß, daß der Westen wieder frei wird, und wir auch wieder mal große Erfolge verbuchen können. Es wäre die höchste Zeit mal wieder, daß auch der Gegner noch solche Hiebe bekommt, daß er endlich mal genug vom Krieg hat. Einen ruhigen Schlaf bekommt Ihr wohl überhaupt nicht mehr. Immer in den Keller rennen. Das macht auch auf die Dauer keinen Spaß mehr, und das kann kein Mensch aushalten ...“

(276) Schüler W. R., Oppenheim November 1944

„... Nun meine Stellungnahme zur V 2. Militärisch gesehen wird sie in ihrer Wirkung nicht erfolgreicher sein. Technisch gesehen ist sie ein Wunderwerk. Sie ist schneller als der Schall und fliegt in Höhen von 100–110 Kilometer. Diese sensationellen Leistungen wurden von Churchill selbst angegeben. Ich kann aber nicht begreifen, wie ein Objekt aus einer solchen Höhe genau getroffen werden kann ...“

(277) Obergefreiter W. H.,
Stab/Mar.Flak-Abt. 708 5. Dezember 1944, Dienstag

„... Man weiß ja noch gar nicht, wie alles ausgeht. Wenn wir den Krieg noch gewinnen sollten, dann wäre ja alles gut. Ich glaube, daß uns in politischer Hinsicht vielleicht noch Überraschungen bevorstehen. Die V-Waffen sind ja ganz gut, aber ob sie nicht etwas zu spät eingesetzt worden sind, wird uns die Zeit lehren. Gewiß, die Amerikaner bekommen jetzt auch so langsam den Krieg zu verspüren, denn seither haben sie ja hauptsächlich mit dem Material gekämpft, das sie zwei Jahre vorher in Ruhe anhäufen konnten. Allerdings ist der Druck der Feinde auf allen Fronten schwer, aber wir wollen hoffen, daß es uns doch gelingt, die Angriffskraft zu brechen und langsam zu zermürben. Vielleicht machen sich dann unsere V-Waffen doch so bemerkbar, daß die Feinde sich fragen müssen, ob es sich für sie noch rentiert, den Krieg in dieser Weise fortzusetzen. London soll ja bis zu 80% zerstört sein. So, nun genug mit Politik, ich kann auch nicht alles so schreiben, wie ich möchte ...“

13. Der 20. Juli 1944

„Ich glaube, es ist lauter Verzweiflung“

Der Zweite Weltkrieg stellte den deutschen Widerstand gegen Hitler vor eine tragische Alternative: Wäre Deutschland siegreich geblieben, hätte die Bevölkerung Umsturzversuche mit Sicherheit verständnislos abgelehnt, ging der Krieg jedoch verloren, schwächte dies die Verhandlungsgrundlage der deutschen Opposition den Alliierten gegenüber und hätte in Deutschland eine neue Dolchstoßlegende entstehen lassen.

In diesem Dilemma befanden sich von Anfang an die Männer des 20. Juli. Zum militärischen und zivilen Widerstand gehörten neben vielen anderen im Generalstab des Heeres Beck und Halder, in der Abwehr Canaris und Oster, im Allgemeinen Heeresamt Olbricht, außerdem der weitläufige Kreis um Goerdeler, der Kreisauer Kreis um Graf Moltke, die illegalen Gewerkschaftsvertreter um Leuschner und Kaiser, der Widerstand der beiden christlichen Konfessionen und viele Namenlose, die der Überzeugung waren, daß die deutsche Staatsführung grundsätzlich aufgehört hatte, dem Gemeinwohl zu dienen. Graf York von Wartenburg formulierte vor dem Volksgerichtshof: „Das Wesentlichste ist, was alle diese Fragen verbindet, der Totalitätsanspruch des Staates gegenüber dem Staatsbürger unter Ausschaltung seiner religiösen und sittlichen Verpflichtungen Gott gegenüber.“

Oberst Graf von Stauffenberg gab der militärischen Opposition ihre durchschlagende Dynamik bei der Vorbereitung für ein Attentat auf Hitler: „Wir haben uns vor Gott und unserem Gewissen geprüft, es muß geschehen, denn dieser Mann ist böse!“ (Stauffenberg zu Jacob Kaiser). Für ihn war es eine Überlebensfrage für das deutsche Volk, den katastrophalen Krieg möglichst schnell zu beenden. Die Niederlagen der Wehrmacht ab 1943 (Stalingrad, Nordafrika, die Invasion, die Ostfront) verlangten eine schnelle Entscheidung.

Als die Bombe am Dienstag, den 20. Juli 1944, um 12.42 Uhr im Führerhauptquartier Wolfsschanze in Ostpreußen explodierte, überlebte Hitler wider Erwarten. Der engere Kreis um Stauffenberg starb bereits am gleichen Abend durch ein Exekutionskommando. Vom Volksgerichtshof unter seinem Präsidenten Roland Freisler wurden in einem Schauprozeß 200 Personen als unmittelbar Beteiligte zum Tode durch den Strang verurteilt und in Ploetzensee hingerichtet. Insgesamt fielen rund 5000 Personen der NS-Justiz zum Opfer.

Selbst der Reichsminister der Justiz Dr. Thierack fühlte sich durch Freisler abgestoßen. In einem Fernschreiben an Martin Bormann vom 8. September 1944 rügte er die Prozeßführung Freislers scharf: „Wieder-

holt längere, nur auf Propagandawirkung abzielende Reden des Vorsitzenden wirkten in diesem Kreis abstoßend."

Goebbels hatte Angst vor einem kollektiven Widerstand im Reich. Am 19. Februar 1942 schrieb er in sein Tagebuch: „Es gibt Worte, die wir scheuen müssen wie der Teufel das Weihwasser; dazu gehören z.B. die Worte ‚Sabotage' und ‚Attentat'. Man darf solche Begriffe gar nicht in den Alltagsjargon übergehen lassen."

(278) Obergefreiter W. H.,
Stab/Mar.Flak-Abt. 708 21. Juli 1944, Freitag

„... 00.35 Uhr. Eben hören wir, daß der Führer in einigen Minuten spricht. Was sagst Du zu diesem gemeinen Bubenstück gegen den Führer? Das wäre ja unvorstellbar gewesen. Gott sei Dank, es ist noch einmal gut gegangen. So eine Gemeinheit sollte man nicht für möglich halten. Bei uns hier herrscht eine tiefe Entrüstung über dieses Verbrechen. Hoffentlich werden die Rädelsführer alle so hart bestraft, wie sie es verdient haben. Keine Strafe ist zu hoch dafür ..."

(279) Frau M. S., Berlin

„... Tief hat mich gestern die Nachricht von dem Attentat auf unseren Führer getroffen. Wie beschämend ist es nur, daß sich solche Menschen in den Reihen deutscher Offiziere befunden haben! Was mögen die sich bloß gedacht haben? Ein Glück, daß man diesmal schonungslos vorgegangen ist gegen sie! Erschießen ist eine viel zu milde Strafe! Möge Gott auch weiterhin unseren geliebten Führer schützen! ..."

(280) Oberleutnant K. N., Rgts.Stab/Art.Rgt. 265, 265. Inf.Div.

„... Wieder einmal hat ein Tag uns allen ein recht unerfreuliches Bild gezeigt, dessen mißtönende Spannung Du ja mehr aus der Nähe erlebst als wir, wenn es uns ja auch in besonders starkem Maße betrifft. Es ist unsagbar traurig, daß die Feindstaaten Symptome der Uneinigkeit da sehen werden, wo sie vielleicht bisher nur einmütige Geschlossenheit vermuteten. Und es ist moralisch noch niederdrückender, daß Leute aus bestimmten Führungskreisen da komplottieren, wo der Ernst der Lage nur selbstlosen Einsatz verlangt. Man mag es drehen wie man will, auf jeden Fall muß ein solcher Schritt für die Allgemeinheit verderbliche Folgen haben; also war er von vornherein verbrecherisch. Außerdem zeugt es natürlich von wenig Charakter, sich in das Vertrauen ‚hineinzudienen', um dann auf einmal alles zu stürzen. Das ist Domestiken-Manier, wie ja selbstloser, gemeinnütziger und wirklicher Einsatz weiß Gott häufiger beim einfachen geraden Mann zu finden ist. Das, was uns die Italiener so verachtungswürdig machte, haben nun auch hohe deutsche

Offiziere fertiggebracht: einen so verdienten Volksführer wie Adolf Hitler meuchlings beseitigen zu wollen. Man kann noch viel über diesen Fall sagen, für einen Brief ist alles ungeeignet. Ich bin auf nähere Nachrichten gespannt, wir wollen hoffen, daß diese Rebellion, die man von uns hier aus so garnicht beurteilen kann, keine schlimmen Nachwirkungen hat ..."

(281) Obergefreiter A. K., Stab/Sich.Btl. 772

„... Gestern erhielten wir durch das Radio die Nachricht, daß auf unseren über alles heiß geliebten Führer ein verbrecherisches Attentat verübt worden sei. Die Vorsehung hat aber unseren Führer vor allem bewahrt. Es ist nun einmal nicht aus der Welt zu schaffen, daß Adolf Hitler der Mann ist, der Europa eine neue Ordnung bringen will und vor allem auch die Freiheit aller Völker. Wie wird das Volk gejubelt haben und mit welcher Freude wird es die Nachricht aufgenommen haben, als es hieß, der geliebte Führer lebt. Bei einem Todesfall wäre es für die Freiheit der Völker schlecht bestellt gewesen, denn er ist es, der uns zum Endsieg führt ..."

(282) Frau A. B., Grävenwiesbach/Taunus

„... Ja, Glück muß der Mensch haben, dann geht es. Hoffen wir, daß wir Glück haben, und daß unser Führer bleibt. Gestern abend kam eine Sondermeldung, sie haben wieder einen Mordversuch an ihm gemacht. Mit leichten Brandwunden ist er davongekommen. Er hätte sein Amt gleich wieder aufgenommen. Weißt Du, was mich am meisten ärgert, daß wir so Lumpen in der Nähe des Führers haben, es sind bestimmt doch Deutsche daran beteiligt. So sage ich denn, daß noch nicht genug eingesteckt werden. Wer weiß, ob es nicht in den hohen Kreisen anfängt zu stinken. Aber unser Herrgott wird wachen und unseren Führer beschützen. Ich glaube, es ist lauter Verzweiflung. Unsere Gegner setzten jetzt alles daran, um den Krieg zu gewinnen. Mit Wucht und aller Kraft und aller Gemeinheit, die sie besitzen, greifen sie alles an, was nur zu denken ist. Aber die höchste Macht und das Gute wird doch siegen ..."

(283) Frau E. D., Bamberg 22. Juli 1944, Samstag

„... Der Attentäter Oberst Graf von Stauffenberg ist ja ein Bamberger. Seine Frau weilte mit ihren vier Kindern bei ihrer Mutter. In der Nacht vom 20. Juli ist sie spurlos verschwunden. Näheres werde ich Dir mündlich sagen ..."

(284) Wachtmeister B. Z., 3. Kp./Pol.Wach-Btl. ‚Dänemark'

„... Sonst ist hier nichts von allen Vorkommnissen, auch dem Attentat auf den Führer zu bemerken; höchstens, daß die Dänen uns gegenüber etwas freundlicher erscheinen, wie wenn sie jetzt Mitleid mit uns hätten ..."

(285) Gefreiter (R.O.B.) K. K.,
2. Stamm-Kp./Kraftf.Park-Ers. u. Ausb.Abt. 7, Div.Nr. 157

„... Momentan haben wir noch die Aufgabe, Maßnahmen der Verräterclique, die infolge des ruchlosen Attentats gegen unseren Führer entstehen könnten, (in München) entgegenzutreten. Aber es war nicht notwendig, irgendwie einzugreifen. Die alle wurden oder werden der gerechten Bestrafung zugeführt. Sehr begrüße ich, daß Reichsführer-SS Himmler die Führung der gesamten Wehrmacht in der Heimat übernahm. Damit ist endgültig gewährleistet, daß die nationalsozialistische Ausrichtung des Heeres besser als bisher durchgeführt wird. Ich glaube, da wird mancher die Augen noch aufmachen ..."

(286) Oberleutnant P. G., Rgts.Stab/Jäg.Rgt. 721, 114. Jäg.Div.

„... Mit tiefer Erschütterung mußten wir vorgestern den ruchlosen Mordanschlag auf den Führer hinnehmen. Als wir in der Nacht aus Führers Mund die Tatsache hören mußten, daß es Generalitäten waren, die diese ehrlose Gemeinheit begingen, standen unserem Oberst, in welcher Verfassung ich ihn noch nie gesehen habe, die Tränen in den Augen! Ja, weißt Du, welcher Mensch hat denn das für möglich gehalten? Es waren natürlich die Schweine, die der Führer wegen Feigheit oder sonstiger unverantwortlicher Schwächen zum Teufel gejagt hat. Es sollte nun doch keine Schwierigkeit sein, diese Clique auszumerzen. Ich entsinne mich noch, wie ich Dir einmal gesagt habe, gerade unsere Generale sind es, die unerschütterlich an den Führer glauben. Das sind aber auch in erster Linie die Front- und Truppengenerale. Hochachtend vom Führer war es, daß er die Wehrmacht so in Schutz genommen hat, indem er sagte, diese Clique hat mit uns Soldaten nichts gemein. Es ist auch schon richtig so! Aber bleibt nicht doch etwas Schmutz an der tapferen Armee hängen? Es ist leider schon so. Ich kann aber auch wiederum nur sagen, wir Soldaten lassen uns nicht erschüttern, so ein Lumpenvolk von Menschen kann uns unseren Glauben an den Sieg nicht nehmen! Wir stehen eisern auf unserem Posten bis zum Letzten! – Könnte man diese Geschehnisse nicht ein wenig mit dem Badoglio-Verrat vergleichen? Es ist zum Kotzen!! Auf das Mistvolk Italien haben wir geschimpft! Das Wichtigste ist, daß unserem Führer nichts geschehen ist. Das ist die große Vorsehung, die unseren Glauben nur noch stärken kann. Äußerst niedergeschlagen waren wir. Heute haben wir aber die Bitterkeit längst überstanden und fühlen uns in unserer soldatischen Ehre in keiner Weise verletzt!

Die Frage ist nur, wie die Wehrmacht den neuen Posten Himmlers verstehen wird. Zwischen Wehrmacht und SS bestand doch immer schon leider eine kleine Spalte, nun führt Himmler die Wehrmacht in der Heimat! Aber wie soll der Führer sich da auch helfen, wenn der Attentäter, Oberst Graf von Stauffenberg, der angebliche Chef des Stabes bei Generaloberst Fromm war!!! Generaloberst Fromm ist seit Kriegsbeginn der Befehlshaber des Heimatheeres, jetzt also von Himmler abgelöst! Fromm selbst wird von den ganzen Vorbereitungen nichts gewußt haben. Er war eben so ‚fromm', daß er sich von seinem Mitarbeiter in der Weise hat täuschen lassen!! Die schwere Verletzung des Generalleutnant Schmundt ist sehr bedauerlich. Als Adjutant des Führers war er sehr eifrig ..."

(287) Fähnrich L. H., 3. Bttr./Mar.Art.Abt. 530

„... Mein Chef ist um sechs Jahre jünger als ich, Student (jur.) und vollkommen versoffen. Am Verlautbarungstage des Führerattentats war er ganz geknickt, nicht als Deutscher, sondern als Offizier. Er meinte, die Ehre des Offizierskorps sei durch diesen Oberst von Stauffenberg angegriffen worden. Hoffentlich kommt nun eine Ordnung dahin in den Laden, und die Partei nimmt das Heft restlos in die Hand. Es wäre ja so vieles zu ändern. Ich bin überzeugt, so mancher Rückschlag geht auf diese Ewiggestrigen, und wenn rasch durchgegriffen wird, wäre noch alles zu retten. Wenn alle Einheiten so stehen wie sie auch sollen, dann kann es nie schief gehen, und hoffentlich denkt auch ein jeder so, vom Gefreiten bis zum General ..."

(288) Gefreiter H. R., 3. Kp./Bau-Pi.Btl. 735 26. Juli 1944, Mittwoch

„... Die Generäle, welche den Anschlag auf den Führer verübt haben, wissen genau, daß ein freiwilliger Regierungswechsel sehr notwendig wäre, denn der Krieg ist für uns Deutsche aussichtslos. Darum wäre es für ganz Europa eine Erlösung, wenn die drei Herren Hitler, Göring und Goebbels gingen. Damit wäre dem Streit ein Ende gesetzt, denn die Menschen brauchen Frieden. Alles andere ist Lüge. Alle noch so große Strenge hilft nichts, einmal kommt es doch soweit, es kann nicht mehr lange dauern, da müssen sie das Feld räumen, ob sie wollen oder nicht. Bei einer heutigen Volksabstimmung würde er ja deutlich genug sehen, wer noch hinter ihm steht und wer noch weiterkämpfen und sterben will für so eine schon seit zwei Jahren ganz aussichtslose Sache. Deutschland braucht keine Partei, mag sie heißen, wie sie will. Diese führt uns immer auf die eine oder die andere Art ins Unglück. Er will aber diese Leute, die noch ein bißchen Vernunft haben, ausrotten. Es geht ja nicht um das Leben des Volkes, nein, nur um das der Partei, und die allein nimmt sich Deutschland. Alles andere muß ausgerottet werden ..."

(289) Oberleutnant H. W. M., Münster 28. Juli 1944, Freitag

„... Es wird ewig im Ablauf der Geschichte wie auch im persönlichen Leben Egoisten geben, die glauben, die Entwicklung durch Intrigenspiele aufhalten zu können. Im großen gesehen hat uns der 20. Juli diese Tatsache vor Augen geführt. Diese Banditen versuchten, das zu vernichten, wofür Millionen bereits ihr Leben eingesetzt hatten. Hier in der Heimat verlief dieser Tag und auch die folgenden wie jeder vorausgegangene. Wie konnten diese Fahnenflüchtigen glauben, eine Entwicklung aufhalten zu können, die mit der letzten Konsequenz von 80 Millionen durchgefochten wird. Es ist ein schönes Gefühl zu wissen, daß sich ein November von 1918 nicht wiederholen kann ..."

(290) Herr F. F., Nürnberg 31. Juli 1944, Montag

„... Politisch hat sich in letzter Zeit allerhand getan. Terror und Mord stehen als Hilfsmittel bei unseren Feinden vorne an, und das ist Beweis genug, daß sie im regulären Kampf das heutige Deutschland nicht besiegen können. Empörend ist, wie dieser Lump dem Führer seine Sprengstofftasche vor die Füße schob, dann abflog, in Berlin meldete, daß der Führer tot ist. Wenn das gelungen wäre, wäre der Kerl sicher König von Polen geworden von Sowjetsgnaden. So aber fault er und seine Kumpane bereits. Der Führer lebt und wir leben, bis alle anderen Feinde am Boden liegen. Die Vorsehung hat ihm neuerdings das Leben geschenkt, um den Kampf siegreich zu beenden ..."

(291) Frau H. M., Voitsberg/Steiermark 2. August 1944, Mittwoch

„... Als die Kunde von dem Attentat kam, blieb uns allen zuerst einmal der Atem weg. Als in der Nacht dann weitere Meldungen kamen, gab es Hochbetrieb auf den Dienststellen, und unser Standartenführer hatte allen Anlaß, auf seine Männer vom Sondersturm sehr stolz zu sein, die in denkbar kürzester Zeit vollzählig zur Stelle waren. Am Freitag gab es eine sehr gut besuchte Kundgebung im Festsaal, in der der Kreisleiter ausgezeichnet gesprochen hat. Auch eine Menge Spenden für das Rote Kreuz sind eingelaufen, spontan gegeben von den Volksgenossen als Ausdruck ihrer Freude darüber, daß dem Führer nichts passiert ist. Ein Mann aus Piber wurde in diesem Zusammenhang auf Erholung geschickt ..."

(292) Soldat O. M.,
7.Kp./Gren.Rgt. 587, 320. Inf.Div. 4. August 1944, Freitag

„... Du schreibst in Deinem Brief von dem Attentat auf den Führer. Ja, wir haben es denselben Tag noch zu erfahren bekommen. Leider haben die Herren Pech gehabt, dann wäre schon heute Waffenstillstand, und wir wären von diesem Dreck erlöst gewesen. Nun kämpfen sie schon südlich Warschau. Wo das enden soll, kann man sich gar nicht mehr entziffern ..."

(293) Unterfeldwebel H. S.,
2. Kp./Trsp.Sich.Rgt. 752 6. August 1944, Sonntag

„... Das Gut hier gehört so einem preußischen Junker, der auch reif wäre, mit denen zu gehen, die auf den Führer einen Anschlag verübt haben. Jene Clique der charakterlosen und ausgehurten Geschlechter, die, wenn ich Führer wäre, alle ins Jenseits befördert würden. Das schöne Adelsgeschlecht mit wenigen Ausnahmen. Na, denke mir, daß die Bereinigung dieser Herren diesmal ganz gründlich durchgeführt wird. Wenn es geklappt hätte, die Sauerei wäre nicht zu übersehen gewesen. Der Verrat der Front hier im Osten hat uns davon einen kleinen Ausschnitt gegeben, der genug unserer Kameraden gekostet hat ..."

(294) Soldat B. P.,
2. Kp./Geb.Nachr.Abt. 67, 2. Geb.Div. 8. August 1944, Dienstag

„... Ein besonders trauriges Kapitel in der deutschen Geschichte wird wohl der gemeine Mordanschlag auf den Führer durch einige Militärs darstellen. Ich und alle Kompanieangehörige waren nach der Bekanntgabe dieser scheußlichen Schandtat sprachlos. Gottlob ließ die Vorsehung unseren Führer zur Errettung Europas erhalten, und unsere heiligste Pflicht ist es nun, uns noch fester an ihn zu klammern, um das gut zu machen, was die wenigen vom Feind wahrscheinlich bezahlten Verbrecher ohne Rücksicht auf das Volksganze angerichtet haben. Es steht außer Zweifel, daß diese Gauner an der heutigen kritischen Lage durch Sabotage viel Schuld tragen. Eine Kugel für sie ist viel zu schade; soweit sie noch nicht beseitigt sind, gehören alle öffentlich auf den Galgen ..."

(295) Gefreiter H. R., 3. Kp./Bau-Pi.Btl. 735 9. August 1944, Mittwoch

„... Durch die Länge des Krieges und die Aussichtslosigkeit des Sieges ist das Attentat gekommen. Die Herrn Generäle möchten gern die weiteren Opfer sparen. Der Führer sieht dies aber nicht ein. Seine Berater führen ihn ins Verderben. Es wäre sehr an der Zeit, daß er abdanken würde, damit weitere schwere Opfer erspart bleiben ...

Laut schreien möchte man: Hört auf mit eurem Schwindel, ihr Familienmörder. Die guten Zeiten habt ihr uns geraubt. Warum geht er nicht, nur weil er nirgends ein Heim findet, niemand nimmt ihn und seine Volksbeglücker auf ..."

(296)* Obergefreiter V. L., Bäck.Kp. 57, 6. Pz.Div.
(Von F. P. P. „Zur Weiterverfolgung" vorgelegt) 11. August 1944, Freitag

„... Den letzten Sonntag, als ich in der Kirche war, da dankte tatsächlich der Prediger Gott, daß er den Führer vor dem Attentat gnädig behütet und bewahrt hatte. Ich hätte ihm am liebsten den Mund zugestopft mit Heu. Unser Volk sieht nicht, wie es gehalten wird von satanischer Macht ..."

(297) Maat R. K.,
Seeverteidigung Bergen/Norwegen 30. September 1944, Samstag

„... Ich hatte diese Woche einen jungen 22jährigen Soldaten zum Gericht zu bringen wegen Zersetzung der Wehrkraft. Dieser wurde zuerst mit dem Ausdruck: ‚Wenn es am 20. Juli geklappt hätte, wäre jetzt der Krieg zu Ende!' zum Tode verurteilt. Sein Verteidiger hat dann Zuchthausstrafe beantragt, und er wurde dann zu zehn Jahren Zuchthaus verurteilt ..."

14. Das Gesicht des totalen Krieges

„Ein jeder hat doch sein bißchen Leben nur einmal"

Nach einer Aufstellung der Deutschen Dienststelle (WASt) für die Benachrichtigung der nächsten Angehörigen von Gefallenen der ehemaligen deutschen Wehrmacht (Arbeitsbericht 1977/78) betrugen die Verluste des deutschen Volkes im Zweiten Weltkrieg:

Beurkundete Wehrmachtsterbefälle (einschließlich Österreicher)	*3100000*	
Vermißte Wehrmachtangehörige, mit deren Tod sicher zu rechnen ist	*1200000*	
Verluste der deutschen Zivilbevölkerung	*500000*	
Verluste durch Vertreibung und Verschleppung (einschließlich Verluste durch den Luftkrieg und Erdkämpfe)		
a) in den deutschen Ostgebieten unter fremder Verwaltung	*1365200*	
b) in den deutschen Siedlungsgebieten (außer Österreich)	*886300*	
Verluste der Zivilbevölkerung in Österreich durch Luftkrieg und Erdkämpfe	*24300*	
Verluste der Deutschen (einschließlich der deutschen Juden) durch politische, rassische und religiöse Verfolgung	*300000*	
Deutsche Verluste insgesamt	*7375800*	*Tote*

So viele Tote, so viele Einzelschicksale ...

(298) Herr A. K., Grafentraubach 30. Juli 1941, Mittwoch

„... Man darf ja nicht vergessen, daß diese ‚Welt' einen ja heute allein schon verrückt machen kann. Seit zwei Jahren hört man *nur* mehr Haß, er wütet jeden Tag aufs neue in allen Zeitungen (die ich nur mehr in Überschriften lesen kann), ihn tönt der Rundfunk bei Tag und Nacht, er wütet in Maschinengewehrfeuer, in Granaten, Bomben, Flammenwerfern, Torpedos etc. etc. in Menschenleben hinein, ihm ist freie Bahn gegeben zu rasen und zu toben, bis er alles vernichtet hat, was er vernichten konnte. Es ist Nacht über Europa und Asien, und noch zeigt kein Lichtstrahl eines neuen Morgens sich. Nur tiefer geht es immerzu in die Nacht hinein – so tief vielleicht, bis die völlige Hoffnungslosigkeit aus dem Chaos sich von selbst erzeugt ..."

(299) Frau S., Heidelberg 25. Dezember 1941, Donnerstag

„So eine traurige Weihnacht hatten wir noch keine, ich bin ganz erledigt. Seit dem 15. November keine Zeile mehr von Dir, wenn doch endlich etwas von Dir käme. Wenn man doch endlich wüßte, wie es Dir geht, das zehrt so an mir, ich kann bald nicht mehr aus dem Haus gehen. Wenn ich jemand sehe und man frägt mich etwas, dann kommen mir schon die Tränen. Es wird Dir doch nichts passiert sein, Du wirst doch nicht in Gefangenschaft gekommen sein, ach mein Gott, ist das so hart, es drückt mir bald das Herz ab. Frau Klein hat wieder eine Karte, am 13. geschrieben, bekommen, und ich auch noch nicht einen Weihnachtsgruß. Du kannst Dir denken, wie hart mich das getroffen hat. Ich weiß ja, daß Du geschrieben hättest, wenn Du könntest, es wird doch nicht Wahrheit sein, was man munkeln hört, Ihr wärt eingeschlossen. Nun hast Du armer Kerl so lange ausgehalten, und nun muß eine solche Änderung kommen, es ist nicht zum Aushalten. Das hast Du von Deiner Gesundheit, die anderen werden froh sein, daß sie in der Heimat sind. Warum hast Du Dich nicht gewehrt wegen dem Urlaub, dann wärst Du nicht mehr nach Afrika reingekommen. Ich bin ja so verzweifelt. Ich gebe mir ja so Mühe, es gelingt mir aber nicht. Wenn man Euch doch bald Rettung bringt, und ich guten Bescheid von Dir habe, bin ich ja wieder zufrieden. Das hätte auf Weihnachten nicht passieren sollen. Gestern abend war Bescherung. Karl und ich nahmen die Kleine und führten sie ins Zimmer. Was strahlten die Augen, als sie den Baum sah und dann ihre Sachen unter dem Baum. Ich hatte eine Ente bekommen. Wenn man sie fährt, wackelt sie mit dem Kopf und macht dabei den Schnabel auf und zu, dann ein kleines Pferdchen, einen kleinen Elefanten, der piepst. Mit dem hatte sie eine Mordsfreude ..."

(300) Leutnant H. G., 8. Kp./Pz.Rgt. 35, 4. Pz.Div. 31. Januar 1942, Samstag

„... Tag und Nacht auf Sicherung stehen, in Schnee und Eis liegen, Angriffe bolschewistischer Horden abwehrend, dann tagelang wieder keinen Dienst, keine Arbeit, nur stumpfes Vorsichhinbrüten, schlafen und wieder schlafen. Was soll man sich denn immer wieder erzählen? Seit Monaten lebt man zusammen, kennt des anderen Lebensgeschichte, seine Erlebnisse, kennt sein Denken und sein Fühlen. Geistig hochstehende Probleme zu lösen fordert dieses Land von uns nicht. Das einzige Problem, das wir zu lösen haben, ist die Verpflegungsfrage, und die wird dann auch sehr praktisch und eindeutig gelöst. So macht dieses Land uns, die wir nun schon ein halbes Jahr hier leben, stumpf und verschließt uns vor allen gefühlsmäßigen Regungen. Wer sich daheim mit Kunst und Wissenschaft beschäftigt hat, der redet hier nur von Essen und Trinken, von Quartier, von Zugverbindungen, von Verpflegungsnachschub und von Post. Ist ja schließlich alles auch wichtiger als sich etwa mit einem weltfremden Philosophen zu befassen oder mittelalterliche Sänger oder Dichter zu lesen. Und doch sollte die schöngeistige Seite in uns, die ein jeder besitzt, ob er es bekennt oder energisch verleugnet, nicht verdrängt werden. Kameraden allerdings von Gefühlsdingen, die einen Menschen persönlich angehen, zu erzählen, ist nicht ratsam. Man wird mitleidig belächelt oder spöttisch getröstet. Wo ist denn nun der Mensch, dem man seinen Kummer, seine Sorgen, aber auch seine kleinen Freuden und sein Glück anvertrauen darf, der still zuhört, hier tröstend aufrichtet, dort Freude und Glück teilt? Und da möchte ich Sie, liebes unbekanntes Fräulein Inge, fragen, ob Sie mir Freund und Kamerad sein wollen, ob Sie mir hin und wieder auf meine Briefe, in denen ich Ihnen mein Denken und Sinnen darlege, antworten möchten, und wenn es auch nur ein paar liebe Zeilen sind? ..."

(301) Frau L. S., Freudenstadt 27. Februar 1942, Freitag

„... Du darfst nicht immer in Deinen Briefen das Sterben erwähnen. Es kommen wieder viele Soldaten heil und gesund zurück, und darunter wirst Du sein. Du sagst doch selbst, Du bist ein Glücksmensch, oder ist es vielleicht ein größeres Glück, so jung in der Blüte des Lebens für das Vaterland zu sterben? Alles Schöne, alles Glück hat man zur Genüge genossen, wenn man es verstanden hat. Jemand hat mir einmal gesagt ‚Leben muß man wollen, immer leben', das schlechteste Leben ist besser als sterben ..."

(302) Leutnant A. B., Eisb.Bau-Kp. 115 19. Oktober 1942, Montag

„... Ich erlebe z.Zt. schreckliche Tage. Jeden Tag sterben 30 meiner Gefangenen, oder ich muß sie erschießen lassen. Es ist bestimmt ein Bild des Grauens ...

Die Gefangenen, nur teilweise bekleidet, teils ohne Mantel, werden nicht mehr trocken. Das Essen ist nicht ausreichend, und so brechen sie, einer nach dem anderen, zusammen. Ich kann sie dann nicht mehr heimbringen ...

Wenn man so sieht, was eigentlich ein Menschenleben bedeutet, dann geht eine innere Umwandlung im eigenen Denken vor. Eine Kugel, ein Wort, und ein Leben ist nicht mehr. Was ist ein Menschenleben? So habe ich mich zu dem endgültigen Entschluß durchgerungen, mir nun in meinem Leben keine gesellschaftlichen Schranken anzulegen, sondern daß ich von jetzt ab lebe von einem Tag in den anderen. Wer weiß, was die Zukunft bringt. Ich werde jedenfalls jetzt das Leben so führen, wie ich mir es wünsche, und daher werdet Ihr auch verstehen, daß ich langsam den Wunsch habe, zu wissen, wo ich hingehöre und, wer weiß, ob ich den Krieg überlebe, so möchte ich wenigstens den Namen B. nicht untergehen wissen ..."

(303) Gefreiter O. S., Nachsch.Kp.d.Lw. 6/VII 13. November 1942, Freitag

„... Jetzt sind wir ja wieder im Hinterteil der Front. Da kann ich nicht viel Neues schreiben, aber mir ist es lieber so. Es sollen sich die anderen das Eiserne Kreuz holen, aber die meisten bekommen auch das hölzerne dazu, mein Kreuz am Rücken ist mir lieber als das Eiserne mit samt den Diamanten dazu ..."

(304) Obergefreiter F. B.,
3. Kw.Werkst.Kp. 2, 12. Pz.Div. 24. Januar 1943, Sonntag

„... Wir Soldaten dürfen über militärische Dinge nichts schreiben. Wir sehen nur unseren kleinen Frontabschnitt und kennen die Absichten nicht, die im großen vorbereitet werden. Über eines sind wir uns aber allesamt klar: Hier geht es um Leben oder Sterben. Rußland ist unser Schicksal – so oder so! Der Kampf hat eine Härte und Unerbittlichkeit erreicht, daß alle Worte schweigen müssen. ‚Keiner von euch hat das Recht, lebend nach Hause zu kommen!' Dieser Spruch wird uns Soldaten oft wiederholt, und wir wissen, daß er ernstgemeint ist. Wir sind auf alles vorbereitet, für meinen Fall möchte ich heute auch einige private Dinge regeln ..."

(305) Frau I. J., Coburg 5. März 1943, Freitag

„... Wir leben in einer Zeit, die uns nicht das Recht gibt zu freiem Handeln, die fordert und nimmt, die persönliche Freiheit nicht anerkennt, es auch nicht kann, die nur zerstört – unendlich viel zerstört, mehr, als sie aufzubauen je wieder im Stande sein wird. Aber kann sie auch das beeinflussen, was uns aneinanderbindet, Gefühle, die stark sind und gut, zum Schweigen bringen – kann sie Erlebtem den Stempel des Unwahren aufdrücken? Sie vermag nicht, uns Vergangenes zu rauben, und kann doch die Vertiefung von Hindernissen für eine gemeinsame Zukunft sein ..."

(306) Herr J. B., Baumbach/Westerwald — 7. Juni 1943, Montag

„... Ich war noch vor Abreise von Singen bei den Schuhmacherleuten E. und habe erfahren, was eigentlich Wahres ist. Der Sohn von E.'s ist in Rshew in Gefangenschaft geraten, nicht in Stalingrad. Der Moskauer Sender gab im Radio verschiedene Namen von gefangenen deutschen Soldaten bekannt. Einige Deutsche, welche den verbotenen Sender abhörten, haben den Namen von E. und seine Heimatadresse gehört und diese den Eltern ohne Unterschrift mitgeteilt. Es kam ein Brief aus der Schweiz und drei aus Norddeutschland. Durch die Freude der Eltern kam die Staatspolizei dahinter und holte die Briefe, die von Deutschen geschrieben waren, ab und beschlagnahmte sie. So war also die Sache ..."

(307) Frau E. S., Mannheim — 21. Juli 1943, Mittwoch

„... Nun sind wir wieder allein. Albert ist gestern nacht wieder abgefahren, aber ich kann Dir sagen, so schwer wie noch nie. An den Kindern ihren Betten hat er gesessen und arg geweint, daß ich grad zu tun hatte, daß er gericht wurde, bis es Zeit war. Es ist halt eine schwere Zeit, und keins weiß, wie es noch weitergehen soll ..."

(308) Gefreiter H. M.,
4. Kp./Korps-Nachr.Abt. 452 — 17. November 1943, Mittwoch

„... In unserem Ort, der sich ziemlich lange hinzieht und eine ziemliche Größe hat, war mal wieder etwas fällig. Es liegt hier nur unsere Kompanie mit ca. 60 Mann und Teile unserer 2. Kompanie. Das ist alles. Man kam dahinter, daß eine Partisanengruppe unsere Fahrzeuge in die Luft sprengen wollte. Vergangenen Sonntag hatte man den Landwirtschaftsführer und einen Obergefreiten, der zu ihm gehörte, im Quartier erschossen. Vorgestern morgen wurden schlagartig Kosaken eingesetzt, die sofort mit einer affenartigen Geschwindigkeit die Ortschaft durchkämmten. Gestern früh wurden am Ortsrand 40 Mann erschossen. In den Quartieren bei den Leuten war vielleicht ein Gejammere. Es haben natürlich eine Anzahl von Unschuldigen das Leben lassen müssen. Schon als die Kosaken vorgestern mittag alle Männer aus den Häusern hervorholten, da krachte es schon alle naselang, als die Leute abgeführt wurden. Man hatte nicht viel Federlesens gemacht und unterwegs schon welche umgelegt.

Im Augenblick hätte ich sonst nichts Neues zu berichten ..."

(309) Leutnant W. T., A. O. K. 18 1. Januar 1944, Samstag

„... Der Krieg, dessen längeres Ende wir hinter uns, dessen dickeres wir vor uns haben, lastet z. Zt. sehr schwer auf mir. Dieser hastige, nervöse Marsch über dem Abgrund, der allen Völkern droht, hat in Stunden der Klarheit für mich etwas Gespenstisches. Noch ist's doch so, daß die Fassade hält, wie leicht kann sie ins Nichts zerfallen. Et nemo percipit corde. (Auch Platon hat zu wenig bedacht, daß die runde Welt seit je mit einem Minimum an Intelligenzaufwand bewegt wird.) Diese Gedanken haben Zentnergewichte, und es lohnt nur, sie im Rausch zu töten. Dinge, die uns noch bewegen, lassen sich schwer aussprechen. Vielleicht bringt das Frühjahr heilsame Klärung ..."

(310) Frau A. H., Hochberg/Krs. Ludwigsburg 1. Februar 1944, Dienstag

„... Wohin treiben wir überhaupt? Der Wehrmachtbericht gibt unumwunden das unaufhaltsame Vordringen der Russen im Norden und der Mitte zu ...

Ich bin gewiß kein Pessimist, aber manchmal sehe ich jetzt keinen Ausweg mehr. Papa schrieb im letzten Brief an mich, wir müßten aushalten und warten, bis Katharina II. ein zweitesmal stürbe. Bald muß man wirklich an Wunder glauben, wenn man die Hoffnung an den Sieg nicht aufgibt. Heute wurde von den schweren Abwehrkämpfen bei Nikopol berichtet. Wie dankbar bin ich jeden Tag, daß ich wenigstens um Dich nicht mehr so zu bangen brauche. Aber ich bin nicht so veranlagt, daß ich mich über das Leid der anderen hinwegsetzen kann, wenn es mich persönlich auch nicht betrifft. Es ist ja natürlich, daß auch die Mitleidensfähigkeit allmählich abstumpft, es ist wohl eine Art Selbstschutz der Seele. Kannst Du Dir vorstellen, daß wir jemals wieder ungetrübt und glücklich sein können? Der Führer hat uns ja zwar getröstet, daß eines Tages auch wieder die Sonne scheinen wird. Ja, für den, der dann noch lebt. Aber wie viele werden das sein? Es fallen ja täglich in der Heimat mehr als an den Fronten. Fast könnte man diejenigen beneiden, die die ewige Ruhe gefunden haben. Und trotzdem hängt man am Leben, und wenn es auch noch so schwer zu ertragen ist ..."

(311) Frau B. K., Röthenbach/Krs. Calw 23. April 1944, Sonntag

„... Zu was sind wir auch geboren auf dieser Welt? Es ist ja doppelt schwer für mich. Mein Fritz kann mich anklagen, und sag an, wenn er nicht geboren wäre, dann hätte er nicht müssen in den Krieg. Oh, ich verzweifle in meinem Elend. Wenn ich doch auch bei ihm wäre. Mein Fritz ist mir weit voraus. Er hat jetzt das Erdenleid überstanden, und mir bleibt der Schmerz. Die bitteren Wermutstropfen, wenn mein Fritz da gestorben wäre, so täte es mir, glaube ich, nicht so weh. Ich könnte mir sagen, der Herr hat ihn jetzt können zu sich nehmen, und ich könnte auf sein Grab zu seinem Ruheplätzchen. Ich könnte auch Zwiesprache mit ihm halten. Aber so bleibt mir, solange ich noch lebe, Schmerz und Leid. Das tut mehr als bitter weh, wenn man seinen Buben hergeben muß zum Verschießen ..."

(312)* Hauptfeldwebel R.,
Nachsch.Kp. 291, 291. Inf.Div.
(F.P.P. „Zur Weiterverfolgung" vorgelegt.
Kriegsgerichtliches Verfahren befohlen) April 1944

„... Es ist bezeichnend, daß der Sieger von Sewastopol, Generalfeldmarschall von Manstein, sang- und klanglos verschwunden ist. Jedenfalls führt die Heeresgruppe Süd seit Ostern ein anderer. Es ist betrüblich, solche Leute, die den Tod so vieler Menschen verschulden und unsagbares Elend über die Angehörigen bringen, müßten ebenfalls ihr Leben lassen und zwar am Baum ..."

(313)* Obergefreiter C. B.,
Stab/Fest.Btl. 664, 210. Inf.Div. 1. August 1944, Dienstag

„... Ja, wir durchleben eine sehr schwere Zeit. Die Nerven sind auf das äußerste gespannt. Es geht uns allen so. Der Krieg drängt zur Entscheidung, und diese wird und muß in einigen Wochen fallen. Wenn der Führer sagt, wir haben die Mittel und Waffen, den Feind wieder von unseren Grenzen zu vertreiben, und wir werden letzten Endes den Sieg davontragen, so weiß ich sehr wohl, daß ein unbändiges Vertrauen und ein starker unbeugsamer Glaube zu unserem Führer dazugehört, diese augenblicklich schwere Zeit, die für uns seit langem nur Rückschläge brachte, zu überstehen. Der Glaube gibt uns die Kraft, alles harte und schwere Leid zu ertragen; Ihr in der Heimat, wir an der Front. Mein Glaube an den Führer und den Sieg ist unerschütterlich, und ich wäre sehr glücklich, wenn Du diesen Glauben durch nichts, aber rein gar nichts zu beirren, mit mir teilen könntest. Der Führer hat stets sein Wort gehalten, und er wird es heute mehr denn je tun. Die kommenden Ereignisse werden die Bestätigung bringen. Bis dahin heißt es aushalten. Kleinliche Gestalten gibt es auch bei uns genug. Ich habe nur Verachtung für sie ..."

(314)* Obergefreiter W. P. C.,
10. Bttr./Geb.Art.Rgt. 82, 7. Geb.Div. 4. August 1944, Freitag

„... Gestern war ich bei einem Vortrag unseres Divisions-Generals und des Divisions-NSFO. Die Ausführungen der beiden Herren waren geeignet, uns eine Ausrichtung für die kommenden Ereignisse zu geben. Es zog sich der Sinn durch die Reden, daß unsere Lage zwar ernst, doch nicht hoffnungslos ist. Das ist mir ja klar. Es muß noch etwas im Hinterhalt sein, das die jetzige Krise wett macht, wenn es zum Einsatz kommt. Davon, wann der Krieg zu Ende ist, weiß niemand etwas zu sagen. Die Meinungen gehen jedoch sehr auseinander. Obwohl ich fest hoffe, daß möglichst bald dieses grausame gegenseitige Vernichten seinen Abschluß findet, sehe ich doch nach menschlicher Lage der Dinge das Kriegsende jahreweit entfernt. Die Krise kann meine seit Jahren vertretene Meinung nicht ändern. Wieviele hat es bisher gegeben, die seit drei oder vier Jahren immer ‚in diesem Jahr den Frieden erwarteten'. Zur Zeit ist die Frage ‚Wann' *auch nicht wichtig.* Vielmehr müssen und wollen wir uns durch die schier erdrückende Ungewißheit nicht zerquetschen lassen, dagegen stark sein und durchhalten durch die Kraft, die uns unser Herzens- und Seelenfrieden verleiht. Gesund und wohlbehalten wollen wir diese schwere Zeit überstehen – das sei unser fester Wille, schon unseren Kindern gegenüber ..."

(315)* Obergefreiter H. F., 6. Kp./Kraftf.Abt. 463
(F. P. P. „Zur Weiterverfolgung" vorgelegt) 8. August 1944, Dienstag

„... Ich meine, heute braucht man ja keine Brille mehr, um die Lage zu beurteilen, na ja, der Casanova hat wieder neue Waffen angekündigt, der ganz tolle Kriegseinsatz kommt auch, also kann ja nichts fehlen. Wir hatten einen Bevollmächtigten für den Arbeitseinsatz, dies war der Sauckel, nun hat Dr. Goebbels wieder einen neuen Posten, ist Reichsbevollmächtigter geworden, ich glaube, daß er es selbst nicht mehr weiß, wieviel Posten er schon hat, also ich muß sagen, es kann wirklich nichts fehlen. So schön wie in Deutschland alles geregelt ist, da muß es ja gut werden. Posten hin, Posten her, auf ein oder zwei Titel kommt es gar nicht darauf an, Gauleiter von Berlin, Stadthalter von Berlin, Propagandaminister, Reichsbevollmächtigter, Kunst-Minister usw., es täte grad noch fehlen, daß er endlich auch mal Schütze werden soll, wie wir schon jahrelang sind. So ein Mann könnte auch bei uns Karriere machen, wirklich schade, daß er immer noch nicht Soldat ist! ..."

(316) Frau B., Berlin 11. August 1944, Freitag

„... Seit ca. vier Wochen bin ich jetzt wieder in der ‚Reichshauptruine' ...

Bei diesem anormalen Zigeunerdasein nimmt man mit der Zeit alles mit in Kauf und hofft eben geduldig weiter, daß es schließlich und endlich ja auch *einmal* wieder anders werden muß! Oder meinst Du nicht? Oder wenn, dann nur schlechter? Jeder hat seine eigenen Ansichten darüber, und die Meinungen gehen höchst auseinander. Tatsache ist, finde ich immer wieder, daß wir ‚A' gesagt haben und nun dem weiteren Alphabet der Reihe nach treu bleiben müssen und wirklich die letzten Anstrengungen wagen, um den Krieg zu Ende zu bringen, entweder siegreich oder mit *völliger* Vernichtung für uns! Leider machen sich immer noch zu viele Leute Hoffnungen, daß das, was dazwischen liegt, auch nicht so schlimm sein könnte, aber ich fürchte, sie würden sich wundern! ...“

(317) Obergefreiter O. S.,
Schlächt.Kp. 357, 357. Inf.Div. 12. August 1944, Samstag

„... Ich brauche Dir nicht schreiben, wie sehr ich unter dem jahrelangen Los eines kleinen Soldaten leide. Ich fühle aus Deinem Briefe, wie Du Dich abquälst. Denke aber immer, daß wir erst dann alles verloren haben, wenn wir an der Zeit zerbrechen. Wir müssen uns unsere Tatkraft erhalten und hinüberretten in die Zeit nach dem Kriege. Wir dürfen nicht resignieren und sagen: ‚Durch die Jahre des Krieges ist dies und das endgültig verloren!‘ Noch gebe ich kein Jota meiner Pläne auf! Und auch Du darfst dies nicht tun ...

Hoffen wir, daß dieses ‚Leben ohne Gnade‘, wie Du es in Deinem Brief nennst, bald von einem besseren Leben abgelöst wird, und dieser Krieg sein Ende findet ...“

(318) Oberstleutnant H. Z., Stab/Flak-Rgt. 78 20. August 1944, Sonntag

„... Manchmal, wie eben heute nach zwei sehr lebendigen Tagen, vibrieren meine Nerven etwas, aber im Prinzip kann mich schwer etwas aus dem Gleichgewicht bringen. Eines wird mir immer sehr schwer, wenn ich nämlich aus Gründen der Disziplin über Leben und Tod eines Menschen letzte Entscheidung fällen und nach *gewissenhaftester* Prüfung auch alles Positiven ein Todesurteil unterschreiben muß. Dies wird für mich immer das Schwerste bleiben, ist aber – Gott sei Dank *sehr selten* bei deutschen Soldaten – manchmal nicht anders möglich ...“

(319) Obergefreiter S.,
2. Kp./Pi.Brückenbau-Btl. 42 23. August 1944, Mittwoch

„... Es ist ja heute egal, totaler Einsatz, da fragt keiner mehr, zu was für einem Verein gehörst du, da wird eben reingeworfen, was gerade da ist. Es ist ja auch egal, ob man heute oder morgen eine in die Rippen bekommt. Unser großer Feldherr Göring sagte ja einmal: ‚Du bist nicht hinausgezogen, um wieder heimzukommen, sondern um zu kämpfen und zu sterben‘. Wie schön sich das doch alles sagen läßt von zu Hause aus, und wie anders ist doch die Wirklichkeit. Ein jeder hängt an seinem bißchen Leben, zu Hause hat man Frau und Kinder, ein Kleines, das man noch kaum gesehen hat, das den Papa gar nicht kennt. Ein jeder hat doch sein bißchen Leben nur einmal, und ist dies genommen, dann ist es eben aus. Auch der Gedanke, für eine bessere Zukunft gekämpft zu haben, ist dann kein Trost mehr, denn wie sich die bessere Zukunft gestaltet, sehen wir jeden Tag besser. In vier Tagen ist man fünf Jahre Soldat, fünf Jahre hat man alles entbehrt, Heimat und Familie, fünf Jahre hat man ruhig alles auf sich genommen, und nun steht man einer solchen Ungewißheit wie noch nie gegenüber. Man weiß tatsächlich nicht, was noch sein wird. Wird man die geliebte Heimat noch einmal sehen? ..."

(320)* Unteroffizier B.
(ohne Angabe der Feldpost-Nummer)
(F. P. P. „Zur Weiterverfolgung" vorgelegt) 27. August 1944, Sonntag

„... Die Nachrichten im Radio sind ja sehr beschissen, und ich glaube, es ist 5 Minuten vor 12, und jetzt werden sie uns wohl bald am Arsch haben. Wir werden wohl doch noch für den Russen arbeiten müssen. Es sieht jedenfalls sehr böse aus. Was wird das noch werden? Ist das der Welt Untergang oder Aufgang? Halte Dich auf alle Fälle tapfer, meine kleine Frau, und sorge Dich nicht um mich, die Sache wird schon schief gehen ...

Es fragt eben keiner danach, ob man kann oder nicht. Wir müssen, und wenn du nicht willst, bekommst du eine geknallt, und sie haben keine Sorgen mehr um einen. So sieht es aus ..."

(321)* Gefreiter L. B., 1. Kp./Pi.Btl. 62
(F. P. P. „Zur Weiterverfolgung" vorgelegt)

„... diejenigen, die den Krieg gewollt haben, werden auch noch gestraft. Bis jetzt hat es nur noch nicht so richtig geklappt. Keiner bleibt in diesem Kriege ungestraft, jeder bekommt sein Futter, in der Heimat, wie an der Front. Es soll niemand zu früh lachen, es ist noch nicht zu spät. Ein altbekanntes Sprichwort sagt: ‚Wer zuletzt lacht, lacht am besten.' Das hat sich ja schon bewiesen. Mit Propaganda wird der Krieg nicht gewonnen, denn da müssen sie sich dümmere Feinde suchen. Dieses Thema ist bei uns die alltägliche Parole. Du kannst Dir ja denken, wie bei uns die Stimmung ist. Jeder hat die Nase voll ..."

(322) Oberleutnant K. N.,
Rgts.Stab/Art.Rgt. 265 (Atlantikfestung Lorient),
265. Inf.Div. 31. August 1944, Donnerstag

„... Der Wehrmachtbericht hat eben meine Mittagruhe beendet, die einen erfrischenden, einstündigen Schlaf schenkte. Über meinem Bett hängt eine große Frankreichkarte, auf der ich ungefähr den Frontverlauf einzutragen pflege. Man kann es wirklich verstehen, wenn Du und jeder heute nach den Gründen fragt, wie es möglich war, daß wir ein seit vier Jahren besetztes Gebiet, über dessen gigantische Atlantik-Festungen wir soviel schrieben und Wochenschauen zeigten, wo wir die Invasion so brennend ersehnten, um dem Gegner vernichtende Schlachten beizubringen, wie es möglich war, daß uns ein solches Land innerhalb weniger Wochen fast völlig entglitt ...

Ein seit vier Jahren mit mathematischer Sicherheit vorauszusehender Kriegsschauplatz dürfte nicht solche Überraschungen schaffen, selbst dann nicht, wenn der Feind im Osten weit widerstandsfähiger und eher viel besser war, als viele Hurrapatrioten 1940 glaubten! Der Krieg muß immer eine Rechnung des Verstandes und des glühenden Willens bleiben und darf sich nie auf unabwägbare Volksstimmungen im Feindland stützen. Und eine Propaganda ist richtig und gut, wenn sie das zu nehmende Hindernis, den zu besiegenden Feind ganz eiskalt und nüchtern malt und dann den Kampfgeist und den Idealismus zum Sieden bringt, daß sie der materiellen Kraft den heldischen Schwung gibt ...

Man muß einem Volk, mit dem man einen Krieg auf Leben und Tod führt, die nackte Wahrheit sagen und die Erwartungen ganz realistisch. Große, in jedem Einzelzug erkannte Feindstärken werden eine ganz andere Kraft auslösen, als ein schwächlicher, lächerlicher Feind. Wenn ein Volk große Feinde nicht in seinem klaren Bewußtsein, in seinem Geiste vor sich zu sehen und zu ertragen vermag, nicht einmal in Gedanken, wieviel weniger dann in der Wirklichkeit und mit der Tat. So mußte dieses Volk 1939 reif sein für den totalen Krieg, aber die Zeit war zu früh für einen solchen Krieg bzw. er zu groß für das Volk. Die Geschichte wird alle Fragen entscheiden ..."

(323)* Leutnant K., 10. Kp./HGr.Nachr.Rgt. 558 3. September 1944, Sonntag

„... ,Ich erkläre und beteure der Welt und Nachwelt, daß ich die falsche Klugheit, die sich der Gefahr entziehen will, für das Verderblichste halte, was Furcht und Angst einflößen können, daß ich die wildeste Verzweiflung für weiser halten würde, wenn es uns dadurch versagt wäre, mit einem männlichen Mut, d.h. mit ruhigem aber festem Entschluß und klarem Bewußtsein der Gefahr zu begegnen ...'

Liebe Inge!

Es hat durchaus den Anschein, als wenn in unserem Europa wir die einzigen sind, die sich dies Wort unseres Kriegsphilosophen Carl von Clausewitz zu eigen gemacht haben. So wird der heutige Tag nicht als Tag der Kriegserklärung Englands und Frankreichs in die Geschichte eingehen, sondern auch als Tag, an dem Bulgarien und Finnland sich dem Bolschewismus ergaben. Es gibt bald keinen mehr, der uns nun noch verraten könnte. Und so zeigt die Geschichte heute ein Bild, welches man den Bankrott des Abendlandes nennen könnte. Was Nietzsche einer tauben Welt verkündet, ist heute harte Wirklichkeit. Was ist Religion? Ein Dummenfang der Priesterschaft! Was ist Geist? Eine Funktion der Materie! Was ist Einbildung? Ein verfluchtes Vorrecht der Besitzenden! Was ist Kultur? Die Verwirklichung der liberalistischen Idee! Und was ist

Treue, Ehre, Mut und Tapferkeit? ... Was Engländer und Amerikaner mit ihrem Blut gewannen, streicht Tage später der Bolschewismus ein. Während in einer Kirche in Paris die englandfreundliche Bevölkerung ihren Dankesgottesdienst abhält, werden sie von den Emporen von Kommunisten unter Feuer ihrer MG's und MP's genommen. Während Roosevelt und Churchill gemeinsam singen: ‚Vorwärts ihr christlichen Soldaten', demonstrieren die Gottlosen vor dem Vatikan. Und während die Aufständischen in Warschau immer noch für ihre ‚Freiheit' kämpfen, haben ihre Führer von den ihnen in Freundschaft verbundenen Sowjets bereits den Genickschuß empfangen. Und das alles unter Freunden. In diesem Tohuwabohu, welches bekanntlich der Zustand vor dem ersten Schöpfungstag gewesen sein soll, steht Deutschland. Und alles das, was um uns herum geschieht, muß uns mit einem mächtigen Grimm erfassen und uns dazu bestimmen, einen ganzen Willen zu wollen. Es darf überhaupt gar nichts geben, was uns bewegen könnte, schwach zu werden. Jede deutsche Unterwerfung würde in gänzlich hundertprozentiger Vernichtung *alles* Deutschen bestehen, während keine noch so große Übermacht unseres Gegners uns restlos vernichten könnte. Wir sind die letzte Bastion, mit uns steht und fällt alles, was germanisches Blut in den Jahrtausenden zeugte ..."

(324) Schüler W. R., Oppenheim

„... Ich wollte, es würde den ganzen Tag regnen, denn da kommen Yankies und Tommies nicht zu viel. Heute waren sie nun wieder da. Bei uns haben sie nur Flugblätter abgeworfen und angekündigt, daß bald noch andere Sachen nachkämen. Vorige Woche habe ich Max getroffen. Er ist in der Stellung zwischen Rüsselsheim und Königstädten. Bei dem letzten Angriff auf Opel wurde auch sie angegriffen. Vier Mann wurden durch Brandbomben totgeschlagen. Max erhielt einen Bombentreffer gegen den Stahlhelm. Am andern Tag hat seine Batterie eine fliegende Festung abgeschossen. Max wird das Flak-Kampfabzeichen erhalten. Die Besatzung einer bei einem Nachtangriff von ihnen abgeschossenen Lancaster wurde von der Rüsselsheimer Bevölkerung totgeschlagen. Es war eine wüste Szene, bis die acht Mann tot waren ..."

(325) Leutnant W. T., A. O. K. 18 13. September 1944, Mittwoch

„... Die Musen schweigen nun endgültig und werden es bis auf weiteres tun. Die incertitude allemande ist so erdrückend geworden, daß nur noch der Gedanke an die nackte Existenz Gewicht hat. Ob und wann wir das Spiel mit einst uns lieben Dingen wieder aufnehmen können, ist ungewiß.

Heute sehen nun auch die Blinden. Es war entsetzlich, seit langem die Entwicklung sehen zu müssen, nicht verstanden zu werden und nichts wenden zu können. Das letzte ist das Schlimmste. Mir ist, als säßen wir in einem Kahn, der ohne Ruder dem Niagara zutreibt: Den Sturz herbeisehnen kann keiner, der noch Vernunft hat, und doch ist die Ungewißheit fast noch schlimmer ..."

(326)* Obergefreiter K., Stab/Feldzeug-Btl. 12 16. September 1944, Samstag

„... Vor dem Einschlafen quälen mich immer die schweren Gedanken, ob ich Euch nochmals sehen werde, und wie es Euch gehen wird. Denke, liebste Frau, wo wollen meine Schwestern mit den Kindern hin? Ist das nicht schier zum Verzweifeln? Ich habe die Hoffnung vollständig aufgegeben, daß wir uns glücklich wiedersehen, geschweige denn, daß wir nach dem Kriege ein glückliches Leben miteinander führen können. Du glaubst nicht, wie gerne ich in meinem lieben neuen Heim bei Euch bin. Wenn mir mein ganzes Glück zerstört wird, daß Ihr nicht mehr da seid und mein Haus zerstört ist, wenn ich heim komme, so räume ich mich selbst aus der Welt. Ich würde das nie überwinden. Elf Tage war mir mein großes Glück vergönnt, gerade lange genug, um mich heute mit wildem Weh zu erfüllen in der Angst, daß es alles nur ein flüchtiger Traum war. Gute Frau, schreibe mir aufrichtig, was meinst Du darüber. Ich würde gern schreiben, daß Du mich trösten sollst, aber der Trost ist ja doch nur von kurzer Dauer, denn diese Tatsachen würden uns bald eines anderen belehren. Wären wir nur nicht in diese unglückliche Zeit geboren. Wenn es noch eine Gerechtigkeit gibt auf Erden, so bleiben alle meine Lieben vor den Schrecken des Krieges verschont. Ich werde Dir später einmal sagen, warum ich diesen Satz schreibe. Und, liebe Frau, mit Deutschlands Niederlage ist auch mein Schicksal besiegelt, Du weißt ja, daß ich Mitglied der Partei bin. Mir braucht Ihr nicht nachsinnen, wenn nur gerade Ihr gut durchkommt. Wir können halt nichts anderes tun, als wie dem Karren den Lauf lassen, komme, wie es wolle ..."

(327)* Hauptmann H.-G. E.,
Stab/Aufkl.Abt. 12 (gp), 12. Pz.Div. 17. September 1944, Sonntag

„... Gestern erhielt ich ein russisches Flugblatt, das an die russischen Soldaten gerichtet war. Wohl kein Aufruf oder Zeitungsartikel kann aufrüttelnder sein als der Befehl des Juden Ehrenburg: ‚Soldaten der Roten Armee, nun holt Euch Eure Beute, die deutschen Frauen und Mädchen! Dann weidet Euch am Morden der Faschisten! Holt Euch die blonden, germanischen Frauen, und so brecht Ihr den deutschen Übermut!'

Ich muß sagen, beim Lesen lief mir ein eiskalter Schauer über den Rükken. Man darf über diese Worte garnicht weiter nachdenken, sie sind furchtbar. Grenzenloser Haß und letzte Hingabe ist die einzige Antwort, die wir darauf geben können. Wir müssen den Sieg an unsere Fahnen heften ..."

Abb. 32: Zerstörungen im Kölner Dom nach dem Großangriff vom 28./29. Juni 1943

Abb. 33: Bombenopfer in Hamburg nach dem Luftangriff vom 27./28. Juli 1943

Abb. 34: Der Feldpostbrief „an sie“

Die neue Waffe

Mit gleißnerischen Versprechungen versucht der Feind das Deutsche Volk wieder einmal zu betören. Derselbe Gegner, der Tag und Nacht Mord und Brand über deutsche Städte und Dörfer bringt, der den Krieg gegen die wehrlose Zivilbevölkerung führt, will durch verlogene Worte erreichen, was ihm im ehrlichen Waffenkampf versagt blieb. Er spricht vom Frieden und meint unseren Tod. Allein in seinen teuflischen Haßprophezeiungen:

Ausrottung unseres Volkes,
Vernichtung unserer Kultur,
Zerstörung aller Werte

ist er ehrlich. Nur diesen mörderischen Absichten glaubt! Alles andere ist Lüge.

Deutscher Volksgenosse

daran denke und weise alle schwächlichen Anwandlungen ab! Mag vielleicht noch einige Zeit des Abwartens bis zum Einsatz neuer Kampfmittel vergehen, mögen bis dahin noch Leid und Schmerzen zu ertragen sein, die große Stunde für unser Volk

wird kommen!

Dann wendet sich das Blatt des Krieges.

Jetzt mannhaft, zäh und treu kämpfen und arbeiten!

Aus solchen Tugenden erwächst uns

der Sieg.

Abb. 35: Deutsche Durchhaltepropaganda

Abb. 36: Deutsche V-1 über London

Abb. 37: Vorderseite des anglo-amerikanischen Flugblatts ZG 71: abgeworfen in der Zeit vom 2. Oktober bis 9. November 1944

V-2-Raktenwurfanlage bei Watten in Nordfrankreich, die von den Alliierten erobert wurde. V-Waffen waren kein Bluff — aber eine Fehlkalkulation.

V-WAFFEN HÄTTEN ES AUCH NICHT GESCHAFFT

Über 340 V-1-Abschussrampen wurden von den alliierten Heeren in Nordfrankreich, an der belgischen Kanalküste und in Holland erobert, sowie zahlreiche Raketenwurfanlagen und Fernkampf-Versuchsstationen. Eingehende Untersuchungen der erbeuteten V-Waffen (auch neuartiger Typen, die noch nicht zum Einsatz gelangt waren) ergaben ein genaues Bild ihrer Möglichkeiten. Ein kanadischer Pionier-Offizier sagte:

"Die V-Waffen spielen in diesem Krieg eine ähnliche Rolle wie der Tank im letzten. Sie kommen für diesen Krieg zu spät und bedürfen noch jahrelanger Weiterentwicklung, um sich von einer psychologischen Waffe in ein wahres Kampfmittel zu verwandeln. Sollte in 25 Jahren ein neuer Krieg stattfinden, und wenn es gelänge, ungestört die Vorbereitungen zu treffen, die von der deutschen Führung ursprünglich beabsichtigt waren, dann können diese Waffen im nächsten Krieg wohl ein Faktor ersten Ranges werden."

Verunglücktes V-1-Geschoss. Ungefähr 25 v. H. der Projektile wichen von ihrer Bahn ab oder stürzten im unmittelbaren Abschussraum ab. Insgesamt 46 v. H. wurden durch Jäger und Flakbatterien abgeschossen.

Abb. 38: Reichsmarschall Göring im Führerhauptquartier nach dem Attentat

Abb. 39: Hitler verleiht den beim Attentat Verletzten ein spezielles Verwundetenabzeichen, auf dem das Datum 20. 7. 1944 und seine Unterschrift eingraviert waren

Abb. 40: „Treuekundgebung für den Führer“ am 24. Juli 1944

Abb. 41: Todesanzeige vom Oktober 1943

Im kampfesfrohen, zu jedem Opfer bereiten Einsatz fand am 12. September 1943 mein geliebter Mann, unser guter Vater, lieber Sohn, Schwiegersohn, Bruder, Schwager, Onkel, Neffe und Vetter

Walter Schattschneider

Hptm. und Batl.-Führer

Träger des EK. 1. und 2. Kl. und anderer Kriegsauszeichnungen

den Heldentod. Sein Leben und Kämpfen für seine Ideale, seinen Führer, sein geliebtes Deutschland, hat hierdurch die höchste Krönung erhalten.

Mein lieber Mann brachte sein Opfer in dem unerschütterlichen Glauben an einen großen Sieg und in dem Bewußtsein, daß seinen Kindern, die sein ganzer Stolz waren, eine schöne Zukunft werde. Kein Klagen soll sein Heldenopfer schmälern. In großer Liebe und Verpflichtung gedenken wir seiner.

Christine Schattschneider, geb. Reumann
Martin, Reinhard und Christel
Familie August Schattschneider, Virchow i. P.
Familie Johannes Reumann, Schleswig.

Itzehoe, im Oktober 1943.
Langer Peter 64

Abb. 42: Das Gesicht des totalen Krieges: Köln in Trümmern

„Selig, die reinen Herzens sind“

Lothar Thiemann

Schüler der Hindenburgschule zu Kleve,
Luftw.-Helfer in einer Flak-Einheit

von Gott geschenkt am 30. Juni 1928 zu Kleve
von Gott heimgeholt am 1. Nov. 1944 in
Duisburg-Beeck.

Seine Jugend war froh und gotterfüllt im Kreise seiner Eltern und Geschwister. Er war unsere Freude und unser Glück. Aufgeschlossen für alles Edle und Schöne in dieser Welt, beseelt vom Streben nach der Wahrheit, baute er sein junges Leben auf, um für seinen irdischen Beruf bereit zu sein. Gott hat ihm einen höheren Beruf zugeteilt in Seinem gegenwärtig sichtbarem Walten auf Erden. Er sollte mit dem Opfer seines jungen Lebens sein Bestes schenken zur Wiederkehr des Gottesfriedens in dieser Welt. So ist er ein Frühvollendeter geworden, dessen Leben reichste Frucht gebracht hat.

„Du hast ihn uns geliehen, o Herr. Und da Du ihn wieder zurückgefordert, geben wir ihn Dir ohne Murren, aber das Herz voll Wehmut“.

Buchdruckerei R. W. Thiemann, Uedem

Abb. 43: Todesanzeige vom November 1944

Direktor Dr.Schmidt, der bei der Deutschen Bank in Berlin die rechte Hand von Direktor Kimmich ist (auf meinen Schwager Bezug nehmen). Buskühl hat insbesondere Verbindungen zum bekannten Flickkonzern.

Hat sich in der Sache Zella-Mehlis irgendetwas verdichtet? Ich bitte Rolf, mir zu schreiben, weil mir diese Sache doch sehr am Herzen liegt; und weiter: Hals-und Beinbruch!

Warschau hat mich als Stadt enttäuscht. Die Teuerung und dadurch eine besonders ins Auge fallende Armut bestimmen neben den Zerstörungen von 1939 massgeblich das Stadtbild. Durch die Teuerung wird auch der wilde Handel sehr gefördert. Auf freien Plätzen sieht man die Verkäufer mit allen möglichen Sachen stehen: Lebensmittel jeder Art, Kleider, Wäsche, dazu Krimskrams jeglicher Art. Im Ghetto sind die Zustände kaum zu beschreiben. Das kann man nur gesehen haben, um es auch glauben zu können. Auf den Strassen herrscht ein Verkehr wie zur Leipziger Messe. Hier handelt der Jude untereinander mit lautem Geschrei auch alles auf der Strasse. An dem Morgen, als ich mit dem Wagen durchfuhr, sah ich mehrere Leichen, darunter Kinderleichen, etwas mit Papier zugedeckt und dieses mit Steinen beschwert. Die anderen Juden gehen achtlos daran vorüber, bis der primitive Leichenkarren kommt und diejenigen"Überreste", mit denen kein Geschäft mehr zu machen ist, abholt. Das Ghetto ist mit Mauern, Zäuner usw. abgeschlossen. An den vielen Schlagbäumen stehen SS.-, polnische und jüdische Schutzleute und führen eine strenge Kontrolle aus. Schmutz, Gestank und Lärm sind die Hauptzeichen des Ghettos.

Mit den herzlichsten Grüssen und Wünschen bin ich

Euer getreuer

Abb. 44: Faksimile Briefausschnitt Nr. 345

Abb. 45: Schreiber des Briefes Nr. 335: Herr J. E.

Abb. 46: Schreiber des Briefes Nr. 342: Leutnant H. L.

(328)* Obergefreiter L. S.,
5. Fahrkol./Inf.Div.Kol. 156, 56. Inf.Div.
(F. P. P. „Zur Weiterverfolgung“ vorgelegt) 19. September 1944, Dienstag

„... Ob wir am Kriegsende nicht nach Sibirien wandern? Es wird in den Zeitungen zugegeben, daß wir schmerzliche Verluste haben, aber immer noch: der Sieg wird unser sein. Der Feind wird seine Lücken leichter ausfüllen als wir, was soll das werden, wenn die Engländer ihre farbigen Soldaten in unser Land brächten! Allmählich könnte man glauben, was schon lange verheißen ist, daß die schwarzen und gelben Rassen Europa vernichten und auffressen, und wer trägt an allem die Schuld? Als wir noch die Parteizeit hatten, schrien die Kommunisten, wer Hitler wählt, wählt den Krieg! Der Krieg ist gekommen, aber an der ganzen Sache hat Gott seine Hand im Spiel ...“

(329)* Obergefreiter K.,
2. Fahrschwadr./Inf.Div. Nachsch.Tr. 240, 170. Inf.Div.
(F. P. P. „Zur Weiterverfolgung“ vorgelegt) 22. September 1944, Freitag

„... jetzt sammelt sich der Amerikaner, und dann wird es wieder ran gehen mit Gebrüll. Wo das noch hinführen soll, wissen wir auch nicht. Am besten ist es, wenn es recht schnell geht, denn zu bestellen haben wir ja doch nichts mehr. Das sind ja doch nur Versprechungen, um das Volk bei der Stange zu halten. Mit was wollen wir denn neue Waffen bauen? Überall muß doch gespart werden, an Material, an allem müssen wir sparen. Wenn der Krieg noch ein Jahr geht, dann müssen wir ja verhungern, denn das kann Deutschland nicht alles ernähren, was jetzt drin sitzt. Man darf garnicht darüber nachdenken, sonst könnte man verrückt werden. Man muß gerade so in den Tag hineinleben, ohne was zu denken, und so haben sie es ja haben wollen. Lauter willenlose Werkzeuge, wie sie es schon lange vom Russen schreiben. Das haben wir ja auch schon lange, nur haben wir es nicht gemerkt oder zu spät. Aber wir haben es ja so gewollt und brauchen uns jetzt keinen Vorwurf machen, und die Folgen kommen jetzt. Wir können nur noch das eine wünschen, ein Ende mit Schrecken, statt Schrecken ohne Ende. Aber es werden bis dahin noch ein paar Millionen das Leben lassen müssen, denn vorher ist keine Einsicht zum Aufhören, und wenn das Wasser über dem Kopf zusammenläuft ...“

(330) Hauptfeldwebel E. P.,
6. Bttr./Mar.Flak-Abt. 705,
(Atlantikfestung St. Nazaire) 18. Oktober 1944, Mittwoch

„... Wir sind schon seit dem 5. August eingeschlossen, und man wartet nachts und am Tage auf die Dinge, die da kommen sollen. Ich bin mir darüber im klaren, daß uns niemand wieder hier rausholen kann. Wir können nur hoffen, daß dieser schreckliche Krieg bald ein Ende hat, und daß ich bald nach Hause komme ...

Wie denkt Ihr über den Krieg? So wie ich selbst darüber denke, kann man natürlich nicht offen darüber schreiben. Wenn man über alles nachdenkt, dann muß man schon sagen, wir hätten damals auf jeden Fall den Krieg verhindern und den Mund nicht so voll nehmen müssen. Wir hätten den Krieg mit Rußland verhindern müssen, und hätten ihren Wünschen entsprechen müssen, als Molotow in Berlin war. Jetzt haben sie alles ohne uns bekommen und sind in Ostpreußen. Die ganze Welt ist jetzt über uns hergefallen, wie sollen wir nur diesen Krieg gewinnen? Ich habe immer noch gehofft, wir würden uns entweder nach dem Osten oder Westen, zu irgendeiner Seite hin, politisch vereinigen, aber es ist nicht so gekommen. Mit der Reserve in Deutschland ist es sicherlich schlecht bestellt, weil wir schon die 16jährigen einstellen. Wenn mein Heinz 16 Jahre alt wäre und ich zu Hause, er käme nicht dazu ...

Das Schlimmste ist immer, daß wir ohne Post und Nachrichten sind, darüber klagen die meisten Soldaten. Dann noch eine andere Sache: Der ganze, in den höchsten Tönen gepriesene Atlantikwall hat bei der Invasion nicht viel genutzt, weil sie ihn von hinten aufgerollt haben. 40 amerikanische Panzer haben die ganze Bretagne aufgerollt, so ist das in den damaligen Tagen hier durcheinander gegangen. Und was ich Dir sonst noch zu sagen habe, darüber später ..."

(331) Rektor H., Recklinghausen 17. November 1944, Freitag

„... In dem täglichen Vielerlei mit Dachmusik und Kellersitzungen kommt man zu nichts Rechtem mehr, auch nicht zum Schreiben. Seit Deinem letzten Urlaub hat sich das Gesicht der Heimat verändert. Die Sorglosigkeit der ersten Kriegsjahre ist dahin. Jetzt spürt jedermann, daß der Krieg nach ihm greift. Von den Jungen sind heute die letzten vom Jahrgang 27 weggeholt, Jupp K. und Jupp J. Und einen anderen, Karl S., haben sie heute morgen begraben. Er war am Donnerstag bei einem Angriff verunglückt. Es sollte noch eine große Schlacht stattfinden zwischen Stadtgrenze und Dorf mit Jupp K. und Karl S. als Sturmhaufenführer. Nun hat sich die Gewitterschwüle, die einige Wochen lang den Heimabend gefährdet hat, ganz anders entladen. Die Jungen haben keine Zeit mehr, Jungen zu sein und ihre Schlachten zu schlagen. – Jahrgang 28 ist schon gemustert.

Wo steckt Konrad? Fritz ist wohl noch auf seinem Posten? Überall fliegen die Jungen herum, der eine hier, der andere dort. Und alle haben dasselbe Ziel: Heimat! Der Weg dahin ist vielleicht noch lang. Manchmal meint man, es müßte bald sein, manchmal auch, es daure noch unendlich lange. Dann kommt die Sehnsucht nach Frieden, auch bei uns in der Heimat. Jedoch nehmen die Dinge ihren unerbittlichen Verlauf, unabhängig von unserer Meinung und Sehnsucht. ‚Nur weiter und weiter ... doch wir reiten die Sehnsucht tot!' ..."

(332) Unteroffizier J. H.,
2. Kp./Kr.Trsp.Abt. 582 — 21. November 1944, Dienstag

„... Wir sehen und hören hier in Ostpreußen fast keine Flieger, keine russischen und auch keine deutschen. Wenn nur der Krieg bald seinem Ende entgegen ginge, daß man seine Ruhe mal bekommen würde. Denn dieses Elend, das man so ansehen muß, wie die Rückwanderer wochenlang auf der Landstraße liegen und nicht wissen, wo sie hin sollen. Hier in dem Abschnitt hat man 90000 alte Väter und Mütter und Kinder zurückgebracht. Es ist und war ein Elend. Und jetzt greift man immer noch weiter ins Reich. Ich bin gespannt, wie weit noch geräumt wird ..."

(333) Frau M. E., Wankheim — 19. Dezember 1944, Dienstag

„... Die augenblickliche Kriegslage ist ja recht bedenklich. Mir tun die armen Flüchtlinge leid, die alles im Stich lassen müssen und auf der Herbergsuche sind wie die Heilige Familie. Oftmals sind die Bauern noch recht hartherzig. Gerade solche, die am wenigsten vom Krieg bis jetzt verspürt haben. Wir wissen ja nicht, wie es uns noch geht ..."

(334) Gefreiter K. M.,
18. Kp./Fallsch.Pz.Ers.
u. Ausb.Rgt. ‚Hermann Göring' — 25. Dezember 1944, Montag

„... Wenn man so durch die Reihen der kurz vor dem Einsatz stehenden Soldaten schaut, kann man so allerhand erleben. Viele konnten doch das Weinen nicht unterbinden, obwohl sich auch viele bemühten, durch lächelndes Mundbewegen ihr Antlitz der Tränen zu verheimlichen. Viele wissen nicht mehr, wo sie hingehören, wo ihre Angehörigen sind – ob sie leben usw. Ja, es ist sechste Kriegsweihnacht. Kein Tannenzweig oder sonstige Gestaltungsmöglichkeit war hier. Wir bekamen einen Teller Sechstes-Kriegsjahr-Einheitsgebäck und drei Zigaretten Sonderzuteilung ..."

(335) Herr J. E., Klopschen/Krs. Glogau — 21. Januar 1945, Sonntag

„... Bei uns geht es seit einigen Tagen drunter und drüber. Der Flüchtlingsstrom von Litzmannstadt – Posen – Lissa, ja sogar Fraustadt flutet ununterbrochen hier durch auf alle möglichen Weisen. Die Russen haben doch in den letzten Tagen und Stunden ein Tempo in ihrem Vormarsch, daß unsere Leute nicht so schnell zurück können, wie die vorkommen, und wenn unsere Leute durch Fraustadt und Umgebung schon fort müssen, so kannst Du Dir leicht denken, daß auch wir uns schließlich mit diesem Gedanken beschäftigen müssen, und alles, was uns lieb und teuer ist, sollen wir dann im Stich lassen. Es heißt, solange es irgend geht, gehe ich mit den Meinen nicht aus dem Bau, denn es gibt schon genug Leute, die auf der Straße liegen, hungern und frieren. Eisenbahn – Post – Telefon, nichts funktioniert mehr, wie wir es gewohnt sind. Wer weiß, wie lange wir die Post noch los werden. Wie es heißt, soll ab Dienstag die Eisenbahn den Personenverkehr einstellen. Sind das nicht schöne Zustände und Aussichten für die Zukunft? Alles andere als das, was uns bisher vorgegaukelt worden ist. Wie lange noch, dann ist ganz Ostpreußen – Posen – Schlesien überschwemmt von den östlichen Horden, und der Weg über Posen – Beuthen – Frankfurt – Berlin ist eine verhältnismäßig gerade Strecke. Und wenn das Tempo der Russen nicht mehr gestoppt werden kann, und das wird wohl nicht gehen, dann kann sich jeder ausrechnen, wie lange der Krieg noch gehen kann. Besser ein Ende mit Schrecken, als ein Schrecken ohne Ende!

Ich schreib' heute Euch allen noch mal ein paar Zeilen. Wer weiß, wie lange wir das noch können. Geordnete Verhältnisse, eine warme Stube, elektrisches Licht und ein warmes Bett, satt zu essen usw. ist uns vielleicht nicht mehr lange beschieden, und wenn Du mal längere Zeit ohne Post bleibst, dann mache Dir nicht zu viele Sorgen. Solange wir beisammen bleiben können, will ich Dich schon auf dem laufenden halten, und alles andere wollen wir dem lieben Gott überlassen ..."

(336) Pfarrer H. M., Hettingen/Krs. Buchen — 28. Januar 1945, Sonntag

„Im ganzen Osten bewegt sich auf allen Straßen ein unendlicher Flüchtlingsstrom gegen Westen. Es herrscht eine Riesenkälte. Die Nahrungsmittelversorgung ist unmöglich. Die Menschen sterben unterwegs vor Ermattung und Kälte. Die Leichen werden oft tagelang mitgeführt, damit man diese an einer Haltestelle begraben kann. Hat man dann das Glück, einen Zug zu erwischen, dann ist ja zunächst geholfen. Daselbst aber ein Gedränge und Verhältnisse, die nicht zu beschreiben sind. Auf größeren Bahnhöfen ist jeweils ein Wartesaal als Leichenhalle verwendet, und oft kommt es vor, daß Leichen Unbekannter einfach aus dem Zug geworfen werden. Es herrscht ein Elend, das nicht mehr zu beschreiben ist; man fragt sich immer wieder, wie es möglich ist, daß so viele Menschen sich dies alles gefallen lassen ..."

(337) Frau L. G., Frankfurt/Main — 3. Februar 1945, Samstag

„... Welch ein namenloses Unglück ist über unsere geliebte Heimat gekommen. Welche große Sorgen mache ich mir um die lieben Deinen. Und ich kann mir denken, daß auch Deine Gedanken in letzter Zeit sorgenschwer an Frau und Kinder dachten! Was mögen all unsere Lieben machen? Ich habe bisher leider noch keinerlei Nachricht! Welche Pein einem diese Unsicherheit: Wo sind alle hingekommen? macht, das kannst Du Dir ungefähr denken. Dir wird's bestimmt nicht anders gehen. Wie wird Hanna diesem Schicksalsschlag begegnet sein? Mag sie rechtzeitig von Breslau fortgegangen sein? Oder ist sie mit dem chaotischen Strudel fortgerissen worden? Und wie mögen die Kinder ausgehalten haben? Damals war noch eine bittere, schneidende Kälte, sind sie dementsprechend ausgerüstet worden? Ist die Hast zu groß gewesen, so daß sie nicht genügend standhaft gegen die Kälte angezogen waren? Hier werden – ob es sich um Feindpropaganda handelt, ist nicht zu unterscheiden – Gerüchte laut, wonach die Flüchtlingszustände fürchterlichen Belastungen unterworfen waren. Gar manches kleine Wesen erfror. In vielen angstvollen Nächten habe ich der armen Wandernden gedenken müssen. Danach noch die Nässe durch das Tauwetter bedingt! Haben die Kinder passendes Schuhwerk gehabt!? Sind sie durch die Strapazen hindurchgekommen? Sind sie gesund dabei geblieben? Ach, alles Fragen, die man nicht beantworten kann ..."

(338) Frau E. S., Meißen 16. Februar 1945, Freitag

„... Gleich nach Heinz' Tode, der mich so schwer erschütterte, mußten wir am 13. Oktober 1944 unser geliebtes Heim in Ragnit verlassen. Unser Zufluchtsplätzchen war zuerst am Frischen Haff, dann, bei Neusalz/Oder durften wir auch nicht halten. Auch hier brandet nun die Russenflut heran. Wir möchten so von Herzen gerne an einen Ort kommen, wo diese Gefahr nicht droht. Ich wende mich heute zagenden Herzens, weil Du uns nicht kennst, aber doch voll Vertrauen, an Dich mit der Anfrage, ob es Dir wohl möglich wäre, in Deinem Ort ein bescheidenes Zimmer für die drei Kinder und mich zu finden. Wir haben hier ein Zimmer bekommen durch die NSV! Täglich sind jetzt mehrmals Alarme, und das schöne Dresden ist gestern gänzlich zerstört worden. Meine Eltern sind vom Umherwandern so müde – sie wollen hierbleiben ..."

(339) Obergefreiter R. L., 2. Kp./Ln.Rgt. 353

„Ich kam durch einen Zufall einen Tag nach den großen Angriffen auf Dresden hierher. Aber ich fand nichts weiter mehr vor als ein ausgebranntes Haus. Niemand war da, keine Anmerkung an der Hausmauer. Im Luftschutzkeller ist anscheinend niemand geblieben. Anscheinend sind Kinderwagen und einige Koffer gerettet worden. Denn ich fand keine Brandreste davon. Im Kellerdurchbruch lag ein verkohlter Mensch, wahrscheinlich die 80jährige Frau, die mit ihrer Tochter das Haus besessen und bewohnt hatte. In unserem Keller fand ich unter Asche noch ein paar heile Teller und ganz wenig Gläser und eine Kaffeekanne. Dies packte ich in einen leeren Korb, den ich fand, und brachte es zwei Kilometer weiter, um es unterzustellen. Vielleicht wird es einmal der Grundstein zum neuen Haushalt. Während ich hier sitze, mögen meine Lieben vielleicht gar nicht weit sein! Gott weiß, wann ich's erfahre ..."

(340) Obergefreiter O. M.,
Techn. Kp. (Hb) 60, (Riesa) 26. Februar 1945, Montag

„... Eben ist hier ein riesiger Betrieb mit Flüchtlingen. Eisenbahn und Straßen sind ständig verstopft, die Leute haben schon viel mitgemacht. Sechs bis acht Tage auf offenen Eisenbahnwagen in der Welt umhergefahren. Wir fahren täglich mit einem Kommando zehn Kilometer von hier weg östlich der Elbe. Was wir da machen, können Sie sich ja denken, und auf dieser Fahrt sehen wir den ganzen Flüchtlingsstrom, haben dabei auch schon vielen Frauen mit kleinen Kindern geholfen. Hoffentlich hört das Elend bald mal auf. Die Flieger greifen immer wieder die verstopften Bahnhöfe und Städte an, so vergangene Woche Chemnitz und Dresden. In Dresden gab es ja ungezählte Tote und Verwundete durch Phosphor, den die Luftgangster geschüttet haben. Wollen wir hoffen, und täglich den lieben Gott bitten, daß er doch seine schützende Hand bei solchen Angriffen über unsere Heimat halten und unsere Frauen und Kinder vor solch einem großen Unglück bewahren möge, denn wenn ich mir meine Frau und Kinder in solcher Lage vorstelle, stehen mir die Haare gegen den Berg ..."

(341) Oberzahlmeister d. R. H. K.,
HKP 550, (Utrecht) 4. März 1945, Sonntag

„... Heute nachmittag haben wir zur Übung Schützenlöcher gebuddelt. Hinterher habe ich mich hingelegt und bis beinahe 19 Uhr geschlafen. Als ich erwachte, klingelte es; an der Tür war eine halbverhungerte junge Frau mit einem kleinen Kinde, denen ich etwas Suppe zu essen gab. Man kann dieses Elend kaum mehr mit ansehen, obgleich es einem selbst, wenn auch nicht in körperlicher Beziehung, schlimm genug geht. 16 Monate von Mutter, Frau und Kindern getrennt zu sein, dazu noch diese Kriegslage und beinahe jeden Abend allein auf dem Zimmer sitzen und über alles dies nachdenken müssen – manchmal ist es beinahe zu viel ..."

(342) Leutnant H. L.,
Stab/SS-Prop.Unternehmen ‚Skorpion-Ost' 10. März 1945, Samstag

„... Ich habe auf der Fahrt einen volksdeutschen Lehrer gesprochen, der in Ungarn in einer Gemeinde gewesen war, die acht Tage unter bolschewistischem Joch war, die dann befreit wurde und deren Bevölkerung dann, wenn möglich, floh. Ich schreibe das, weil ich mit Deinem Vater neulich debattierte, und er meinte, es seien doch viele Greuelmeldungen, eben Propaganda. Dieser Mann faßte seine Erfahrungen nach einer derartigen Debatte in einem Satz zusammen: Ich sage ihnen, was die Zeitungen schreiben, ist nur eine gemilderte Schilderung dessen, was die Bolschewisten tatsächlich dort anstellen, wo sie hinkommen, ohne Ansehen der Person. Vielleicht schilderst Du diese Aussage einmal Deinem Vater, denn es ist auch die Ansicht, die ich in diesem Punkt unbedingt vertrete, und sie ist mit Bitterkeit genug erfüllt und mit Sorge ..."

(343) Gefreiter A. K.,
7. schn.Kp./Führer-Gren.Btl., Führer-Begleit-Div. 15. März 1945, Donnerstag

„... Ich habe in den Gebieten von Pommern und jetzt im Raum von Lauban ungeheures Leid gesehen: Vergewaltigte Frauen mit bestialischen Verstümmelungen sind an der Tagesreihe. Und wie die Russen in den Dörfern hausen, müßte man selbst gesehen haben. Ich konnte mich nicht leicht vom Etappenleben in den Strudel des Krieges hineinfühlen, auch heute fällt es mir noch ziemlich schwer, wenn die Stalinorgel trommelt und die Pak ihre gewaltigen Kugeln ballert. Eigene Flugzeuge sieht man selten oder überhaupt nicht. Meistens sind die russischen Schlachter am Firmament. Wie sich der Segen des Krieges auf die folgenden Jahre auswirken wird, kann momentan noch gar nicht ausgedacht werden. Jedenfalls hoffen wir, daß unsere Kultur vor dem Mongolensturm verschont bleibt. Aber wenn man keine Verständigung mit der westlichen Welt aufnehmen will, wird uns über kurz oder lang nur ein korruptes Ende erwarten, und eine sture Disharmonie bringt Millionen von Menschen um ihr Leben. Aber zuversichtlich sehen wir der göttlichen Gerechtigkeit entgegen, denn ein höheres Wesen gibt es ja. Das ist die Natur, die über das Schicksal der Völker entscheidet, die Kriege bringt, sobald die Menschen zuviel sind ..."

(344) Gefreiter F. S., Lazarett Werdau 30. März 1945, Freitag

„... In meinem vorgestrigen Schreiben habe ich mich ja schon mit der Lage auseinandergesetzt. Inzwischen hat sich die Beschissenheit derselben in einen ziemlichen Berg verwandelt, sodaß die Lage nicht mehr zu überblicken ist. Eine Nachricht überflügelt die andere. Wenn wir unter diesem Scheißberg herauskommen wollen, müssen schon Mächte und Kräfte eingesetzt werden, die bisher in ihrer Art noch nicht erkannt sind. Der dazu nötige Knall kann meines Erachtens nicht mit heute gebräuchlichen Mitteln erreicht werden. Über die eventuelle Form dieser „Knall"-Waffen mache ich mir zwar auch Gedanken, aber es sind eben nur Gedanken. Ich habe zwar keine so große Zuversicht wie Du, aber es will mir auch noch nicht in den Kopf hinein, daß alle diese Opfer und Leistungen vergeblich gewesen sein sollen. –

Jedenfalls, eines steht für mich felsenfest: Das deutsche Volk als schöpferischer Erbträger wird nicht untergehen! Dazu hat uns die Natur noch zu viele zu lösende Probleme gestellt, die nur von Deutschblütigen gemeistert werden können. Sollte auch der Krieg zu unseren Ungunsten ausgehen, was, wie gesagt, noch gar nicht bestimmt ist, so bin ich es jedenfalls nicht, der den Kopf in den Sand steckt. Die größte Gefahr des Geistig-Schöpferischen droht uns aus dem nahen Osten. Da das Bündnis der Westmächte mit Stalin ein zweckmäßiges ist, würde es dann meines Erachtens mindestens noch eine Auseinandersetzung dieser beiden grundverschiedenen Parteien geben. Für diesen wie für den eigenen Kampf gegen den Bolschewismus wird das deutsche Volk auf jeden Fall noch Opfer bringen müssen. Jedenfalls haben wir den Krieg vorläufig noch nicht verloren. In den Berichten aus dem Zeitgeschehen machte man vorgestern die Zweifler darauf aufmerksam, daß wir heute im Zeitalter der Raketen- und Atomtechnik leben. Falls hinter diesen Worten was dahinter steckt, so darf man vermuten, daß der Krieg hauptsächlich mit letzteren gewonnen wird, allerdings nicht durch das Genie Hitler, sondern durch die schöpferischen Erfinderkräfte. Der Unterschied zwischen Genie und Schöpfer stellt sich mal wieder klar heraus. Die schweren Rückschläge erscheinen mir als Gottesstrafe dafür, daß diese Schöpferkräfte nicht genügend gewürdigt werden ..."

15. Stimmen zur Judenverfolgung

„Im Ghetto sind die Zustände kaum zu beschreiben ..."

Schon vor der Machtübernahme durch die NSDAP am 30. Januar 1933 kam die Einstellung Hitlers zur Frage des Judentums in dem 25-Punkte-Programm seiner Partei klar zum Ausdruck. Punkt 4 dieses am 24. Februar 1920 erlassenen Programms lautete: „Staatsbürger kann nur sein, wer Volksgenosse ist. Volksgenosse kann nur sein, wer deutschen Blutes ist, ohne Rücksicht auf die Konfession. Kein Jude kann daher Volksgenosse sein."

Die bereits in diesem Parteiprogramm vorgesehene Ausschaltung der Juden aus dem Gemeinschaftsleben in Deutschland wurde nach der Machtergreifung Hitlers nach und nach verwirklicht. Durch mehr als 250 NS-Gesetze und Verordnungen gegen die Juden, insbesondere durch die sogenannten „Nürnberger Gesetze", die auf dem Reichsparteitag in Nürnberg am 15. September 1935 beschlossen wurden, verloren die deutschen Juden als Nichtarier in der Folgezeit vor dem Hintergrund einer sich ständig steigernden rassenideologischen Diffamierungskampagne mehr und mehr Rechte. Sie konnten nicht länger Reichsbürger sein und kein öffentliches Amt bekleiden. Einschneidende Berufsbeschrän-

kungen, Verbot der Eheschließung zwischen Juden und nichtjüdischen Deutschen, Kennzeichnung ihrer Zugehörigkeit zum Judentum durch Kennkarten und ab 19. September 1941 durch das Tragen eines „Judensterns" in der Öffentlichkeit, Verbot des Tragens von Uniformen, von Orden und Ehrenzeichen, Verbot des Besuches öffentlicher Vergnügungsstätten, Verbot der Benutzung öffentlicher Verkehrsmittel, von Fernsprechstellen, Verfall des Vermögens verstorbener Juden an den Staat und zahllose andere schikanöse Bestimmungen entrechteten die deutschen Juden immer mehr.

Nachdem am 7. November 1938 der siebzehnjährige Jude Hershel Grünspan auf den deutschen Legationssekretär vom Rath in Paris ein Attentat verübte, dem vom Rath erlag, kam es im Reichsgebiet zu großen „spontanen Protestkundgebungen" gegen die Juden, die unter der Bezeichnung „Reichskristallnacht" weltweit bekannt wurden. Dieses große Judenpogrom, bei dem 191 Synagogen in Brand gesteckt, 76 zerstört, 20000 Juden verhaftet und 36 Juden getötet wurden, wurde durch ein Blitzfernschreiben des Chefs der Sicherheitspolizei und des SD, SS-Gruppenführer Reinhard Heydrich, ausgelöst. Nach dieser „Kristallnacht" mußten die deutschen Juden nicht nur die entstandenen Schäden auf eigene Kosten beseitigen, sondern noch zusätzlich eine Milliarde Reichsmark „als Sühnemaßnahme" an das Deutsche Reich zahlen.

Während zunächst nur der Boykott der Juden, dann ihre Entrechtung und Verdrängung aus ihren Stellungen und schließlich ihre Vertreibung aus Deutschland angestrebt war, erwog die NS-Führung später ihre zwangsweise Aussiedlung in ein besonderes Judenreservat („Madagaskar-Plan"). Schließlich entschloß sich Hitler jedoch für die physische Vernichtung. Die Möglichkeit dieser „Endlösung" hatte Hitler zum ersten Mal in seiner Reichstagsrede vom 30. Januar 1939 angedeutet, in der er prophezeite, das Ergebnis eines neuen Weltkrieges werde nicht der Sieg des Judentums, sondern die Vernichtung der jüdischen Rasse sein. An diesem Ziel orientierte sich auch der Inhalt eines Schnellbriefes von Heydrich an die Chefs aller Einsatzgruppen der Sicherheitspolizei in den besetzten polnischen Gebieten, den er am 21. September 1939 verschickte. In diesem Brief war vom „Endziel" der Judenfrage die Rede, welche längere Fristen beanspruche und streng geheimzuhalten sei. Als erste „Vorausmaßnahme" für dieses Endziel befahl Heydrich die Konzentrierung der polnischen Juden in wenige größere Städte. Durch ihre Ghettoisierung sollten die späteren Maßnahmen zweifellos erleichtert werden.

Auf persönlichen Befehl Hitlers, den er mit großer Wahrscheinlichkeit mündlich erteilte, setzte nach Beginn des Feldzuges gegen die Sowjetunion die systematische Massentötung der jüdischen Bevölkerung im deutschen Einflußgebiet in Europa ein. Diese Tötungsmaßnahmen richteten sich zunächst gegen die Juden in den von den Deutschen besetzten Gebie-

ten der Sowjetunion. Die übrigen europäischen Juden, einschließlich der deutschen, fielen ab 1942 den Vernichtungsmaßnahmen der „Endlösung" in den Konzentrationslagern zum Opfer, in denen Millionen Juden ihr Leben verloren.

(345) Major C. H. B., Warschau 21. August 1941, Donnerstag

„... Im Ghetto sind die Zustände kaum zu beschreiben. Das kann man nur gesehen haben, um es auch glauben zu können. Auf den Straßen herrscht ein Verkehr wie zur Leipziger Messe. Hier handelt der Jude untereinander mit lautem Geschrei auch alles auf der Straße. An dem Morgen, als ich mit dem Wagen durchfuhr, sah ich mehrere Leichen, darunter Kinderleichen, etwas mit Papier zugedeckt und dieses mit Steinen beschwert. Die anderen Juden gehen achtlos daran vorüber, bis der primitive Leichenkarren kommt und diejenigen ‚Überreste', mit denen kein Geschäft mehr zu machen ist, abholt. Das Ghetto ist mit Mauern, Zäunen usw. abgeschlossen. An den vielen Schlagbäumen stehen SS-, polnische und jüdische Schutzleute und führen eine strenge Kontrolle aus. Schmutz, Gestank und Lärm sind die Hauptzeichen des Ghettos ..."

(346) Reichsbahn-Inspektor K. S.,
Haupteisenbahn-Direktion Minsk 8. Oktober 1941, Mittwoch

„... Das Partisanentum macht uns und dem Eisenbahnbetrieb schwer zu schaffen, so daß mit den schärfsten Mitteln vorgegangen werden muß. Bei Anschlägen werden kurzerhand aus der Bevölkerung eine Anzahl Leute, besonders Juden, herausgezogen und an Ort und Stelle erschossen, ihre Häuser in Brand gesteckt. Neulich konnte man keine 50 Meter vom Leninhaus entfernt beobachten, wie in einen Haufen Kriegsgefangene einfach von den Wachmannschaften hineingeschossen wurde. Die Kerle stritten sich um Brot und alte Kleidungsstücke, die ihnen zugeworfen worden waren. Drei blieben tot liegen und wurden von Juden an Ort und Stelle wie verreckte Hunde verscharrt ..."

(347) Justiz-Inspektor J. S.,
Deutsches Obergericht Radom 14. November 1941, Freitag

„... Was hatte ich gestern nur zu springen und zu telefonieren, bis ich die Kohlen hatte, wohlgemerkt meine zehn Tonnen für Oktober. Meine Gefangenen zum Abladen bekam ich nicht, weil im Gefängnis Typhus ist. Dann mußte ich den Ältestenrat der Juden anrufen, damit mir sechs Juden gestellt wurden, dann mußte ich rasch die Genehmigung einholen, daß die Juden das Ghetto verlassen durften, denn auf dem unberechtigten Verlassen steht seit neuestem die Todesstrafe. Interessante Dinge in aller Kürze ..."

(348) Soldat O. G., Feldgend./Feld-Ers.Kp. 4 16. Dezember 1941, Dienstag

„... In Paris wurden 100 Juden für ein erneutes Attentat erschossen und viele zur Zwangsarbeit nach Rußland geschafft, und eine Milliarde Gold-Franc müssen sie als Strafe zahlen. In solch einer Weltstadt treibt sich halt allerlei Verbrechergesindel herum ..."

(349) Gefreiter H. W.,
Stab/Inf.Div.Nachr.Abt. 387, 387. Inf.Div. 12. April 1942, Sonntag

„... Die Juden sind am zünftigsten, die freundlichsten Menschen überhaupt und stets grüßend (letzteres müssen sie alle mit Ausnahme der Weiblichkeit durch Abnehmen der Kopfbedeckung vor jedem deutschen Soldaten). Diese Schweine von menschlichen Lebewesen. Die haben uns ganz offensichtlich diese Schmach des Krieges gebracht. Sie tragen alle in der Mitte des Rückens einen großen gelben Punkt, auch Frauen. Diejenigen, die außerdem im Zionistenbund waren, tragen am Ärmel, ähnlich wie eine Rotkreuzbinde, die Binde mit einem großen Stern, ähnlich wie Sowjetstern und Aufschrift ..."

(350)** Soldat aus Rußland (ohne Absenderangabe) 16. Juli 1942, Donnerstag

„... Über Ereignisse im Osten betr. Juden könnte man ein Buch schreiben. Dafür ist das Papier zu schade. Ihr dürft Euch sicher sein, sie kommen an einen richtigen Ort, da unterdrücken sie keine Völker mehr ..."

(351)** San.-Unteroffizier K. G.,
Stab/Lw.Bau-Btl. 6/VII 18. Juli 1942, Samstag

„... Die große Aufgabe, die uns im Kampf gegen den Bolschewismus gestellt ist, liegt in der Vernichtung des ewigen Judentums. Wenn man sieht, was der Jude hier in Rußland angerichtet hat, kann man erst recht verstehen, warum der Führer den Kampf gegen das Judentum begonnen hat. Was wäre über unser Vaterland nicht alles an Leid gekommen, wenn diese Bestie Mensch die Oberhand behalten hätte? Wir liegen noch etwas weiter zurück, so daß wir mit den Russen noch nie in Gefechtsberührung gekommen sind. Allerdings treibt sich im rückwärtigen Gebiet noch allerlei lichtscheues Gesindel umher, das unter Umständen gefährlicher ist als vorne im Kampf. Es ist kein Gegner im offenen Kampf, sondern sucht seine Beute bei Nacht. Kürzlich wurde ein Kamerad von uns bei Nacht ermordet aufgefunden. Er wurde von hinten abgestochen. Das kann nur der Jude sein, der hinter diesen Verbrechen steht. Die darauf vorgenommene Razzia ergab ja auch einen ganz schönen Erfolg. Die Bevölkerung selbst haßt den Juden wie noch nie. Sie sieht jetzt ein, daß er an allem die Schuld trägt. Dieser Kampf muß bis zum Äußersten geführt und durchgekämpft werden, dann wird diese Welt den ewigen Frieden finden ..."

(352)** Obergefreiter H. K.,
4. Kp./Lg.Nachr.Rgt. Westfrankreich 22. Juli 1942, Mittwoch

„... Obwohl im Laufe dieses Krieges dem verbohrtesten Spießer über die Judenfrage etwas mehr das Licht aufgegangen sein wird, so ist es weiterhin doch von größter Wichtigkeit, daß diese Frage nun auch weiterhin in das nötige Licht gestellt wird, und da ist der ‚Stürmer' Gott sei Dank immer noch seinem alten Grundsatz treu geblieben. So wie der Ostjude in seiner Brutalität sich nun zeigt, so ist diese ganze Brut, gleich ob im Westen oder Osten. Es war für uns Soldaten im Westen daher eine große Freude, als auch hier diese Rasse wie bei uns im Reich nun durch den für ihre Rasse extra geschaffenen ‚Orden' sich zeigen muß. Wenn der Durchschnittsfranzose sich über die ganze Judenfrage noch nicht ganz im klaren ist, so wird er durch diese Verordnung noch immer daran erinnert und zum Nachdenken gezwungen. Wie gerne sich auch hier der Jude als Patriot zeigen möchte, sahen wir kürzlich bei einer Betreuungsfahrt von unserem Standort an der Küste nach Paris. Viele der männlichen Vertreter dieser Rasse tragen am Zivilanzug über dem Stern ihre Ordensspange, die ihnen die führenden Rassegenossen in der vergangenen Glanzzeit an die Brust hefteten. Eine Frechheit, die selbst den Franzosen zu viel wird. Aber es ist ja nun endlich soweit, wie unser Führer in seiner großen Rede bei Ausbruch dieses Ringens dem Weltjudentum vorausgesagt hat: ‚Daß, sollte es das Judentum noch einmal fertig bringen, die Völker nochmals in einen neuen Weltkrieg zu stürzen, so werde es der Untergang ihrer Rasse und nicht der unsren sein.' Allmählich wird daher diese Rasse immer mehr und mehr an diese Worte erinnert und versucht, mit Hilfe Englands, Amerikas und der Sowjetunion diesen Weg hinauszuschieben. Aber alles Gekeifere und die ganzen Anstrengungen dürften ihr Schicksal nicht mehr ändern ..."

(353)** Unteroffizier F. K., 4. Kp./Bau-Btl. 55 14. August 1942, Freitag

„Den ‚Stürmer' erhalte ich nun zum dritten Mal. Es freut mich von ganzem Herzen und bewegt mich, Ihnen von Herzen zu danken. Eine größere Freude hätten Sie mir nicht machen können. Als SA-Mann habe ich längst das jüdische Gift in unserem Volke erkannt; wie weit es mit uns hätte kommen können, das sehen wir erst jetzt in diesem Feldzug. Was das Juden-Regime in Rußland angerichtet hat, sehen wir mit jedem Tag, und auch der letzte Zweifler dürfte hier angesichts der Tatsachen kuriert werden. Es muß und wird uns gelingen, die Welt von dieser Pest zu befreien, dafür garantiert der deutsche Soldat der Ostfront, und wir wollen nicht eher zurück, als hier die Wurzel allen Übels ausgerissen und die Zentrale der jüdisch-bolschewistischen ‚Weltbeglücker' vernichtet ist. Mögen unsere Wünsche recht bald in Erfüllung gehen, denn nur dann kann uns ein *frohes* Wiedersehen vereinigen, wenn wir uns vom jüdischen Einfluß von innen und außen befreit wissen ...“

(354) Soldat H. R., Pferde-Laz. 575 (Dünaburg) 27. Juni 1943, Sonntag

„... Die Bevölkerung ist uns Deutschen nicht gut gesinnt. Die Stadt Dünaburg ist zur Hälfte auch nur ein Trümmerfeld. Hier lebten bis zu 75% Juden. Diese haben ihre Häuser, meist ehe die Deutschen kamen, selbst gesprengt oder verbrannt. Daraufhin sind zusammen 30000 Juden nicht weit von der Stadt erschossen worden. Außerdem sind an den anderen Leuten auch durch uns viele Erschießungen vollstreckt worden über Kleinigkeiten. Der Deutsche ist einmal dadurch nirgends gern gesehen. Die Leute sind mißtrauisch ...“

(355) Leutnant H. C., 8. Kp./Geb.Jäg.Brig. 139 7. Juli 1944, Freitag

„... Ja, meine lieben Eltern, ich bin heute durch und durch Nationalsozialist, ohne Einschränkung. Die paar Dinge, die mir nicht gefallen, kann ich nur beseitigen, wenn ich mittendrin stehe in der Bewegung. Sie fallen aber auch gar nicht ins Gewicht gegenüber dem Großen. Wir Deutschen haben eine Wandlung durchmachen müssen, um der härteren, anderen Welt widerstehen zu können; meiner Meinung nach ist der Deutsche der Nationalsozialist. Meiner Meinung nach ist das Tolerante nicht der Inbegriff des Deutschen, der Nationalsozialismus hat es nur mehr in kleinem Maße. Heute muß man auch im Kleinen wie im Großen absoluter sein als früher. Wir wurden dazu von den anderen gezwungen, die Beispiele fehlen nicht. Warum haben wir den letzten Krieg verloren? Weil ein paar Halunken in den Zeitungen so lange hetzten – im eigenen Land – bis die Heimat umfiel. 1933 war eben der Gegenschlag. Ich weiß, daß es unter den Juden einige hervorragende Männer gegeben hat, aber die Masse sind eben Schweinehunde. Wenn der Nationalsozialismus nicht gegen sie vorgegangen wäre, wäre es wohl nicht zu diesem Krieg gekommen – weil wir vorher bolschewisiert gewesen wären ...“

16. Der „Fall Jacoby“

Das ungewöhnliche Schicksal eines Wehrmachtsoffiziers, dem es bis zum 13. Juni 1941 mit Erfolg gelang, seine jüdische Abstammung zu verheimlichen, soll durch einige Hintergrundinformationen verdeutlicht werden.

Im Ersten Weltkrieg stellten die militärischen Dienststellen des Kaiserreichs nicht die Frage, ob ein deutscher Soldat nordisch, dinarisch, westisch oder jüdisch sei. Von den 500000 Juden in Deutschland standen etwa 100000 unter Waffen. Unter ihnen befanden sich 10275 jüdische Freiwillige. Rund 80000 waren im Fronteinsatz, 35000 von ihnen erhielten Kriegsauszeichnungen, 23000 wurden befördert, darunter mehr als 2000 zu Offizieren (ohne Sanitätsoffiziere). 200 Juden meldeten sich freiwillig zum Fliegerdienst in der Luftwaffe. An der Spitze steht der mit dem Pour le mérite ausgezeichnete Leutnant Wilhelm Frankl, der wie 50 andere jüdische Flieger im Einsatz fiel. Insgesamt verloren 12000 jüdische Soldaten ihr Leben.

So ist es verständlich, daß ein ehemaliger jüdischer Frontoffizier kurz vor der Machtübernahme durch die Nationalsozialisten in einer Broschüre schrieb: „Es ist herzlos, den Witwen und Waisen, den Eltern und Geschwistern, den Bräuten und Verwandten von 12000 gefallenen Juden heute die Gleichberechtigung in Deutschland versagen zu wollen." (Oberleutnant d. R. Dr. Horlacher, Die gangbarsten antisemitischen Lügen, Berlin 1932)

Schon bald nach der Machtübernahme durch Adolf Hitler geriet auch die Reichswehr bzw. die Wehrmacht in den Strudel der antijüdischen Maßnahmen. Mit Erlaß vom 28. Februar 1934 ordnete der Reichswehrminister General von Blomberg die Anwendung des berüchtigten Arierparagraphen des am 7. April 1933 erlassenen „Gesetzes zur Wiederherstellung des Berufsbeamtentums" auch auf die Soldaten an. Nun mußten alle Offiziere, Unteroffiziere und Mannschaften, die jüdischer bzw. „nicht arischer Abstammung" waren, aus der Wehrmacht ausscheiden. Diese Zwangsentlassung erfolgte auf Grund des Paragraphen 26 des Wehrgesetzes, und zwar wegen „Dienstunfähigkeit", weil der entlassene Soldat über die „zur Ausübung seines Berufes erforderlichen körperlichen und geistigen Kräfte" nicht mehr verfüge. Als nichtarisch galt, wer von nichtarischen, insbesondere jüdischen Eltern oder Großeltern abstammte. Es genügte bereits, wenn ein Elternteil oder ein Großelternteil jüdischer Abstammung war.

Diese einschneidenden Bestimmungen wirkten bei den ehemaligen jüdischen Frontkämpfern wie ein Schock. Sie hatten sich größtenteils in über 500 Ortsgruppen im Reichsbund jüdischer Frontsoldaten e. V. organisiert. Verschiedene verzweifelte Appelle und Stellungnahmen änderten nichts an den gesetzlichen Bestimmungen. Es kam sogar noch schlimmer.

Mit dem Wehrgesetz vom 21. Mai 1935 wurde die allgemeine Wehrpflicht im Deutschen Reich wieder eingeführt. Im Paragraph 15 des Wehrgesetzes, der sich mit der „Arischen Abstammung" befaßte, hieß es unmißverständlich in den Absätzen 1, 3 und 4: „(1) Arische Abstammung ist eine Voraussetzung für den aktiven Wehrdienst." „(3) Nur Personen arischer Abstammung können Vorgesetzte in der Wehrmacht werden." „(4) Den Angehörigen arischer Abstammung der Wehrmacht und des Beurlaubtenstandes ist das Eingehen der Ehe mit Personen nichtarischer Abstammung verboten. Zuwiderhandlungen haben den Verlust jedes gehobenen militärischen Dienstgrades zur Folge.“

Zu Beginn des Zweiten Weltkrieges wurde die Entrechtung im militärischen Bereich auch auf die sogenannten „Mischlinge“ ausgedehnt. Das nationalsozialistische Regime klassifizierte sie in zwei Kategorien: in „Mischlinge ersten und zweiten Grades“. Die erste Kategorie besaß einen volljüdischen Elternteil, die zweite Kategorie einen halbjüdischen Elternteil. Durch einen Geheimbefehl des Chefs des Oberkommandos der Wehrmacht, Generalfeldmarschall von Keitel, vom 8. April 1940 erhielten die Mischlinge das Stigma artfremder Außenseiter und wurden als „wehrunwürdig“ eingestuft.

Im Jahre 1935, in dem das die deutschen Juden diskriminierende Wehrgesetz erlassen wurde, erschien im Vortrupp Verlag in Berlin die Edition „Kriegsbriefe gefallener Juden“. Der Vorsitzende des Reichsbundes jüdischer Frontsoldaten, Hauptmann d. R. Dr. Löwenstein, und Professor Dr. Joachim Schoeps waren die Herausgeber. Die Briefe spiegelten die patriotische Gesinnung und Vaterlandsliebe jüdischer Studenten wider, die ihr Leben für Deutschland geopfert hatten. Die Edition machte jedoch auf die nationalsozialistischen Dienststellen keinen Eindruck. Professor Schoeps wurde vielmehr zur Reichsschrifttumskammer zitiert, wo ihm ein Sachbearbeiter eröffnete, daß der Terminus „Kriegsbriefe“ ein „Weistum deutscher Nation“ sei und daher von Juden nicht verwandt werden dürfe. So erschien die zweite ergänzte Auflage der „Kriegsbriefe gefallener deutscher Juden“ unter dem Titel „Gefallene deutsche Juden – Frontbriefe 1914–1918“.

Vor diesem Hintergrund ist der „Fall Jacoby“ zu sehen. Die Anonymität der Massenvernichtung läßt ihre systemimmanenten Ängste und Schrecken verblassen. Das exemplarische Einzelschicksal, das aus dieser Anonymität herausragt, kann den Verfolgungs- und Tötungsmechanismus dieser Zeit verdeutlichen.

Jacoby war Volljude, wie es in der Terminologie der damaligen Zeit hieß. Er gehörte zu den 2000 jüdischen Frontoffizieren des Ersten Weltkriegs. Die Beurteilungen des damaligen Leutnants weisen ihn als „schneidigen Patrouillenführer“ aus, der in „schwierigen Lagen hervorragende Tapferkeit und Kaltblütigkeit“ bewies. Außerdem wird ihm ein erstklassiges Urteil als Kompanie-Führer ausgestellt: „In allen Schlachten und Gefechten war er seinen Leuten ein leuchtendes Vorbild“.

Mit Entsetzen mußte Jacoby, der „mit Leib und Seele“ Soldat war, registrieren, wie sich die Diffamierungskampagne gegen die Juden in Deutschland von Jahr zu Jahr intensivierte und sie vom Wehrdienst ausschloß. Die einzige Möglichkeit für ihn, in Zukunft überhaupt noch als Reserveoffizier dienen zu können, bestand in der Fälschung seiner Personalunterlagen. Einem Schreiben der Staatspolizeileitstelle Berlin vom 14. Juli 1941 ist zu entnehmen, daß die Staatsangehörigkeit von Jacoby am 25. Mai 1937 geprüft und nichts rassisch Belastendes festgestellt wurde: „Eine rassenmäßige Zugehörigkeit zum Judentum konnte hier nicht festgestellt werden." Mit diesem Zeugnis stand einer weiteren Verwendung von Jacoby als Reserveoffizier in der Wehrmacht nichts mehr im Wege.

Jacobys ständige Angst, doch noch als Jude entlarvt zu werden, blieb nicht ohne Folgen. Nach einer Wehrmachtsbeurteilung vom 28. Januar 1941 war er „sehr häufig krank" und ließ sich „etwas gehen". Er litt unter einer psychogenen Angina pectoris, die zu einem schweren Ohnmachtsanfall führte, als Jacoby vom Kommandeur der Armee-Nachrichten-Abteilung 512 am 30. Juni 1941 mit der Entdeckung seiner jüdischen Abstammung konfrontiert wurde.

Was war geschehen? Jacobys Schwester Käte Himmelheber, die in Hamburg als Jüdin registriert war, besuchte am 28. Mai 1941 eine Veranstaltung der NS-Frauenschaft in Pinneberg. Am nächsten Tag erfuhr der Ortsgruppenleiter von diesem Besuch und verlangte von der Wohnungsvermieterin Johanna Krohn, bei der die Schwester Jacobys wohnte, sie solle „der Himmelheber die Wohnung kündigen", weil sie beim Besuch der Veranstaltung verschwiegen habe, daß sie Jüdin sei, und weil „Juden in Pinneberg nicht geduldet werden könnten". Über die Kündigung auf das äußerste erregt, erscheint die Schwester beim Ortsgruppenleiter und läßt sich in ihrer Aufregung zu der Äußerung hinreißen, ihr Bruder sei „Oberleutnant bei der Wehrmacht". Als Beweis nennt sie sogar noch die Feldpostnummer ihres Bruders.

Nun gerät Jacoby in die Mühlen der militärischen Abwehr und der Gestapo. Am 30. Oktober 1941 geht das abschließende und für Jacoby katastrophale Schreiben des Oberkommandos der Wehrmacht an das Wehrkreiskommando III in Berlin-Grunewald ab. Kurz und nüchtern heißt es dort: „Hptm. d. R. Edgar Jacoby ist als Volljude erklärt worden."

Mit diesem Schreiben verliert sich die Spur von Jacoby. Ob er den Krieg überlebte oder in einem Vernichtungslager umkam, ist nicht bekannt. In einer Statistik über die Propagandatruppen der Wehrmacht, die die Chefs der Propaganda-Kompanien aufführt, wird Edgar Jacoby, „Kompanie-Führer der PK 696", ab 1941 als „verschollen" gemeldet.

Einer knapp 40 Seiten schmalen Akte aus dem Militärarchiv in Freiburg ist es zu verdanken, daß die entscheidende Phase im Leben des Edgar Jacoby aufgehellt werden konnte.

Es folgt hieraus eine Auswahl von elf Dokumenten.

A b s c h r i f t

Schleswig, den 23.April 1920

Dienstleistungszeugnis

Der Leutnant d.R. Edgar Jacoby gehörte vom 5.Januar 1917 bis zu seiner Verwundung in den Kämpfen bei Reims am 4.Mai.1917 als Komp.Offizier der 12. Komp. I.R.84 an.

Er hat sich in dieser Zeit als schneidiger Patrouillenführer wiederholt ausgezeichnet und bewies in schwierigen Lagen hervorragende Tapferkeit und Kaltblütigkeit.

Im Kameradenkreise erfreute er sich durch sein offenes Wesen und seinen gediegenen Charakter allgemeiner Beliebtheit .

Lange

Major

im Felde Kdr.des III.Batls I R 84

Dokument 1

Abschrift

Lübeck, den 5.12.21

Dienstleistungszeugnis

Herr Leutnant d.R. Edgar Jacoby kam am 20.7.17 zum Res.Inf.Regt. 75, führte vom 25.7. ab die 2.Kompanie und wurde am 27.12.17 mit der KomppFührerstelle beliehen. Er gehörte dem Regt. dann bis zu seiner Auflösung am 11.8.18. an.

Während dieser Zeit habe ich Herrn J. als einen tüchtigen und zuverlässigen Offizier kennen gelernt.

In allen Schlachten und Gefechten war er seinen Leuten ein leuchtendes Vorbild. Er verstand es musterhaft seine Kompanie in Ordnung zu halten. Durch stete Sorge für jeden einzelnen seiner Soldaten erwarb er sich deren Vertrauen in reichem Masse.
Auch bei seinen Kameraden war Herr J. sehr beliebt.

Scheven
Oberstleutnant
derzeitiger Kommandeur des I/R.I.R 75

Dokument 2

Nationalsozialistische Deutsche Arbeiterpartei

Gau Schleswig-Holstein

chrift der Gaugeschäftsstelle: Nationalsozialistische Deutsche Arbeiterpartei, ıleitung Schleswig-Holstein, Kiel, Gauhaus / Fernruf: Kiel 8880 ıkkonto der Gauleitung: Kieler Spar- und Leihkasse, Kiel, Konto-Nr. 200 r N S D A P., Kiel, Gauhaus / Postscheckkonto der Gauleitung: Hamburg Nr. 149 73 unter N S D A P., Kiel, Gauhaus

Tageszeitungen des Nationalsozialistischen Gauverlages Schleswig-Holstein G. m. b. H., Itzehoe: I. Schleswig-Holsteinische Tageszeitung, Itzehoe i. Holst., Breite Straße 40, Fernruf: Sammel-Nummer 2164. II. Nordische Rundschau, Kiel, Bergstraße 11, Fernruf 446 / 448. III. Lübecker Volksbote, Lübeck, Johannisstr. 46, Fernruf: S. 25 351

NATIONAL-SOZIALISTISCHE D.A.P.

Kreis Pinneberg
Ortsgruppe Pinneberg
Geschäftsstelle: Damm 39
Geschäftszeit: Dienstags und Freitags von 19 bis 21 Uhr
Bank-Konto: Kreissparkasse zu Pinneberg Kr/Ma.

Pinneberg, den 13. Juni 1941.

…eldeamt
…nneberg
14. JUNI 1941

An
das Wehrmeldeamt,

P i n n e b e r g .

Die Ortsgruppe der NSDAP. Pinneberg fühlt sich verpflichtet, Ihnen folgende Meldung zu machen:

Am 1. Mai 1941 ist in Pinneberg, Schloßstraße 12 bei Witwe Johanna Krohn eine Volljüdin zugezogen. Die Personalien lauten:

Käte Ella Johanna Sara H i m m e l h e b e r geborene Jacoby, geschiedene Morgenfrau, geboren am 18.8.1888 in Moskau, deutsche Reichsangehörige, lutherischer Religion, wohnhaft gewesen in Hamburg, Gustav Falkestraße 6.
Frau Himmelheber ist im Besitze einer Kennkarte für Juden.

Die Ortsgruppe ist auf Frau Himmelheber aufmerksam geworden, nachdem sie die Frechheit besessen hat, eine Veranstaltung der NS-Frauenschaft aufzusuchen. Auch wurde dann festgestellt, daß die Betreffende Arbeit angenommen hatte in einem hiesigen Wehrbetrieb.

Die Jüdin Sara Himmelhebef hat nunmehr die Behauptung aufgestellt, ihr Bruder sei Oberleutnant in der Deutschen Armee und zwar in Berlin. Nach der Feldpost-Nr. befragt, hat sie angegeben

Oberleutnant Edgar J a c o b i , Feldpost-Nr. 05473.

Da uns die Jüdin im höchsten Grade verdächtig vorkommt, bittet die Ortsgruppe um Nachprüfung der Angaben betreffs des Edgar Jacobi.

Heil Hitler!

Nationalsoz. Deutsche Arbeiterpartei – Ortsgruppe Pinneberg

Ortsgruppenleiter

Dokument 3

A b s c h r i f t !

21.6.41.

Lieber Egar !

So nun sitze ich mal wieder in Hamburg und zwar verübergehend, besuchsweise bei Paula, da ich bis jetzt noch kein anderes Unterkommen habe; und nun weiss ich wirklich nicht, was ich machen soll; und schreibe an Dich, ob Du mir irgend einen Rat geben kannst; denn hier, kann ich nach den jetzigen Gesetzen, als Jüdin, in einem sonst arischen Hause nicht bleiben; wie Paula sich natürlich nach allem erkundigt hat. Ich gelte nach den Papieren, die Albert damals zur Hand hatte, als 3/4 jüdisch und damit als voll. Ich musste aus Pinneberg wieder heraus und kann nach Paulas Ansicht nur bei Juden Wohnung nehmen, was ich natürlich ungern täte, da ich meiner Gesinnung nach garnicht jüdisch denke, gerade in polit. Hinsicht. Es bleibt mir also garnichts anders übrig, als zu Otti zurück, wo sie sich so gemein gegen mich benommen hat, oder ich muss eben zu Juden ziehen. Nun wüsste ich gern, ob es irgend geht, dass Du mal kommst, um für mich es durchzusetzen, dass ich bei Arirn wohnen kann u. dasgl. keine jüd.Kennkarte zu haben brauche. So kann ich es nicht erreichen, da sie mich hier immer nach den nötigen Belegen u.Ausweisen fragen werden; obgleich d. Behörden sehr freundlich u. höflich sind; aber d. Partei hat mehr zu sagen.

Bitte schreibe nichts an Paula darüber. - Die ist schon so aufgeregt genug. Deine Photo an sie, habe ich auch gesehen, wie niedlich mit d.beiden Kindern! Sollte es Dir aber gr. Unannehmlichkeiten bringen, dann muss ich eben zu Otti ziehen; Mit freundl. Grüssen Deine

Käte.

F. d. R. d. A.

Gefr.u.H.F.P.B.

Dokument 4

Durch Offizier geschrieben.

Armee-Nachr.-Abt.512
Kommandeur

O.U., den 30.Juni 1941

Dem
Armeenachrichtenführer 1
Herrn General B a l t z e r
persönlich.

- 5 - Anlagen

Auf Grund der von der Abwehrstelle im Wehrkreis X geforderten Vernehmung, erschien heute um 12.15 Uhr Hauptmann **J a c o b y** in meinem Geschäftszimmer in der Artl.-Schule.

Ich machte ihn kurz mit dem Inhalt des von der Ortsgruppe Pinneberg als Anlage beigefügten Schreibens vertraut, worauf J. zugab, dass die Genannte Kähte, Ella, Johanna, Sara Himmelheber geb. Jacoby, geschiedene Morgenfrau seine Schwester wäre.

Darauf fing J. an unzusammenhängende Worte zu stammeln und verfiel in eine derart starke Ohnmacht, dass eine weitere Vernehmung nicht möglich war.

Der von mir herbeigerufene Abt.-Arzt, Stabsarzt Dr. Graebe, ordnete die sofortige Überführung in das Kriegslazarett an.

Ärztliches Gutachten ist beigefügt.

Dokument 5

Fernschreibvermittlung: OBB/ORA

Fernschreibstelle:

Vermerke der Fernschreibstelle.

Angenommen: 4/7. 1140	weiter an	Datum	Uhrzeit	R.-Nr.	durch	TM-Zahl
Aufgenommen:					W.Pr	
von: HKHXD					4. JULI 1941	
durch: Müller				Az.		
Verzögerungsvermerke:				Nr.		

Ic

Fernschreiben
Telegramm

--- G E H E I M --

Dringlichkeitsvermerke:

Fernspr.-Nr. des Auflieferers:

+++HKHXD 821 4.7.41 1130 =

-- AN OBERKOMMANDO DER WEHRMACHT (W.PR.) ABT. ROEM ZWEI. =

BEZUG:FERNSCHREIBEN A.O.K. 1,ABT. ROEM ZWEI A AZ.21 C 12 V.

19.6.41.-

ANTRAG AUF ERNENNUNG OBLT.D.R. J A C O B Y ZUM KP.FUEHRER PROP.KP. 696 MUSS ZURUECKGEZOGEN WERDEN, DA ABSTAMMUNG ANSCHEINEND NICHT IN ORDNUNG.SCHRIFTLICHE MELDUNG FOLT..-

NEUER KP.FUEHRER FUER PROP.KP.696 DRINGEND ERFORDERLICH. =

A.O.K.1,ABT.ROEM ZWEI A AZ. 21 C 12. +++

T 1.8.

Dokument 6

A b s c h r i f t !

Brief des Hauptm. E. Jacobi F.P.Nr. 05473 v. 2.7.1941
an Frau Käti Himmelheber, Pinneberg b. Hamburg, Schloss-Str. 12
p/Adr. Frau Krohn.

Hptm. E.J. F.P.Nr. 05473

z.Zt. im Lazarett

Liebe Käti !

Wenn ich auch z.Zt. krank bin und im Lazarett liege - (das Herz macht nicht mehr mit), so muss ich Dir gleich schreiben, denn Du hast ja irgend einen heillosen Blödsinn angestellt - der auch für mich jetzt furchtbar unangenehm ist.

Seit wann, wo und wieso hast Du Dich denn als (Volljüdin) eintragen lassen oder hat das Otti H. gemacht ? Schreibe mir bitte gleich, was Du da für Angaben gemacht hast - und vor allen Dingen sende mir mal alle Familienpapiere, die sich in Deinem Besitz befinden auch von Eltern oder Deinen Kindern, damit ich endlich mal einen Nachweis für Dich in Buchform ausstellen lassen kann. Das brauchst Du doch auch später für Deine Kinder. -

Wenn ich nicht so krank wär und für mein Herz alle Aufregung Gefahr wär, so würde ich gleich fahren, um diesen Mist in Ordnung zu bringen.

Mein Gott! Wir haben doch jetzt als Soldaten andere Sorgen, was hast Du denn angestellt?

Wenn Du in die N.S.V. willst, musst Du doch vor allen Dingen Deine Papiere in Ordnung haben und nicht solch Blödsinn machen, wie Du's scheinbar gemacht hast.

Ich würde Dir ja alle Daten schreiben, habe aber auch nicht im Kopf. Jetzt: auf jeden Fall sende mir mal alle Papiere, die Du hast und mache bitte nicht weitere Angaben , die Du nicht wissen kannst, sondern lasse mich das für Dich machen.

Es gibt heute wirklich andere Aufgaben und Sorgen mit der Komp., als dass man sich auch noch mit Deinem Blödsinn befassen muss. Seit wann hast Du eine Kennkarte?

Ich bin sehr böse auf Dich- und Du hättest mir dies wirklich ersparen können

Edgar.

F.d.R.
Oblt.

Bitte antworte mir sofort, ob Du alle Papiere gesandt hast? Du kannst sie hierher senden unter F.P. 05473.

Dokument 7

A b s c h r i f t.

im Lazarett 6.7.41

F.P. o5473

Liebe Käti!

Ich hoffe man hat Dir meine Briefe, die ich nach Pinneberg an Dich richtete, nachgesandt. Heute erst erhalte ich Deinen Brief v. 21.6.41 (verzögert durch Postsperre.)

Ich habe durch Dich schreckliche Unannehmlichkeiten und bin in ca. 5 Tage d.h. am 11.7. in Hamburg um alles zu regeln. Musstest Du denn mich erwähnen bevor ich alles selbst regeln konnte. Bitte tue mir den letzten Gefallen und quatsch nicht mehr, sondern verweise alle Behörden oder Partei darauf hin, daß ich der einzige bin der die Papiere hat und Auskunft geben kann. Sieh mal Du weißt es doch auch garnicht was ich an Papieren habe und lass Pau-la und mich aus dem Spiel. Bitte auch Otti und Fritz keine Auskunft zu geben denn sie wissen genau so wenig wie Du.

Erwähne auch nichts von anderen Geschwistern und Verwandten, es macht nur alles noch komplizierter.-

Wie gesagt - das einzige was Du nun sagen kannst- man soll warten bis ich komme-

Mein Kommandeur schickt mich extra deshalb nach Berlin und Hamburg. -

Du hast schon genug Unheil angerichtet, dass Du mich genannt hast - und nun flehe ich Dich an, sage nicht noch mehr Blödsinn - sondern warte ab, bis ich selbst dort bin. Ich bin sehr herzkrank und fahre trotzdem nach Hamburg, trotzdem die Arzte mich vor jeder Aufregung warnen.- Denke bitte jetzt daran, dass ich noch für meine Frau und Kinder erhalten bleiben muss, denke daran, wenn Du mich und meine Frau und Kinder lieb hast. Es kann sehr schnell zu Ende sein - und was soll dann aus Marianne und den Kindern werden -

Meine Nerven sind am Ende und ich heule manchmal ohne Grund. Diese letzten Wochen waren zuviel für mich, also warte noch ein paar Tage ab. Sprich mit Ottie und Fritz und grüsse sie von mir. Ich bin bald dort. -

Ich werde bei Otto anrufen, wenn ich dort bin - hoffentlich kann ich die Reise aushalten -

Edgar

An

Frau Käti H i m m e l h e b e r
per Adr. Frl. Paula Jacoby

H a m b u r g 30
Scharnhorstrasse 3/I

F.d.R.d.A.

Dokument 8

Geheime Staatspolizei
Staatspolizeistelle Kiel

B.-Nr.: III/2 J. 42/41 g
Bitte in der Antwort vorstehendes Geschäftszeichen und Datum anzugeben.

Kiel, den 11. Juli 1941
Düppelstraße 23
Fernsprecher: Nr. 8790

Abwehrstelle im Wehrkreis X | Mit Kenntnis
Eingang: 14. JULI 1941
B. Nr.: 1766/41 III C
Bearb. Abtlg.: III c Anl. 3

Kartei fehlt

Geheim!

An
die Abwehrstelle im Wehrkreis X
in Hamburg.

Betrifft: Grete Himmelheber, Hamburg, Heidenweg.
Vorgang: Schreiben v. 8.7.41 – 1672/41 – III c geh –.
Anlagen: – 3 –.

– – –

Als Anlage übersende ich 2 weitere erfasste Briefe des Hauptmann J a c o b y an die Himmelheber in Pinneberg. Ebenso konnte der Luftpostbrief aus Argentinien an die H. erfasst werden.

Die in Pinneberg angestellten vertraulichen Ermittlungen ergaben folgendes:

Frau Käte Ella Johanna Sara Himmelheber geb. Jacoby ist geboren am 18.8.1888 zu Moskau. Sie ist Reichsangehörige, lutherischer Religion und geschieden. Sie ist Volljüdin und ist auch im Besitze einer Kennkarte für Juden.

Lt. polizeilicher Meldekartei ist die Himmelheber am 1.5.41 von Hamburg-Groß-Flottbek, Gustav-Falke-Str. 6, nach Pinneberg, Schloßstr. 12 b. Frau Krohn, zugezogen. Am 9.6.41 verzog sie wieder nach Hamburg, Scharnhorststrasse 3.

Nach Angaben des Ortsgruppenleiters Pg. Krömer, Pinneberg, hat sich die Himmelheber am 28.5.41 in eine Veranstaltung der NS-Frauenschaft in Pinneberg eingeschlichen. Der Ortsgruppenleiter erhielt erst am nächsten Tage davon Kenntnis. Er hat dieshalb zunächst die Wohnungsgeberin der Himmelheber, die Witwe Johanna Krohn, vorgeladen und diese gefragt

ob

Dokument 9

ob sie wüßte, daß sie eine Jüdin beherberge. Frau Krohn wusste das angeblich nicht und erhielt deshalb von dem Ortsgruppenleiter die nötige Aufklärung. Der Ortsgruppenleiter verlangte von der Frau Krohn, daß sie der Himmelheber die Wohnung kündigen solle, weil sie ihr verschwiegen habe, daß sie Jüdin sei und weil Juden in Pinneberg nicht geduldet werden könnten, zumal wenn sie sich so aufführten, wie es die Himmelheber getan habe.

Als Frau Krohn den Ortsgruppenleiter verlassen hatte, erschien etwa eine halbe Stunde später die Himmelheber persönlich in dem Gebäude der Ortsgruppe und verlangte, den Ortsgruppenleiter zu sprechen. Sie wollte diesen zur Rede stellen, wie er dazu käme, sie an die Luft zu setzen. Sie sagte zu dem Ortsgruppenleiter, er solle sich man vorsehen, denn sie habe einen Bruder, der Oberleutnant bei der Wehrmacht sei. Von dem Ortsgruppenleiter befragt, wie sie in die Frauenschaftsveranstaltung gekommen sei, erklärte die Himmelheber, daß sie von der Arbeiterin Veronika Schirren, geb. Haß, geb. 28.12.95 zu Berlin, wohnhaft Pinneberg, Fahltskamp 44 bei Hüttner, dazu eingeladen worden sei. Da sich die Himmelheber dem Ortsgruppenleiter gegenüber recht anmassend benahm und wegen des Besuchs einer Frauenschaftsveranstaltung forderte der Ortsgruppenleiter sie auf, Pinneberg schnellstens zu verlassen, was sie dann am 9.6.41 auch tat.

Die Himmelheber hat während ihres hiesigen Aufenthalts bei der Fa. Wuppermann AG. gearbeitet. Wuppermann ist teils Rüstungsbetrieb. Der Ortsgruppenleiter veranlasste die Entlassung der Himmelheber bei der Fa. Wuppermann. Das Arbeitsamt hat sich mit der Entlassung einverstanden erklärt. Nach Angaben des Ortsgruppenleiters soll die Himmelheber in ihrer hiesigen Wohnung öfter Besuch, darunter auch Herrenbesuch, empfangen haben.

Zu den Angaben der Vermieterin, Frau Johanna Krohn dem Ortsgruppenleiter Pg. Krömer gegenüber wurde noch folgendes festgestellt:

Die

Die Jüdin Himmelheber hat im Beisein der Vermieterin Frau Krohn ihre polizeiliche Anmeldung in Pinneberg vorgenommen. Die Anmeldung wurde von der Angestellten Saß entgegengenommen. Erst bei der Nachprüfung der Anmeldescheine legte die Himmelheber zögernd ihre Kennkarte vor, woraus zu ersehen war, dass sie Jüdin ist.

Der Stadtsekretär Fahden von hier hat daraufhin Ermittlungen angestellt, ob es möglich sei, diese Jüdin von vornherein abzuweisen. Dafür bestand jedoch im Augenblick der Anmeldung keine Handhabe. Während sich der Stadtsekretär Fahden mit der Nachprüfung der Anemeldung befasste, warteten die Himmelheber und die Krohn im Vorraum des Meldeamts. Frau Krohn meinte in Gegenwart der Angestellten Sass zu der Himmelheber: "Hätten Sie man gar nichts gesagt, dann hätten sie - gemeint war das Meldeamt - wohl nichts gemerkt."

Da der Stadtsekretär Fahden nicht gleich die Bestätigung über die Anmeldung abgab, musste die Himmelheber nach kurzer Zeit - etwa in einer halber Stunde - wiederkommen. Beim Fortgehen meinte die Himmelheber noch: "Es bestehen doch keine Schwierigkeiten?" Auch sagte sie, dass sie einen Bruder habe, der als Oberleutnant bei der Wehrmacht stehe. Die ganze Angelegenheit ist in Gegenwart der Frau Krohn besprochen worden. Frau Krohn hat auch im Meldeamt den Anmeldeschein unterschrieben. Sie hatte also von privater und auch amtlicher Seite davon Kenntnis erhalten, daß die Himmelheber eine Jüdin ist. Es muss deshalb angenommen werden, daß die Frau Krohn die Jüdin Himmelheber bewusst unterstützt hat.

Es wird noch berichtet, dass aus den von der Himmelheber auf dem Meldeamt abgegebenen Anmeldeformularen nicht ohne weiteres hervorging, daß es sich um eine Jüdin handelte. Die Himmelheber hatte den Vornamen "Sara", zu dessen Führung sie verpflichtet war, nicht mit angegeben gehabt. Der Stadtsekretär Fahden hat diesen Namen erst nachträglich eingetragen.

Die Zimmervermieterin Frau Krohn in Pinneberg ist zur Verschwiegenheit verpflichtet worden.

Sobald Sachdienliches über den Grund zu den verhängten Maß-Maßnahmen bekannt wird, bitte ich um Mitteilung.

Im Auftrage:

[signature]

5457/41

Oberkommando der Wehrmacht

Nr. 5457/41 g W Pr (Ic)

Entwurf

24. Sep. 1941

23. August 194

An

OKH/PA/Ag P 1/Gr. 8

Betr.: Hauptmann d.R. z.V. Edgar Jacoby/Prop.Ers.Abt., Potsdam.

Es wird gebeten, den aus der Prop.Komp. 696 / AOK 1 mit Wirkung vom 21.7.41 in die Prop.Ers.Abt., Potsdam, versetzten

Hauptmann d.R. z.V. J a c o b y (Edgar), geb.4.5.92,

entweder aus dem Wehrdienst zu entlassen oder zur Führerreserve des Wehrkreises III zu versetzen. Das für ihn zuständige WBK ist WBK Berlin IX.

Hauptmann Jacoby ist, wie sich jetzt herausstellte, wahrscheinlich Mischling 1. Grades, so daß seine Weitere Verwendung in einer Prop.-Einheit nicht möglich ist. Die Akten über die bisher durchgeführte Untersuchung werden in Anlage mit der Bitte um Rückgabe zur Kenntnisnahme übersandt.

Der Chef des Oberkommandos der Wehrmacht

I.A.

Nachrichtlich:
Prop.Ers.Abt. unter Beifügung des Wehrpaßes.
RMVP, RV-Referat.

ab 27. Aug. 1941

27. Aug. 1941

1 Anlage
(Schnellhefter)

Dokument 10

Oberkommando des Heeres
Nr. 8521/41 PA 2 (I/Ic)
Az.: 1 i 20

(Bitte in der Antwort vorstehendes Geschäftszeichen, das Datum und kurzen Inhalt anzugeben)

Geheim

Berlin W 35, den 27. Oktober 1941
Matthäikirchstraße 2
Fernsprecher: Ortsverkehr 21 81 91
Fernverkehr 21 80 91

W. Pr.
27. OKT. 1941
Nr. 5457/41 g
1 Anl.
Vorg. anbei

Betr.: Hptm.d.R.z.V. Edgar J a c o b y
Bezug: OKW Nr.5457/41 g WFSt/WPr(Ic) v.23. August 1941

An das
Oberkommando der Wehrmacht WFSt/WPr (Ic)

Der Hptm.d.R.z.V. Edgar J a c o b y wurde gemäß Entscheid des Reichssippenamtes v.15.10.41 als Volljude erklärt.

Gemäß o.a. Schreibens wird der Vorgang zur Kenntnisnahme überreicht.

I. A.
Schulte-Hüttinga

1 Schnellhefter

Dokument 11

Epilog

Major F. M., Tagebucheintrag 1946 in britischer Gefangenschaft:

„Es ist eine Eigenschaft des Menschen, daß er böse Zeiten gerne vergißt und sich nun um so lieber froher Stunden erinnert, über die er auch nach Jahren sich jeder Einzelheit noch zu erinnern vermag. Vielleicht ist es gut, daß die Zeit heilsam so manche brutal uns gesandten Schicksalsschläge verschließt und uns durch nachträgliche frohe Stunden selbst zurückgebliebene Narben übersehen läßt. Aber es gibt auch Lebensabschnitte, die man nicht vergessen soll, einmal: um uns vor Ähnlichem zu bewahren; zum anderen: um uns nach überlebtem Leid doppelt der besseren Zeit erfreuen zu können. –“

III. ANHANG

1. Anmerkungen

1.1 Feldpost und Zensur

1. Mitteilungen für die Truppe, Nr. 337, Juni 1944, BA-MA RW 4/v. 357.
2. Zur Geschichte der deutschen Feldpost im Zweiten Weltkrieg vgl.: Bruno Schmitt und Bodo Gericke, Die deutsche Feldpost im Osten und der Luftfeldpostdienst im Zweiten Weltkrieg, Archiv für deutsche Postgeschichte, 1969, Heft 1, und Bodo Gericke, Die deutsche Feldpost im Zweiten Weltkrieg. Eine Dokumentation über Einrichtung, Aufbau, Einsatz und Dienste, Archiv für Postgeschichte, Heft 1, 1971. Zur Geschichte der deutschen Feldpost vor dem Zweiten Weltkrieg vgl. Friedrich Stuhlmann, Die deutsche Feldpost in Geschichte und Tätigkeit, Berlin 1939.
3. Das vom OKH neu erarbeitete Nummernverfahren tarnte die Feldpostanschrift und verhinderte dadurch, daß der Gegner Informationen über Truppenteile, Stäbe, Einheiten und deren Gliederung erhielt. Die Feldpost-Nummern waren völlig systemlos ausgewählt und konnten daher von der feindlichen Abwehr nicht entschlüsselt werden.
4. Bodo Gericke, a.a.O., S. 11ff.
5. Unter flatternden Fahnen. Feldpost im Weltkrieg. Mit einem Geleitwort von Reichsminister Dr. Ohnesorge, Berlin 1939, S. 4.
6. Mitteilungen für die Truppe, Nr. 51, November 1940; Nr. 96, April 1941; Nr. 109, Juni 1941; Nr. 160, Dezember 1941; Nr. 174, Februar 1942; Nr. 176, Februar 1942; Nr. 247, Februar 1943; Nr. 252, März 1943; besonders Nr. 338, Juni 1944 („Man kann die Zahl der in diesem Krieg zwischen Front und Heimat ausgetauschten Briefe auch nicht annähernd schätzen, zwischen 30 und 40 Milliarden werden es wohl sein."); Nr. 355/356, September 1944; Mitteilungen für das Offizierskorps, Nr. 1, Januar 1942; Nr. 2 Januar 1942.
7. Karl Ziegler, Erinnerungen an die Feldpost im Kriege 1939–1945, Rundbrief 20 der Arbeitsgemeinschaft Feldpost, Mai 1980, S. 551.
8. Die Darstellung stützt sich vor allem auf die „Vorläufige Dienstanweisung für Feldpostprüfstellen" des OKW Amt Ausl. Abwehr III, BA-MA RW 4/v. 312 Teil 1 und auf den Bericht des Ic/A.O. des A.O.K. 2 vom 1. Januar 1943 „Sinn und Zweck der militärischen Feldpost-Briefzensur", BA-MA RH 20-2/1276.
9. GenMaj a.D. Rudolf Langhäuser, Studie über die Beschaffung von Feindnachrichten im deutschen Heer während des Zweiten Weltkrieges an der Ostfront, S. 109, Foreign Military Studies MS Nr. D-407. Die Studie befindet sich im Militärgeschichtlichen Forschungsamt, Grünwälder Str. 11–14, 7800 Freiburg. „Die Feldpost-Prüfstellen (...) brachten dem Ic/A.O. vielfach nützliche Hinweise über Korruptions-, Landesverrats-, Zersetzungs- und Sabotage-Verdacht. Aus der Verfolgung dieser Fingerzeige (abwehrmäßig und krimi-

nalpolizeilich) ließen sich gar nicht selten wertvolle neue Feinderkenntnisse erbringen." (S. 109)

10. F.P.P. Pz.A.O.K. 1, Tätigkeitsbericht für April 1944, BA-MA RH 21-1/184; F.P.P. Pz.A.O.K. 4, Monatsbericht September 1944, in: BA-MA General z.b. V. H 34/2.
11. Notiz für den Korpstagesbefehl vom 4. Januar 1943, BA-MA RH 24-12/69. Eine Ausnahme bildet ein OKW-Befehl vom 19. Mai 1941, der eine Postüberwachung durch *Disziplinarvorgesetzte* vor dem Angriff auf die Sowjetunion vorsieht. Vgl. hierzu: Norbert Müller, Okkupation, Raub, Vernichtung. Dokumente zur Besatzungspolitik der faschistischen Wehrmacht auf sowjetischem Territorium 1941–1944, Berlin-Ost 1980, S. 46.
12. Was tue ich im Ernstfall? Eine Aufklärungsschrift für das Deutsche Volk. Herausgegeben auf Veranlassung des Reichsführers – SS und Chefs der Deutschen Polizei im Einvernehmen mit dem Oberkommando der Wehrmacht. Eine Kopie befindet sich in der Privatsammlung Buchbender.
13. Der Bericht der F.P.P. beim Pz.A.O.K. 4 befindet sich in der „Stalingradakte", BA-MA RW 4/v. 264.
14. Der Bericht der F.P.P. beim Pz.A.O.K. 3 befindet sich in BA-MA General z.b.V. H 34/1
15. Vortrag des Hauptmann Böttcher über die Arbeit der F.P.P. am 25. 11. 1940, BA-MA RH 20-2/1078.
16. Mitteilungen für die Truppe, Nr. 96, April 1941; Nr. 176, Februar 1942.
17. Vgl. hierzu den aufschlußreichen Bericht von Dietrich Güstow, Tödlicher Alltag. Strafverteidiger im Dritten Reich, Berlin 1981. Besonders informativ ist die umfangreiche Dokumentation: Justiz und NS-Verbrechen. Sammlung deutscher Strafurteile wegen nationalsozialistischer Tötungsverbrechen 1945–1966, Amsterdam 1968ff. Sie enthält eine Fülle von Strafverfahren gegen ehemalige Denunzianten, deren Opfer häufig zum Tode verurteilt wurden. Vgl. z.B. den Fall des Soldaten Stefan Könninger aus Ottersweier/Baden, der im Februar 1944 im Urlaub betonte, „daß der Krieg verlorengehe, daß die deutschen Truppen im Osten in ständigem Rückzug sich befänden, daß die Staatsführung früher geprahlt habe, die russische Armee sei geschlagen, sie rücke jetzt aber immer weiter vor; Göring habe früher gebrüllt, es komme kein fremdes Flugzeug über die Grenzen, und wie sähe es jetzt aus?" Nach einer Denunziation eines Bekannten wurde vor dem Zentralgericht des Heeres in Berlin Anklage wegen „Zersetzung der Wehrkraft" erhoben. Die Folge war das Todesurteil vom 12. Juli 1944. Stefan Könningers Hinrichtung fand am 21. August 1944 statt. Zum Fall Könninger vgl.: Justiz und NS-Verbrechen, a.a.O., Bd. I, Lfd. Nr. 006, S. 63–68. Vgl. auch den Fall des Unteroffiziers Wagner, der wegen politischer Äußerungen von einem Kameraden denunziert wurde. Sein Vorgesetzter bemühte sich vergebens, ihn vor dem Kriegsgericht zu retten: Justiz und NS-Verbrechen, a.a.O., Bd. VI, Lfd. Nr. 203, S. 239–261.
18. Mitteilungen für die Truppe, Nr. 337, Juni 1944.
19. Das von alliierten Offizieren gefundene statistische Material druckte auszugsweise das Hamburger Nachrichten-Blatt in der Montagsausgabe am 30. Juli 1945 ab. Eine Kopie befindet sich in der Privatsammlung Buchbender.

20. Der Informationsdienst für NS-Führungsoffiziere Nr. 16/44 enthält eine hochinteressante Statistik über die Verteilung der Todesurteile auf die einzelnen „Straftaten" aus dem Jahre 1943, die im Deutschen Reich verhängt wurden:

Hoch- und Landesverrat	1745 Todesurteile
Mord, Mordversuch und Gewaltverbrechen	250
Verbrechen gegen die Besatzungsmacht	282
Verweigerung der Hilfe gegenüber Bombengeschädigten	3
Brandstiftung	33
Gefährliche Gewohnheitsverbrecher (Diebe, Betrüger, Ausnutzung der Verdunkelung und der Kriegsverhältnisse)	938
Eisenbahndiebstähle	122
Abtreibung	1
Beraubung von Feldpostsendungen (!)	136
Plünderungen in bombengeschädigten Häusern	182
Kriegswirtschaftsverbrechen	236
Sittlichkeitsverbrechen	114
Sabotage und Aufsässigkeit ausländischer Arbeiter	138
Waffenbesitz von Polen	2
Rundfunkverbrechen	11
Veruntreuung von NSV-Geldern zum Nachteil von Bombengeschädigten	2
Wehrkraftzersetzung	108
Betrug und Untreue zum Nachteil von Soldaten im Fronteinsatz	2
Sabotage im Protektorat	66
Wehrpflichtentziehung	19
Verbrechen gegen die Verordnung zum Schutz der Wintersachensammlung	3
Rassenschande	4
Sonstige Verbrechen	6
Todesurteile aus den eingegliederten Ostgebieten	894
insgesamt	5336 Todesurteile

Die Statistik befindet sich in: A.O.K. 2, Ic/A.O., Tätigkeitsbericht zum KTB vom 1. 7.–30. 9. 1944, BA-MA 60314.

21. Monatsbericht der F.P.P. bei Pz.A.O.K. 3 für September 1944, Seite 21, BA-MA General z.b.V. H 34/2.

1.2 Feldpost und Binnenpropaganda

1. Mitteilungen für die Truppe, Nr. 338, Juni 1944.
2. Diese Auffassung vertrat nach dem Krieg Oberst a.D. Dr. Hesse, der zeitweilig der Abteilung für Wehrmachtpropaganda angehört hatte. Hesse über-

schätzt den unpolitischen Charakter der „Mitteilungen" bei weitem. Kurt Hesse, Deutsche Wehrmachtspropaganda im Zweiten Weltkrieg, Bd. II, C II/8, S. 1, Military Study D-407. Die Studie befindet sich im Militärgeschichtlichen Forschungsamt, Grünwälder Str. 11–14, 7800 Freiburg.

3. „Eine besonders lohnende Führungsaufgabe", Mitteilungen für das Offizierskorps, Nr. 2, Februar 1942, BA-MA RW 4/v. 353.
4. „Der Feldpostbrief eine Waffe", Mitteilungen für die Truppe, Nr. 160, Dezember 1941.
5. Mitteilungen für die Truppe, Nr. 174, Februar 1942.
6. „Was muß jetzt in einem Brief nach Hause stehen?", Mitteilungen für die Truppe, Nr. 363, September 1944.
7. „Der Blutkreislauf der Briefe", Mitteilungen für die Truppe, Nr. 355/356, September 1944.
8. „Soldatenbriefe", Mitteilungen für die Truppe, Nr. 252, März 1943.
9. „Ein Brief nach Hause, der jetzt not tut", Mitteilungen für die Truppe, Nr. 266, Juni 1943.
10. wie Anmerkung 8
11. „Wie muß man jetzt nach Hause schreiben?", Mitteilungen für die Truppe, Nr. 338, Juni 1944.
12. „Die Kunst, Briefe zu schreiben", Mitteilungen für die Truppe, Nr. 176, Februar 1942.
13. wie Anmerkung 7
14. „Unsere Feldpostbriefe helfen der Heimat", Mitteilungen für die Truppe, Nr. 96, April 1941.
15. wie Anmerkung 12
16. Mitteilungen für die Truppe, Nr. 51, November 1940.
17. Pz.A.O.K. 3, Abt. Ic/A.O., Anlageband G zum Tätigkeitsbericht Nr. 9 vom 1. 7.–30. 9. 1943, BA-MA RH 21-3/v. 485.
18. Heeresgruppe B, Abt. NS-Führung, BA-MA RH 19 IX/47.
19. Hintergrundinformationen zur Diewerge-Broschüre befinden sich in der Akte BA R 55 DC/vorl. 518, fol. 1–480 (Feldpostbriefe aus dem Osten).
20. Deutsche Soldaten sehen die Sowjetunion, a.a.O., S. 61. Das Leitwort der Broschüre war eine Äußerung von Goebbels: „Wenn die feindliche Lügenhetze nicht müde wird, uns vorzuwerfen, wir gäben dem deutschen Volk in unseren Darstellungen einen falschen oder doch unvollständigen Eindruck von den Kämpfen im Osten, so wird sie am besten und schlagkräftigsten durch die Briefe unserer Soldaten widerlegt."
21. Deutsche Soldaten sehen die Sowjetunion, a.a.O., S. 9.
22. Vgl. Louis P. Lochner, (Hrsg.), Goebbels Tagebücher aus den Jahren 1942–43, Zürich 1948, S. 47.
23. Grundlegend für diese Problematik auch heute noch: Edward A. Shils, Cohesion and Disintegration in the Wehrmacht in World War 2, Public Opinion Quarterly, 1948, 7, S. 280–315. Ferner: Murray Gurfein, Trends in Wehrmacht Morale, in: William E. Daugherty, (Hrsg.), A Psychological Warfare Casebook, Baltimore 1958, S. 744–750.

1.3 Feldpostbriefe und Feindpropaganda

1. Mitteilungen für die Truppe, 174, Februar 1942, BA-MA RW 4/v. 357.
2. Die englische und sowjetische Propaganda fälschte eine ganze Reihe von „Mitteilungen für die Truppe“ und „Mitteilungen für das Offizierskorps“. Vgl. hierzu: Ortwin Buchbender und Horst Schuh, Heil Beil! Propaganda im Zweiten Weltkrieg. Dokumentation und Analyse, Stuttgart 1974, S. 105–107.
3. Die Sowjets warfen die umfangreichen Flugblattserien „Briefe aus der Heimat“, „Grüße an die Heimat“ und die „Heimatpost deutscher Kriegsgefangener“ in regelmäßigen Abständen an der Ostfront ab.
4. Es handelt sich um das Flugblatt „Bedenke! 1500000 Deiner Kameraden in Rußland gefallen. Für wen?“ Ein Exemplar befindet sich in der Privatsammlung Buchbender.
5. Es ist das englische Flugblatt G4/1942 „Der Führer übernimmt das Kommando“. Ein Exemplar befindet sich in der Privatsammlung Buchbender.
6. Bodo Gericke, Die deutsche Feldpost im Zweiten Weltkrieg. Eine Dokumentation über Einrichtung, Aufbau, Einsatz und Dienste, Archiv für deutsche Postgeschichte, 1971, Heft 1, S. 4.
7. Zum „Mölders-Brief“ vgl. bes. O. Buchbender und H. Schuh, a.a.O., S. 82–84.
8. Vgl. Sefton Delmer, Die Deutschen und ich, Hamburg 1963, S. 547ff.
9. Vgl. Louis P. Lochner, (Hrsg.), Goebbels Tagebücher aus den Jahren 1942–43, Zürich 1948, S. 108.
10. Der Vorgang befindet sich in der Akte BA-MA RW 4/v. 253.
11. Eine ausführliche Information über die Feindpropaganda findet sich in den Mitteilungen für das Offizierskorps Nr. 28, Januar 1944 „Unterrichtsmaterial über die Ziele und Methoden der feindlichen Propaganda“, BA-MA RW 4/v. 353, und in den Mitteilungen für die Truppe Nr. 252, März 1943, BA-MA RW 4/v. 357. Der Verfasser dieser Beiträge und vieler anderer über Feindpropaganda war Hauptmann Gerhard Fechner, der in der Abteilung Wehrmachtpropaganda, IV C, die gesamte Feindpropaganda sichtete und auswertete. Zur Organisation und Funktion der Wehrmachtpropaganda vgl. O. Buchbender, Das tönende Erz, Deutsche Propaganda gegen die Rote Armee im Zweiten Weltkrieg, Stuttgart 1978, S. 22–25; S. 139–143.
12. L. P. Lochner, a.a.O., S. 466.
13. L. P. Lochner, a.a.O., S. 228.
14. Dokument NG 3885, Institut für Zeitgeschichte München.
15. Bericht des Chefs der Sicherheitspolizei und des SD vom 16. 10. 1943, B. Nr. 2749/43 g-IV Ald, an den Reichsaußenminister über „Deutsche Kriegsgefangene in der Sowjetunion“, Politisches Archiv des Auswärtigen Amtes, Inland II g, 30.
16. Quelle wie Anmerkung 15.
17. Die Tatsache, daß Generaloberst Heitz einen Brief an seine Frau aus russischer Gefangenschaft geschrieben hatte, verbreitete sich schnell im Reichsgebiet. Daraufhin schrieben viele Angehörige von Vermißten direkt an Generaloberst Heitz. Alle Briefschreiber erhielten auf einem Vordruck von der Wehr-

machtsauskunftsstelle für Kriegsverluste und Kriegsgefangene beim Oberkommando der Wehrmacht die Nachricht, daß ihre Schreiben nicht weitergeleitet wurden, da die Sowjetunion „keine Auskunft über die in ihre Hände geratenen deutschen Kriegsgefangenen gäbe". Einer der Vordrucke befindet sich in der Privatsammlung Sterz.

18. i. O. = im Osten.
19. Capitano war der Spitzname des Vaters von R.
20. Gemeint war die Wehrmacht. Der „Vorfall im Januar" war die Kapitulation von Stalingrad.
21. R. gab mit Absicht die Feldpostnummer 07035 an, die sich auf den Stab des Gren.Rgt. 32 der 24. I.D. bezog, die zu diesem Zeitpunkt am Wolchow im Nordabschnitt lag. Vor der Versetzung zur 113. I.D. gehörte R. diesem Regiment an. Die Feldpostnummer sollte zusätzlich die Tatsache tarnen, daß der Brief aus einem sowjetischen Gefangenenlager stammte.
22. Eine zweite Möglichkeit, über Vermißte Erkundigungen einzuziehen, bestand im Abhören von Feindsendungen, was jedoch streng verboten war. Der Moskauer Sender gab in deutscher Sprache regelmäßig die Namen und Anschriften gefangener deutscher Soldaten durch. Die Angehörigen dieser Soldaten, die selber die Sendungen nicht gehört hatten, wurden oft durch anonyme Zuschriften darüber informiert, daß ihre Vermißten lebten. Die Gestapo fahndete nach solchen Informanten (vgl. Brief 306). Im Jahre 1943 nahm die Staatspolizeileitstelle in Berlin 19 Personen fest, die als Abhörer der sowjetischen „Kriegsgefangenenpost" Angehörige von Vermißten in Berlin persönlich besucht oder durch Telefonanruf benachrichtigt hatten. 4 Personen verübten nach ihrer Festnahme Selbstmord, die übrigen wurden zu Haftstrafen verurteilt.

    Die Kriegsgefangenenbriefe, die teilweise ihre Empfänger erreichten, sind ein Beweis für die Schwächen des nationalsozialistischen Propagandaapparates. In Fragen, die den unmittelbaren persönlichen Bereich betrafen, glaubte die Bevölkerung mehr solchen Informationsquellen, die sich den offiziellen Propaganda- und Kontrollinstanzen entzogen. Damit wurden die Briefe aus der Sowjetunion gerade wegen ihrer „unverfänglichen Aussagen" zu hochbrisanten Dokumenten, weil sie die offizielle deutsche Propaganda widerlegten. Goebbels nannte sie sogar ein „Einfallstor für die bolschewistische Propaganda in Deutschland" (L. P. Lochner, a. a. O., S. 228).

2. Chronologie des Zweiten Weltkrieges

1939

1. Sept.	04.45 Uhr: Deutscher Angriff auf Polen
3. Sept.	Kriegserklärung Großbritanniens und Frankreichs an das Deutsche Reich
17. Sept.	2 sowjetische Heeresgruppen besetzen Ostpolen
27./28. Sept.	Kapitulation Warschaus (General Rómmel) mit 120000 Mann
28. Sept.	Deutsch-sowjetischer Freundschaftsvertrag in Moskau
9. Okt.	Führerweisung Nr. 6 für die offensive Kriegsführung im Westen erlassen
30. Nov.	Beginn des sowjetischen Angriffs auf Finnland

1940

1. März	Hitler unterzeichnet die erste operative Weisung für die Besetzung Dänemarks und Norwegens (Unternehmen „Weserübung")
12. März	Finnisch-sowjetischer Friedensvertrag in Moskau
9. April	Deutsche Truppen beginnen mit der Besetzung Dänemarks und Norwegens
10. Mai	05.35 Uhr: Deutsche Offensive im Westen („Fall Gelb")
15. Mai	Kapitulation der niederländischen Streitkräfte
27. Mai	Britisches Expeditionskorps beginnt mit der Einschiffung in Dünkirchen (Operation „Dynamo")
28. Mai	Kapitulation der belgischen Streitkräfte
4. Juni	Operation „Dynamo" beendet: auf 848 Schiffen räumen 338226 Mann alliierter Truppen (darunter 123000 Franzosen) Dünkirchen unter Verlust ihrer Ausrüstung
5. Juni	05.00 Uhr: Beginn der „Schlacht um Frankreich" („Fall Rot")
10. Juni	Kapitulation der norwegischen Streitkräfte. Kriegseintritt Italiens
22. Juni	Deutsch-französischer Waffenstillstand in Compiègne
25. Juni	01.35 Uhr: Waffenruhe in Frankreich
16. Juli	Führerweisung Nr. 16: Vorbereitung einer Invasion Englands (Unternehmen „Seelöwe") „wenn nötig"
19. Juli	„Letzter Friedensappell" Hitlers an Großbritannien
13. Aug.	„Adlertag": Beginn der Luftoffensive gegen Großbritannien
27. Sept.	Dreimächtepakt Deutschland, Italien, Japan
28. Okt.	Einmarsch italienischer Truppen in Griechenland
12./13. Nov.	Besuch Molotows in Berlin
14./15. Nov.	449 deutsche Flugzeuge werfen 503 Tonnen Sprengbomben und 881 Brandschüttkästen auf Coventry: 554 Ziviltote
18. Dez.	Führerweisung Nr. 21: Fall „Barbarossa"

1941

31. Jan.	Die Aufmarschweisung des OKH für einen Angriff auf die Sowjetunion (Unternehmen „Barbarossa") beendet
11. März	Roosevelt unterschreibt das amerikanische Pacht- und Leihgesetz

31. März	Erste Offensive des deutschen Afrikakorps
6. April	05.15 Uhr: Beginn des Balkanfeldzuges gegen Jugoslawien und Griechenland
13. April	Japanisch-sowjetischer Neutralitätspakt in Moskau
17. April	Kapitulation der jugoslawischen Streitkräfte
21./23. April	Kapitulation der griechischen Streitkräfte
10. Mai	Rudolf Hess fliegt nach England
20. 5.–1. 6.	Deutsche Luftlandung auf Kreta (Unternehmen „Merkur"). Deutsche Verluste: 4000 Tote und Vermißte; 151 Transportflugzeuge
22. Juni	03.15 Uhr: Deutscher Angriff auf die Sowjetunion: Beginn des Unternehmens „Barbarossa" mit 152 Divisionen
5. Aug.	Abschluß der Kesselschlacht von Smolensk: 310000 Gefangene
8. Aug.	Abschluß der Kesselschlacht von Uman: 103000 Gefangene
2.–20. Okt.	Doppelschlacht von Wjasma und Brjansk: 673000 Gefangene
5./6. Dez.	Beginn der sowjetischen Winteroffensive
7. Dez.	Japanischer Angriff auf Pearl Harbour: Beginn des Krieges in Ostasien und im Pazifik zwischen Japan und den Vereinigten Staaten
11. Dez.	Kriegserklärung Deutschlands und Italiens an die USA

1942

20. Jan.	„Wannsee-Konferenz": „Endlösung der Judenfrage": „Evakuierung in den Osten" und andere Maßnahmen werden beschlossen
15. Febr.	Die englische Festung Singapore kapituliert vor den Japanern
5. April	Führerweisung Nr. 41 für die deutsche Sommeroffensive im Südabschnitt der Ostfront
30./31. Mai	Erster englischer 1000-Bomber-Angriff auf eine deutsche Stadt: 474 Ziviltote in Köln
3.–7. Juni	See- und Luftschlacht bei den Midway-Inseln: die USA gewinnen die militärische Initiative im Pazifik
21. Juni	Deutsche und italienische Truppen nehmen die Festung Tobruk
28. Juni	02.15 Uhr: Beginn der deutschen Sommeroffensive an der Ostfront
1. Juli	Die 11. Armee erobert die Festung Sewastopol
19. Aug.	Britischer Landungsversuch bei Dieppe mißlingt
14. Sept.	Deutsche Truppen erreichen die Wolga bei Stalingrad
23. Okt.	Offensive der 8. brit. Armee an der El Alamein Front
7./8. Nov.	Operation „Torch": Alliierte Landung in Marokko und Algerien
11. Nov.	Einmarsch deutscher Truppen in den unbesetzten Teil Frankreichs (Unternehmen „Anton")
22. Nov.	Sowjetische Offensivkräfte schließen Stalingrad ein
25. Nov.	Beginn der Luftversorgung von Stalingrad durch das VIII. Fliegerkorps

1943

14.–25. Jan.	Konferenz von Casablanca: Forderung der „bedingungslosen Kapitulation"
3. Febr.	Kapitulation der 6. Armee in Stalingrad
18. Febr.	Sportpalast-Rede von Goebbels in Berlin („Wollt Ihr den totalen Krieg?")

19. April	Beginn des Aufstandes im Warschauer Ghetto: bis zum 19. Mai niedergeschlagen
13. Mai	Kapitulation der deutsch-italienischen Truppen in Nordafrika: 130000 deutsche und 120000 italienische Soldaten gehen in Gefangenschaft
10. Juni	Alliierte starten ihre in Casablanca beschlossene „Combined Bomber Offensive“ gegen das Reichsgebiet
5. Juli	Deutsche Offensive im Raum Kursk-Orel-Belgorod (Unternehmen „Zitadelle“)
10. Juli	Alliierte Landung auf Sizilien (Operation „Husky“)
12. Juli	Nach Scheitern des deutschen Angriffs Beginn der sowjetischen Gegenoffensive im Raum Kursk-Orel
24.–30. Juli	Operation „Gomorrha“: schwere alliierte Luftangriffe auf Hamburg. Verluste: 30482 Ziviltote
25. Juli	Sturz Mussolinis
17./18. Aug.	Englische Bomber greifen die wissenschaftlichen Versuchsanstalten des Heeres für Gleitbomben und Raketenwaffen in Peenemünde an: 735 Tote; große Sachschäden
8. Sept.	Waffenstillstand Italiens mit den Alliierten
28.11.–1.12.	Konferenz von Teheran zwischen Roosevelt, Churchill und Stalin
5. Dez.	Hitler befiehlt den Bau des Düsenjägers Me 262 für den Einsatz als Jagdbomber
20.–31. Dez.	Alliierte Luftangriffe auf Abschußrampen von V-Waffen in Westfrankreich

1944

14. Jan.	Sowjetische Großoffensive gegen die Heeresgruppe Nord
22. Jan.	Amerikanische Landung bei Nettuno
20.–25. Febr.	Amerikanische Tagesangriffe auf das Reichsgebiet („Big Week“): von 3800 Flugzeugen werden 254 Maschinen abgeschossen
4. März	Beginn der sowjetischen Großoffensive im Südabschnitt
12. Mai	Alliierte Luftangriffe gegen die deutsche synthetische Treibstoffindustrie: Leuna-Werke in Merseburg: 60 Prozent Ausfall; Tröglitz: 100 Prozent; Böhlau: 50 Prozent; Hydrierwerke von Brüx/Prag: 100 Prozent
18. Mai	Räumung Cassinos
4. Juni	Alliierte Truppen besetzen Rom
6. Juni	Anglo-amerikanische Landung in der Normandie (Operation „Overlord“)
15./16. Juni	144 V-1 werden gegen den Großraum London abgeschossen
22. Juni	Sowjetische Großoffensive gegen Verbände der Heeresgruppe Mitte: anschließender Vorstoß bis zum Narew und zur Weichsel
20. Juli	Bombenattentat auf Hitler
1. Aug.	Polnischer Aufstand in Warschau: bis zum 2. Okt. niedergeschlagen
15. Aug.	Landung der 7. US-Armee in Südfrankreich (Operation „Dragoon“)

8. Sept.	Erster Abschuß der V-2
17. Sept.	Erfolglose britisch-kanadische Luftlandung bei Arnheim, Nymwegen und Eindhoven
16. Dez.	Beginn der Ardennenoffensive
24. Dez.	Ardennenoffensive scheitert

1945

12. Jan.	Großoffensive der Sowjets an der Weichsel
30. Jan.	Letzte Rundfunkansprache Hitlers
4.–12. Febr.	Konferenz von Jalta
13./14. Febr.	Vernichtung Dresdens durch alliierte Bomber: Geschätzte Zahl der Ziviltoten: zwischen 60000 und 245000
3. März	Die 3. US-Armee nimmt Trier
27. März	Letzter V-2 Einsatz gegen Großbritannien
12. April	Tod des amerikanischen Präsidenten Roosevelt. Vizepräsident Harry S. Truman wird Nachfolger
16. April	Sowjetische Großoffensive der 1. Ukrainischen und der 1. Weißrussischen Front mit 18 Armeen an Neiße und Oder zum Sturm auf Berlin
18. April	Die 9. US-Armee nimmt Magdeburg. Ende des deutschen Widerstandes im Ruhrkessel
25. April	Sowjetische Truppen schließen Berlin ein. Zusammentreffen sowjetischer und amerikanischer Truppen bei Torgau an der Elbe
30. April	15.30 Uhr: Selbstmord Hitlers
2. Mai	Kapitulation der Verteidiger Berlins
7./9. Mai	Unterzeichnung der bedingungslosen Kapitulation der Wehrmacht in Reims und Berlin
6./8. Aug.	Atombombenabwürfe auf Hiroshima und Nagasaki
2. Sept.	10.30 Uhr Tokio Zeit: bedingungslose Kapitulation Japans auf dem US-Schlachtschiff Missouri in der Bucht von Tokio

3. Briefstatistik

Gesamtübersicht

Absender		*Briefe*		*Prozent*	
A.	Wehrmacht	266		74,9	
1.	Heer		205		57,7
1.1.	Kommandobehörden		13		3,6
1.2.	Infanterie und Gebirgsjäger		60		16,9
1.3.	Artillerie		29		8,2
1.4.	Schnelle und motorisierte Truppen		19		5,4
1.5.	Bau- und Pioniertruppen		20		5,6
1.6.	Nachrichtentruppen		22		6,2
1.7.	Nachschubtruppen		17		4,8
1.8.	Sicherung und rückwärtige Dienste		25		7,0
2.	Luftwaffe		30		8,4
3.	Marine		7		2,0
4.	Einzelne Wehrmachts- und Verwaltungsangehörige		24		6,8
B.	Heimat	89		25,1	
Summe		355		100,0	

Divisionsverzeichnis

Die angegebenen Zahlen beziehen sich auf die Briefnummern.

Führer-Begleit-Div. 343
Fallsch.Pz.Div. ‚Hermann-Göring' 261
2. Inf.Div.(mot.) 15
2. Geb.Div. 294
2. Pz.Div. 20
3. Inf.Div.(mot.) 169, 175
3. Pz.Gren.Div. 231
3. Geb.Div. 230
4. Pz.Div. 19, 21, 160, 206, 262, 300
5. Inf.Div. 3, 24, 57, 75
6. Inf.Div. 92, 106, 130, 135
6. Geb.Div. 216
6. Pz.Div. 296
7. Pz.Div. 141
7. Geb.Div. 314
9. Inf.Div. 6, 11, 30
10. Inf.Div. 18
12. Pz.Div. 199, 256, 304, 327
14. Inf.Div. 253
Lw.Feld-Div. 14 207
17. Inf.Div. 23, 114
17. Pz.Div. 107
23. Inf.Div. 132
25. Inf.Div. 48, 54
27. Inf.Div. 60
30. Inf.Div. 129
35. Inf.Div. 50, 112
36. Inf.Div.(mot.) 123
36. Inf.Div. 27
44. Inf.Div. 13, 65
45. Inf.Div. 153
56. Inf.Div. 327
57. Inf.Div. 38, 156
69. Inf.Div. 173
71. Inf.Div. 73, 82, 162
72. Inf.Div. 127
73. Inf.Div. 12, 69, 109, 115, 117
79. Inf.Div. 34, 96, 128, 165
83. Inf.Div. 41
87. Inf.Div. 58, 72
90. Pz.Gren.Div. 249, 263
98. Inf.Div. 124, 145

4. Quellenverzeichnis

*4.1. Briefe aus dem Bundesarchiv-Militärarchiv (BA-MA)**

Brief-Nr.	*Akte*
172–176	Feldpostprüfstelle Pz.A.O.K. 4, Tätigkeitsbericht vom 12. 1. 1943, Stalingradakte BA-MA RW 4/v. 264
254	Feldpostprüfstelle A.O.K. 2, Tätigkeitsbericht für den Monat Oktober 1943, S. 15, Ic/A.O., Anl. zum Tätigkeitsbericht vom 1. 11.–30. 11. 1943, BA-MA 41181/110
255–256	Feldpostprüfstelle A.O.K. 2, Tätigkeitsbericht für den Monat Dezember 1943, S. 8; 14, Ic/A.O., Anlagenband zum Tätigkeitsbericht vom 1. 1.–31. 1. 1944, BA-MA 49701/110
269	Feldpostprüfstelle A.O.K. 4, Monatsbericht August 1944, Auszüge S. 3, BA-MA H 34/1
270	Feldpostprüfstelle Befehlshaber im Heeresgebiet Generalgouvernement, Tätigkeitsbericht vom 1. 9.–30. 9. 1944, Anlage S. 3, BA-MA H 34/2
271	Feldpostprüfstelle Pz.A.O.K. 3, Monatsbericht September 1944, Anlage S. 7, BA-MA 34/2
272; 274	wie 270: Anlage S. 20; S. 14
296	Feldpostprüfstelle Pz.A.O.K. 3, Monatsbericht August 1944, Anlage S. 2 *(Zur Weiterverfolgung vorgelegt)*, BA-MA H 34/1
312	Feldpostprüfstelle Pz.A.O.K. 1, Tätigkeitsbericht für April 1944, S. 7 *(Kriegsgerichtl. Verfahren wurde befohlen)*, Ic/A.O., Anlagen zum Tätigkeitsbericht vom 1. 4.–30. 4. 1944, BA-MA 58685/1
313	Feldpostprüfstelle (Geb.) A.O.K. 20, Prüfbericht vom 1. 8.–31. 8. 1944, Anlage lfd. Nr. 10, BA-MA H 34/1
314; 315	wie 313: lfd. Nr. 21 *(Geb.) A.O.K. 20, Ic/A.O. Tgb.-Nr. 1130/44 an Kdr. d. Armee-Nachschubtruppen 463;* lfd. Nr. 31
320	wie 296; Anlage S. 7 *(Zur Weiterverfolgung vorgelegt)*
321	Anlage S. 8 *(Zur Weiterverfolgung vorgelegt)*
323	wie 270; Auszüge: Brief 13
326	wie 270; Auszüge: Brief 32
327	wie 271; Anlage S. 21
328	wie 271; Anlage S. 10 *(Zur Weiterverfolgung vorgelegt)*
329	Feldpostprüfstelle A.O.K. 4, Monatsbericht September 1944, Auszüge: S. 3 *(Beanstandungs-Nr. 6487/30 p zur Weiterverfolgung an A.O.K. 4 Ic/A.O. III)*, BA-MA H 34/2
Jacoby-Akte	BA-MA RW 4/v. 253

*4.2. Briefe aus dem Generallandesarchiv Karlsruhe***

350–353	465 d 1312

5. Literatur

5.1. Briefsammlungen

Kriegsbriefe deutscher Studenten, Hrsg. von Philipp Witkop, Gotha 1916.

Kriegsbriefe gefallener Studenten, Hrsg. von Philipp Witkop, Leipzig 1918.

Kriegsbriefe gefallener deutscher Juden, Hrsg. vom Reichsbund Jüdischer Frontkämpfer, Berlin 1935.

Kriegsbriefe gefallener Studenten, Hrsg. von Walter Bähr und Hans Walter Bähr, Stuttgart 1952.

Kriegsbriefe gefallener deutscher Juden, Stuttgart 1961. (Neuauflage der Ausgabe von 1935)

Der deutsche Soldat. Briefe aus dem Weltkrieg, Hrsg. von Rudolf Hoffmann, München 1937.

Briefe des Kampfes und des Glaubens, Hrsg. von Alfred Persche und Karl Megerle, Jena 1938.

Das ist der Sieg! Briefe des Glaubens in Aufbruch und Krieg, Hrsg. von Gunter d'Alquen, Berlin 1940.

Feldpostbriefe aus dem Osten. Deutsche Soldaten sehen die Sowjetunion, Hrsg. von Wolfgang Diewerge, Berlin 1941.

Soldatenbriefe großer Männer, Hrsg. von Alfred Richard Meyer, Berlin 1941.

Aufbruch. Briefe germanischer Kriegsfreiwilliger, Berlin 1943.

Briefe aus jener Zeit, Gesammelt von Lilli Vetter, Berlin 1948.

Ein Vermächtnis. Briefe und Gedichte gefallener Soldaten des Zweiten Weltkrieges, Pfaffenhofen 1955.

Die Stimme des Menschen. Briefe und Aufzeichnungen aus der ganzen Welt, Hrsg. von Hans Walter Bähr, München 1961.

Letzte Briefe aus Stalingrad, Gütersloh o. J.

Die Feldpostbriefe des Adelbert-Ottheinrich Rühle 1939–1942, Hrsg. von Brunhild Rühle, Heusenstamm 1979.

5.2. Ausgewählte Sekundärliteratur zum zeitgeschichtlichen Hintergrund der Briefe

5.2.1. Gedruckte Quellen

Boberach, H., (Hrsg.), Meldungen aus dem Reich. Auswahl aus den geheimen Lageberichten des Sicherheitsdienstes der SS, München 1968 (dtv 578).

Boelcke, W. A., (Hrsg.), Kriegspropaganda 1939–1941. Geheime Ministerkonferenzen im Reichspropagandaministerium, Stuttgart 1966.

Domarus, M., Hitler. Reden und Proklamationen 1932–1945. Kommentiert von einem deutschen Zeitgenossen, 4 Bde., München 1965.

Goebbels, Joseph, Tagebücher aus den Jahren 1941–1943. Mit anderen Dokumenten hrsg. von Louis P. Lochner, Zürich 1948.

Goebbels, Joseph, Tagebücher 1945. Die letzten Aufzeichnungen, Hamburg 1977.

Halder, Franz, Kriegstagebuch. Tägliche Aufzeichnungen des Chefs des Generalstabes des Heeres 1939–1942, Bearb. von H.-A. Jacobsen, 3 Bde., Stuttgart 1962–64.

Heiber, H., (Hrsg.), Hitlers Lagebesprechungen. Protokollfragmente aus Hitlers militärischen Konferenzen 1942–1945, München 1962 (dtv 120/21).

Hillgruber, A., (Hrsg.), Staatsmänner und Diplomaten bei Hitler. Vertrauliche Aufzeichnungen über die Unterredungen mit Vertretern des Auslandes. Bd. I: 1939–1941, Frankfurt a.M. 1967; Bd. II: 1942–1944, Frankfurt a.M. 1973.

Hubatsch, W., (Hrsg.), Hitlers Weisungen für die Kriegführung 1939–1945. Dokumente des OKW, München 1965 (dtv 278/79).

Picker, H., Hitlers Tischgespräche im Führerhauptquartier vom 21.7. 1941–11.3. 1942, München 1981 (Goldmann Sachbuch 11234).

Schramm, P. E., (Hrsg.), Kriegstagebuch des Oberkommandos der Wehrmacht (Wehrmachtführungsstab) 1940–1945. In Zusammenarbeit mit A. Hillgruber, W. Hubatsch und H.-A. Jacobsen, 4 Bde., Frankfurt a.M. 1961–65.

5.2.2. Darstellungen

Bramstedt, K. R., Goebbels und die nationalsozialistische Propaganda, Frankfurt a.M. 1971.

Buchbender, O., und H. Schuh, Heil Beil! Propaganda im Zweiten Weltkrieg. Dokumentation und Analyse, Stuttgart 1974.

Buchbender, O., Das tönende Erz. Propaganda gegen die Rote Armee im Zweiten Weltkrieg, Stuttgart 1978.

Carell, P., Unternehmen Barbarossa. Der Marsch nach Rußland, Berlin 1980 (Ullstein 33017).

Davidowicz, L. S., Der Krieg gegen die Juden 1933–1945, München 1979.

Das Deutsche Reich und der Zweite Weltkrieg, Hrsg. vom Militärgeschichtlichen Forschungsamt, Bd. 2: Die Errichtung der Hegemonie in Europa, Stuttgart 1979.

Dornberger, W., Der Weg ins Weltall. Peenemünde. Die Geschichte der V-Waffen, München 1981.

Gericke, B., Die deutsche Feldpost im Zweiten Weltkrieg. Eine Dokumentation über Einrichtung, Aufbau, Einsatz und Dienste, Archiv für deutsche Postgeschichte, 1971, Heft 1.

Gericke, B., und B. Schmitt, Die deutsche Feldpost im Osten und der Luftfeldpostdienst Osten im Zweiten Weltkrieg, Archiv für deutsche Postgeschichte, 1969, Heft 1.

Gruchmann, L., Der Zweite Weltkrieg. Kriegführung und Politik, München 1967 (dtv 4010).

Haffner, S., Anmerkungen zu Hitler, München 1981 (Fischer 3489).

Hausner, G., Die Vernichtung der Juden, München 1979.

Hillgruber, A., (Hrsg.), Probleme des Zweiten Weltkrieges, Köln 1967 (Kiepenheuer & Witsch: Neue Wissenschaftliche Bibliothek 20).

Hillgruber, A., und G. Hümmelchen, Chronik des Zweiten Weltkrieges. Kalendarium militärischer und politischer Ereignisse 1939–1945, Düsseldorf 1978 (Droste 7218).

Hoffmann, P., Widerstand-Staatsstreich-Attentat. Der Kampf der Opposition gegen Hitler, München 1979 (Ullstein 3077).

Horne, A., Der Frankreichfeldzug, München 1969 (Heyne 5816).
Jacobsen, H.-A., Der Weg zur Teilung der Welt. Politik und Strategie von 1939 bis 1945, Bonn 1979.
Kehrig, M., Stalingrad. Analyse und Dokumentation einer Schlacht, Stuttgart 1974.
Krausnick, W., und H. H. Wilhelm, Die Truppe des Weltanschauungskrieges. Die Einsatzgruppen der Sicherheitspolizei und des SD 1938–1942, Stuttgart 1981.
Kurowski, F., Der Luftkrieg über Deutschland, München 1977 (Heyne 5546).
von Lang, J., Der Sekretär Martin Bormann. Der Mann, der Hitler beherrschte, Frankfurt a.M. 1980 (Fischer 3430).
Lukacs, J., Die Entmachtung Europas. Der letzte europäische Krieg 1939–1941, Stuttgart 1978.
Niedhard, G., (Hrsg.), Kriegsbeginn 1939. Entfesselung oder Ausbruch des Zweiten Weltkrieges, Darmstadt 1976.
Piekalkiewicz, J., Luftkrieg 1939–1945, München 1978.
Ploetz: Geschichte des Zweiten Weltkrieges, 2. erw. Aufl., Würzburg 1960.
Ruge, F., Der Seekrieg 1939–1945, Stuttgart 1969.
Streit, Ch., Keine Kameraden. Die Wehrmacht und die sowjetischen Kriegsgefangenen 1941–1945, Stuttgart 1978.
Taddey, G., (Hrsg.), Lexikon der deutschen Geschichte. Personen – Ereignisse – Institutionen, Stuttgart 1979.
Vogel, R., Ein Stück von uns. 1813 bis 1976: Deutsche Juden in deutschen Armeen, Mainz 1977.
Warlimont, W., Im Hauptquartier der deutschen Wehrmacht 1939–1945. Grundlagen-Formen-Gestalten, 3. Aufl., Frankfurt a.M. 1978.
Watson, P., War on the Mind. The Military Uses and Abuses of Psychology, New York 1978.
Young, P., (Hrsg.), Der große Atlas zum Zweiten Weltkrieg, München 1974.
Zentner, Ch., (Hrsg.), Lexikon des Zweiten Weltkrieges, München 1977.

6. Abkürzungsverzeichnis

Abb.	Abbildung
Abt.	Abteilung
Abw.	Abwehr
A.H.Qu.	Armee-Hauptquartier
A.O.	Abwehr-Offizier
A.O.K.	Armee-Oberkommando
A.K.	Armee-Korps
Art.	Artillerie
Ast.	Abwehrstelle
Aufkl.	Aufklärung
Ausb.	Ausbildung
Ausl.	Ausland
BA	Bundesarchiv
BA-MA	Bundesarchiv-Militärarchiv
Bäck.	Bäckerei
BdE	Befehlshaber des Ersatzheeres
Betr.	Betriebs
Brig.	Brigade
Btl.	Bataillon
Bttr.	Batterie
Div.	Division
dt.	deutsch
E	Einsatz
Erg.	Ergänzungs
Ers.	Ersatz
Fallsch.	Fallschirm
Feldgend.	Feldgendarmerie
Fest.	Festung
Fla	Fliegerabwehr (bis Kaliber 3,7 cm)
Flg.	Flieger
Flgh.	Fliegerhorst
FP.Nr., Fp.Nr.	Feldpostnummer
F.P.P.	Feldpost-Prüfstelle
FS	Fernschreiben
g.	geheim
Geb.	Gebirgs
gem.	gemischt
Gestapo	Geheime Staatspolizei
GFM	Generalfeldmarschall
GLA	Generallandesarchiv Karlsruhe
gp.	gepanzert
Gren.	Grenadier
Hb	Hochbau
HGr.	Heeresgruppe
HKP	Heeres-Kraftfahrpark
Hptm.	Hauptmann
Inf.	Infanterie
Inf.Div., I.D.	Infanterie-Division
Jäg.	Jäger
jap.	japanisch
J.G.	Jagd-Geschwader
Kdo.	Kommando
Kdr.	Kommandeur
Kdrd.Gen.	Kommandierender General
Kdt.	Kommandant
Kdtr.	Kommandantur
Kol.	Kolonne
Kp.	Kompanie
Kr.	Kranken
Kraftf.	Kraftfahrt
Kw.	Kraftwagen
L, Lw.	Luftwaffe
Laz.	Lazarett
Ldschtz.	Landesschützen
le.	leicht
Lg.	Luftgau
Lkr.	Leichtkranken
Lkr.Krgs.Laz.	Leichtkranken-Kriegslazarett
Ln.	Luftnachrichten
Mar.	Marine
Masch.	Maschinen
MG	Maschinengewehr
mot.	motorisiert
Nachr.	Nachrichten
Nachsch.	Nachschub
NS	nationalsozialistisch
NSDAP	Nationalsozialistische Deutsche Arbeiterpartei

NSFO	Nationalsozialistischer Führungsoffizier	schn.	schnell
		Schtz.	Schützen
NSV	Nationalsozialistische Volksfürsorge	Schwadr.	Schwadron
		SD	Sicherheitsdienst
O.A.	Offiziers-Anwärter	Sich.	Sicherung
OB	Oberbefehlshaber	SS	Schutzstaffel
ObdH	Oberbefehlshaber des Heeres	Stapo	Staatspolizei
		Stffl.	Staffel
ObdL	Oberbefehlshaber der Luftwaffe	Stuka	Sturzkampfflugzeug
		techn.	technisch
Offz.	Offizier	Tr.	Truppe
OKW	Oberkommando der Wehrmacht	Trsp.	Transport
		v.	verlegbar
O.Qu.	Oberquartiermeister	Vet.	Veterinär
O.U.	Orts-Unterkunft	Werkst.	Werkstatt
Pi.	Pionier	WHW	Winterhilfswerk
P.K.	Propaganda-Kompanie	W.Pr.	Wehrmachtpropaganda
Pol.	Polizei	z.b.V.	zur besonderen Verwendung
Prop.	Propaganda		
Pz.	Panzer	Ia	1. Generalstabsoffizier (Führungsabteilung)
Pz.K.	Panzerkorps		
R.A.D.	Reichs-Arbeitsdienst	Ib	2. Generalstabsoffizier (Versorgungsabteilung)
R.D.	Reichsdeutscher		
Res.	Reserve		
Rgt.	Regiment	Ic	3. Generalstabsoffizier (Bearbeiter für Feindnachrichten und Abwehr)
R.O.B.	Reserve-Offizier-Bewerber		
rückw.	rückwärtig		
s.	schwer	Ic/A.O.	3. Generalstabsoffizier (Abwehroffizier)
San.	Sanitäts-		
Schlächt.	Schlächterei		

7. Nachweis der Abbildungen

Bundesarchiv: Abb. 8, 9, 10, 13, 19, 20, 24, 26, 27, 29, 32, 33, 36, 38, 40, 42
Bundesarchiv-Militärarchiv: Abb. 3, 4, 5
Historisches Archiv der Stadt Köln: Abb. 25, 28
Privatsammlung Ambold: Abb. 41
Privatsammlung Buchbender: Abb. 7, 11, 12, 15, 16, 18, 21, 22, 30, 34, 35, 37, 43
Privatsammlung Schulze-Kossens: Abb. 39
Privatsammlung Sterz: Abb. 1, 2, 6, 14, 17, 23, 31, 44, 45, 46, 47

8. Orts-, Namen- und Sachregister

Die angegebenen Zahlen beziehen sich auf die einzelnen Briefnummern.